Romance Manga zeichnen

by

Mongi

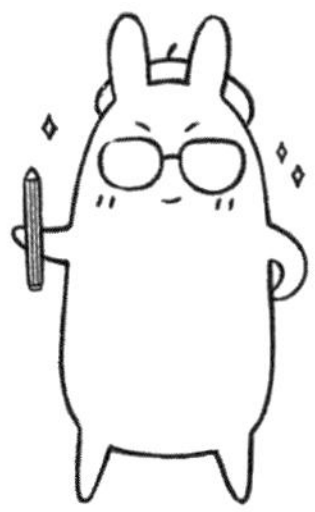

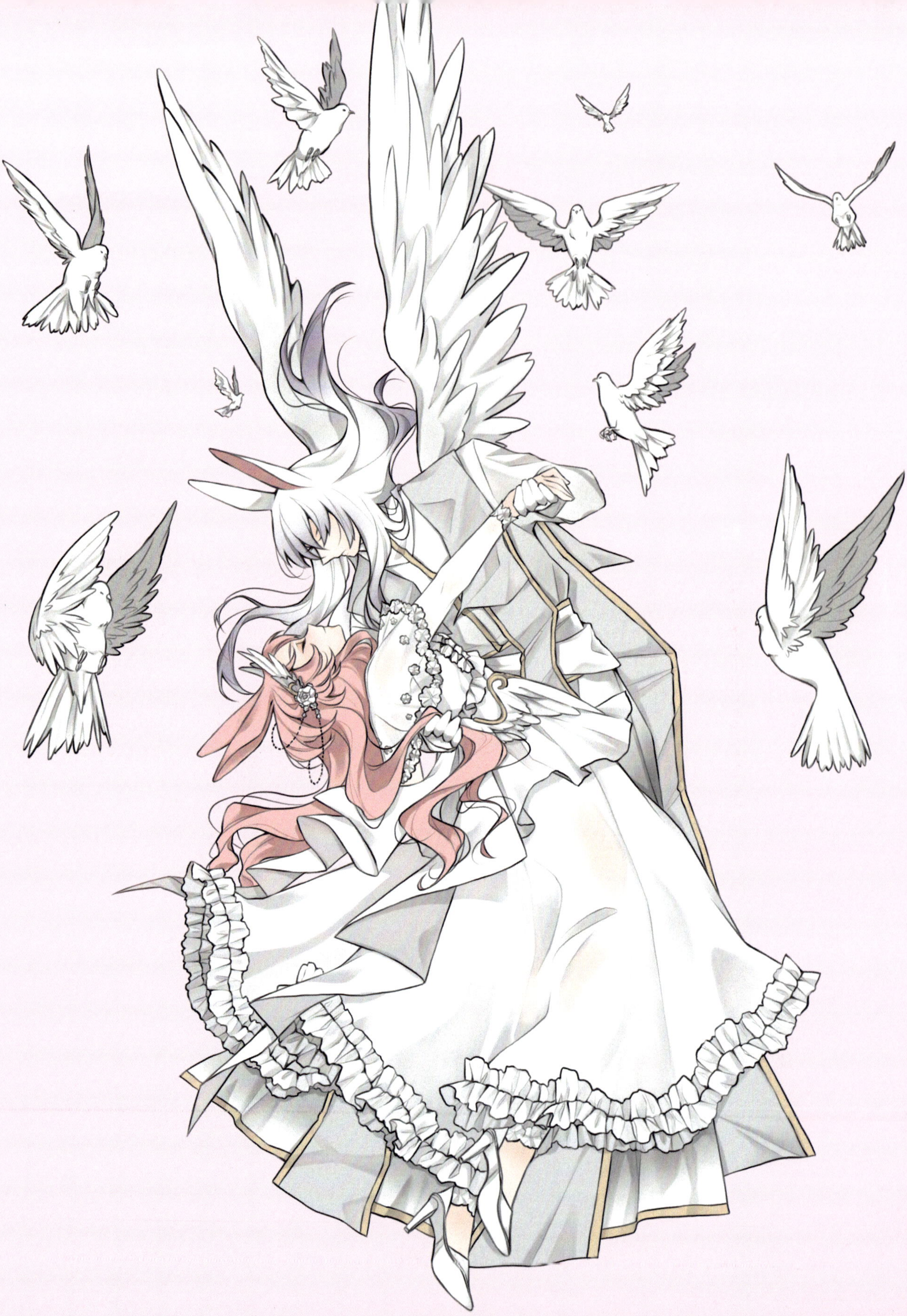

Mongi
pigrabbit_mtz

ROMANCE Manga zeichnen

frechverlag

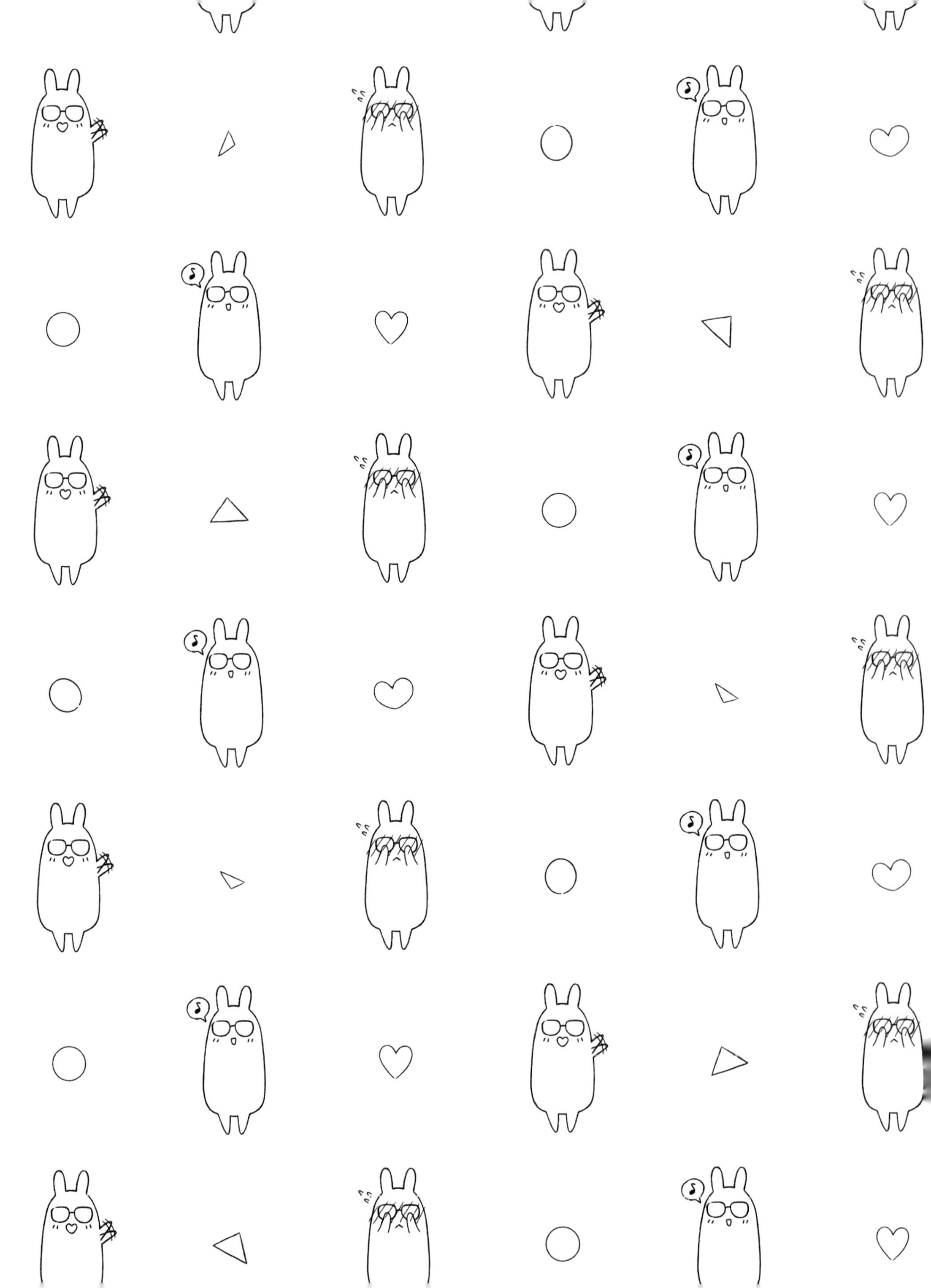

Inhaltsverzeichnis

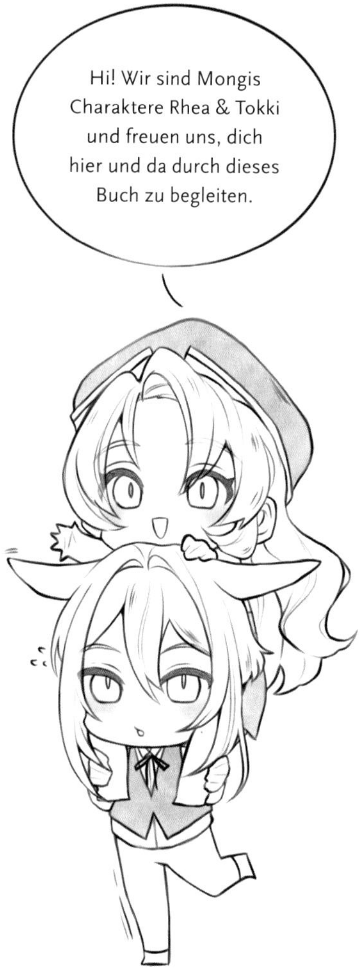

Vorwort

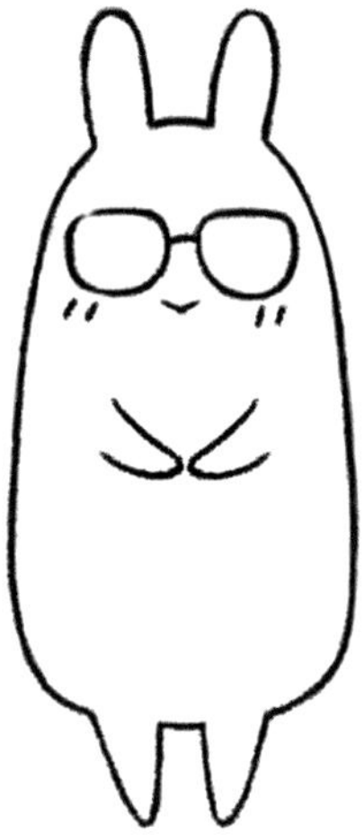

Schön, dich durch mein Buch kennenzulernen. Ich bin Mongi!

Erstmal ein paar Worte über mich – seit ich ein Kind war, verbrachte ich schon immer gerne meine Freizeit damit, zu zeichnen. Als das Leben später stressiger wurde, war mein Schreibtisch der Zufluchtsort, an dem ich in Ruhe zeichnen und meiner Fantasie freien Lauf lassen konnte. Anfangs habe ich meistens Bilder von Protagonistinnen aus Mangas und Animes abgezeichnet, was mir Spaß gemacht und mich zum Träumen gebracht hat. Ein großer Einfluss war dabei die Künstlerin Arina Tanemura, deren Werke zugleich Vorbild und Inspiration für mich sind. Später und nach sehr viel Übung fing ich an, meine eigenen Charaktere zu entwickeln.

Kapitel für Kapitel stelle ich dir vor, wie man Manga-Figuren und Szenarien in einer romantischen Atmosphäre zeichnet. Es wird alles behandelt, was ein Bild so ausmacht – äußerliche Aspekte wie Kleidung, Frisuren und Accessoires, aber auch den Ausdruck von Persönlichkeiten durch Mimik, Gestik und viele verschiedene Posen. Weitere Elemente, die ein Bild vollenden, sind romantisch empfundene Hintergründe und die Kolorierung. Ich erkläre dir anhand von Beispielen genau, wie du all diese Dinge zusammenbringen kannst, um deine eigenen romantischen Kunstwerke im Manga-Stil zu erschaffen. Dabei zeige ich aber lediglich meine persönliche Interpretation von Romance, die natürlich von Person zu Person variieren und auch noch ganz andere Aspekte haben kann – deiner Kreativität sind also keine Grenzen gesetzt!

Beim Zeichnen geht es nicht immer um technisch perfekte Bilder, sondern es ist auch wichtig, etwas zu zeichnen, wodurch du dich ausdrücken und andere Menschen bewegen kannst. Besonders in Zeiten, in denen über soziale Medien so viele tolle Künstler:innen zu sehen sind, ist es wichtig, sich nicht in negativer Weise zu vergleichen. Stattdessen kann man sich inspirieren lassen und von ihnen lernen.

Und somit wünsche ich dir viel Freude dabei, dieses Buch zu erkunden und mit dem Zeichnen loszulegen!

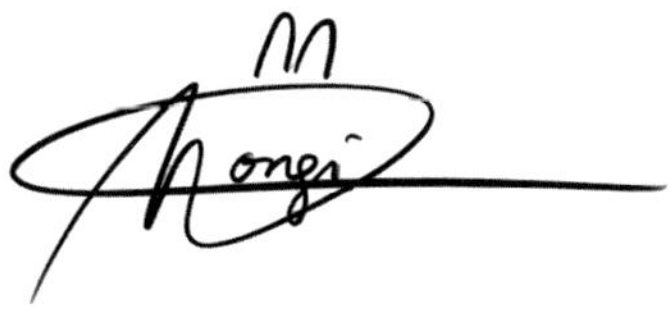

Über das Genre

Als Mangas verstehen die meisten japanische Comicbücher. Dass Manga-Kultur jedoch über Bücher hinausgeht, erkennt man schnell, wenn man sich näher damit beschäftigt.

Das Wort Manga (japanisch 漫画) besteht aus zwei Zeichen: 漫 bedeutet so viel wie "ungezügelt / frei / überfluten" und 画 bedeutet "Bild". Zusammengesetzt bilden die Zeichen auf Japanisch das Wort Manga – übersetzt „Comic". Die Kunst des Manga-Zeichnens hat ihren Ursprung bereits im Mittelalter Japans, wobei die uns heute bekannten Mangas mit den typischen Stilelementen wie zum Beispiel der ausgeprägten Mimik und der Stilisierung von Proportionen erst im 19. und 20. Jahrhundert entstanden sind. Jedoch erst in den letzten Jahrzehnten haben sich Mangas auch in der ganzen Welt verbreitet und sind seitdem ein immer weiter wachsendes und sich entwickelndes Kulturgut Japans. Eine genaue Definition dazu, was einen Manga ausmacht, ist schwierig, weil der Begriff eine unglaubliche Vielzahl von Stilmerkmalen und Inhalten umfasst, die zudem auch ständig im Wandel sind.

Entgegen der stereotypischen Auffassung, dass Mangas nur von Kindern und Jugendlichen gelesen werden, sieht die Realität ganz anders aus. In Japan ist das Lesen von Mangas schon lange fest in der Gesellschaft verankert, sodass man zum Beispiel Geschäftsleute im Anzug beim Pendeln Mangas lesen sieht und dies als ganz normal empfunden wird. Wenn man die vielen Genres betrachtet, in denen Geschichten veröffentlicht werden, ist es darüber hinaus auch nachvollziehbar, dass Mangas alle Altersgruppen ansprechen können. Das geht von Abenteuer, Horror oder Comedy bis hin zu Romance, Mystery, Fantasy und allen anderen Genres.

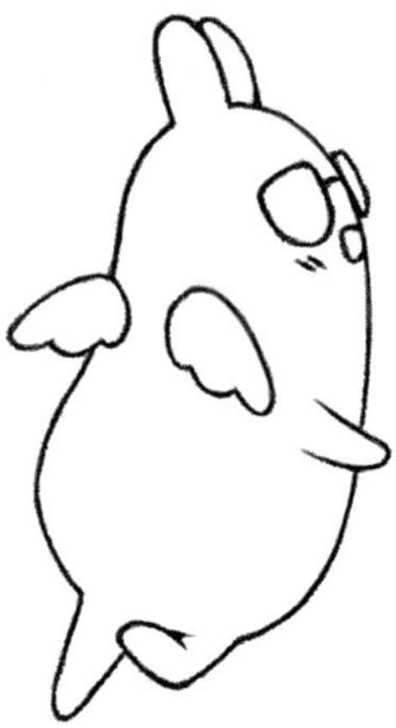

Manga ist jedoch nicht nur ein Zeichenstil, sondern hat sich bis in die heutige Zeit als weltweites Phänomen ausgebreitet, das man als Lebensstil bezeichnen kann, weil es sich nahezu auf alle Unterhaltungsbranchen erstreckt: Animes (Animationsserien im Manga-Stil), Mode, Make-Up, Spiele, Filme, Musik und Cosplay (Kostüm-Rollenspiele), um nur einige zu nennen.

Romance Mangas haben, wie der Begriff schon sagt, hauptsächlich das Thema Romantik zum Inhalt. Die Geschichten handeln vom Kennenlernen, Interagieren und Verliebtsein in verschiedenen romantischen Szenarien. Shōjo Mangas (wörtl. Mädchen-Mangas) sind typische Romance Mangas; sie sind in der Regel an die Zielgruppe von heranwachsenden Mädchen gerichtet, da sie aus dieser Perspektive erzählen. Das wesentliche Merkmal von Romance Mangas ist, dass die Liebe im Mittelpunkt der Gefühlswelt steht und sich die Welt der Charaktere darum dreht. Darüber hinaus wird die Liebe meistens sanft, positiv und tiefgründig dargestellt.

Mangas sind heutzutage weltweit vertreten. Dank der Globalisierung und Digitalisierung im 21. Jahrhundert bestehen für Mangakas (Autor:innen von Mangas) viele Möglichkeiten zur Verbreitung ihrer Kunst und Geschichten über die Grenzen von Japan hinaus – vor allem auch online. Communities erleichtern es Gleichgesinnten, sich zu finden und über ihre Leidenschaften auszutauschen.

Mangas & Co. haben auch einen Einfluss auf die Arbeitswelt, da dadurch vielfältige Jobperspektiven gefördert werden: Lektorat, Grafikdesign, Verlagswesen, Synchronisation, Übersetzung und viele andere Bereiche.

Mangas sind nicht ohne Grund beliebt. Wenn man sich darauf einlässt, merkt man schnell, warum. Man kann es auch als eine Faszination für diese Kultur beschreiben, der sich Menschen widmen, die sich nicht von Vorurteilen über ihre Vorlieben zu Mangas in Schubladen stecken lassen, sondern ihre Begeisterungen offen ausleben.

Materialvorstellung

Um mit dem Zeichnen loszulegen, braucht es im Grunde nur zwei Dinge: einen Untergrund und etwas, mit dem man diesen bemalt. Beim Zeichnen sind dies meist Papier und ein Stift, wobei man auch sehr viele andere Möglichkeiten hat. Insofern steht es dir völlig frei, womit du zeichnest. Man kann Medien auch in beliebiger Zusammenstellung mischen, zum Beispiel Buntstifte und Aquarellfarben. Nachfolgend stelle ich dir die Materialien vor, die ich persönlich für das Zeichnen dieses Buches verwendet habe.

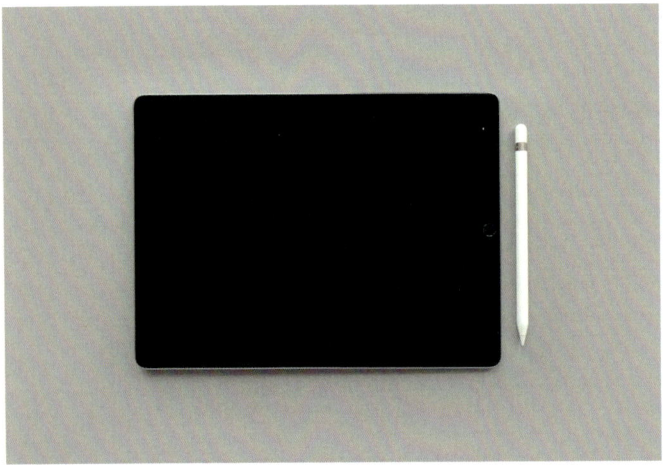

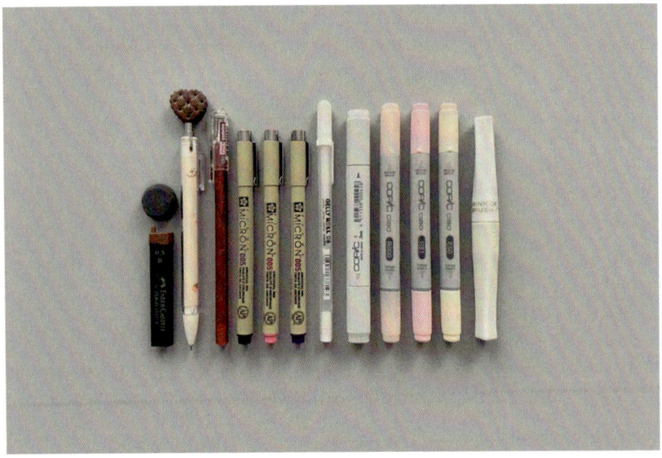

Bild oben: iPad 12,9 Zoll, Apple Pen / Bild unten (links nach rechts): Radiergummi, Bleistiftminen Faber-Castell, Druckbleistift, Gelroller Pentel Hybrid Dual Metallic Pink, PIGMA Micron Archival Ink wasserfest, Gelly Roll Sakura 08 Gelroller, Copic -0 farbloser Blender, COPIC Ciao Marker, Kuretake Wink of Stella Brush Silber Glitzer Pinselmarker

Ich habe mein Leben lang hauptsächlich traditionell, d.h. analog ohne digitale Mittel, gezeichnet. Mittlerweile bin ich auch digital unterwegs, weil man so viel flexibler ist, vor allem, was die Kolorierung betrifft. Die meisten Anleitungen in diesem Buch kannst du sowohl digital als auch traditionell umsetzen. Ich möchte betonen, dass die im Folgenden vorgestellten Materialien nur die sind, die ich persönlich verwende. Es gibt für jede dieser Optionen oft viele ähnliche und gleichwertige Möglichkeiten. Probiere einfach verschiedene aus und zeichne mit den Medien, die dir am besten zusagen. Nun zu meinen Materialien:

1. Verstellbarer Buchständer, (Tisch-) Staffelei oder Zeichen-/ Skizzenbrett für eine gute Haltung: Idealerweise sollte dieser in verschiedene Neigungswinkel verstellbar sein. Das erfüllt den Zweck, dass die Unterarme und Handballen ergonomisch, d.h. den Bewegungen des Körpers entsprechend, so schonend wie möglich aufliegen. Ansonsten könntest du schnell merken, dass bestimmte Haltungen unbequem werden oder sogar wehtun. Mit einer Unterlage hat man meist auch eine geradere Rücken- und Nackenhaltung.

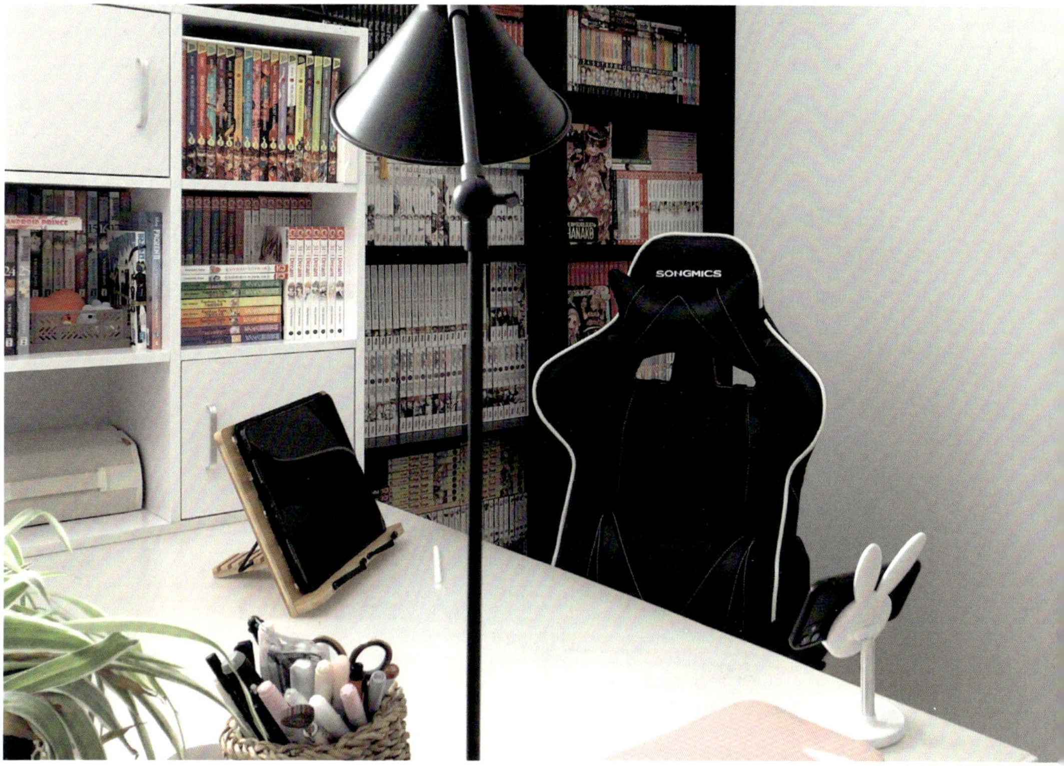

2. Grafiktablett: Weiterhin benutze ich ein Grafiktablett, also ein elektronisches Tablet mit Touch-Bildschirm, das kompatibel für Zeichenprogramme ist. Ich persönlich habe ein iPad, es gibt jedoch viele Alternativen, sodass du ein Produkt aus einer Reihe verschiedener Hersteller je nach gewünschter Bildschirmgröße, Akkulaufzeit und dem Preis-Leistungsverhältnis wählen kannst. **3. Grafikstift:** Das gleiche gilt für den Grafikstift, den ich verwende, nämlich den Apple Pen. **4. Zeichenprogramm:** Das Herzstück ist die Anwendung für digitale Illustration – das Zeichenprogramm Procreate eignet sich aus meiner Sicht gut für ein breites Spektrum an Zeichenstilen für simple oder auch komplexere Bilder. Als andere beliebte Anwendungen unter Künstler:innen sind mir bekannt: Clip Studio Paint, Adobe Photoshop, MediBang Paint (kostenlos) und PaintTool SAI. **5. Traditionelle Materialien:** Wenn ich traditionell zeichne, verwende ich folgende Materialien, die sich bei mir besonders bewährt haben: Druckbleistift mit auffüllbaren Minen; meistens benutze ich 0,5mm B-Minen. Bei Finelinern darf es gern noch ein wenig dünner sein; schön präzise Linien kann ich am besten mit einer Spitze von 0,03mm und 0,05mm ziehen. Zum Setzen von Highlights habe ich einen weißen Gelroller. Die Kolorierung mache ich analog mit Copic Markern und Buntstiften. Dabei ist es wichtig, Stifte vorher auch auf dem jeweiligen Papier zu testen, um sicherzugehen, dass die Beschaffenheit sich eignet. **6. Stuhl:** Ein Stuhl mit Kopflehne schont den Rücken.

1. Mimik

Was ist Mimik? Als Mimik bezeichnet man Gesichtsausdrücke, die Gefühlszustände zeigen. Ein Ausdruck bildet sich im Zusammenspiel aller Bestandteile im Gesicht: Augen, Nase, Mund, Augenbrauen, Ohren und auch die Haut, wenn sie Falten zieht. Mimik äußert sich durch Muskelbewegungen im Gesicht. Wenn wir im Manga jedoch ein unbewegliches Bild sehen, denkt sich das Gehirn die Bewegung automatisch dazu.
Je ausdrucksstärker die Zeichnung ist, desto besser kann man die Emotion nachfühlen.

Mimik

Die Mimik beeinflusst den Gesamteindruck eines Bildes am meisten. Je nachdem, welche Emotion dargestellt wird, kann sich die Stimmung eines Bildes komplett verändern. In diesem Kapitel zeige ich dir einige Gesichtsausdrücke, die Gefühle im romantischen Kontext widerspiegeln.

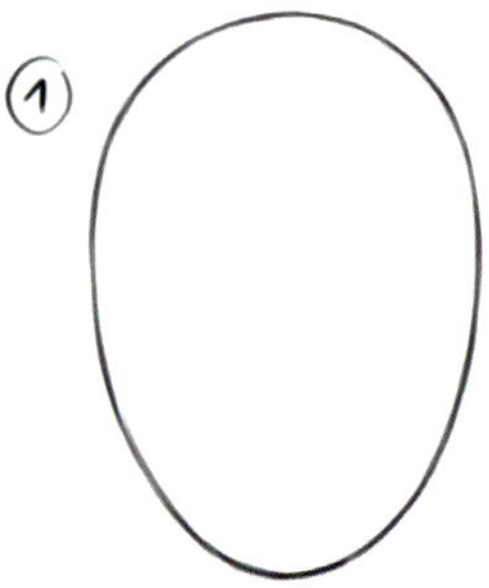

1 Um eine Mimik darzustellen, braucht es zunächst einen Rahmen fürs Gesicht – für einen menschlichen Kopf kannst du eine ovale Form skizzieren. Stelle dir dabei auch gleich die Perspektive, die du darstellen möchtest, vor deinem inneren Auge vor. In diesem Fall zeichnen wir eine Frontalansicht.

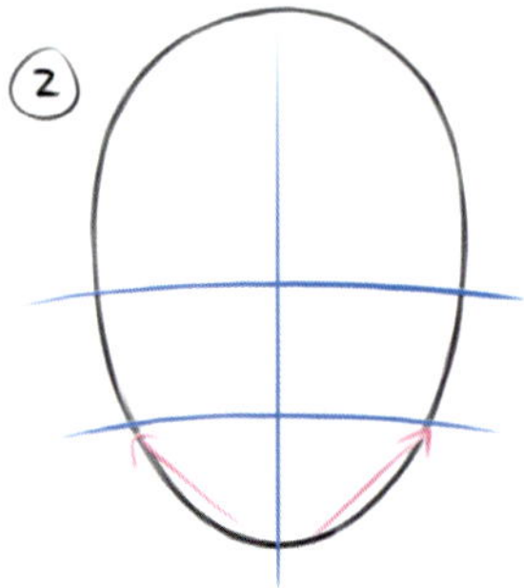

2 Die Augen sind ziemlich genau in der Mitte des Kopfes. Dafür kannst du durch Hilfslinien das Zentrum markieren. Wenn du die untere Hälfte nochmal halbierst, hast du eine weitere Hilfslinie, über der sich die Nase und unter der sich der Mund befindet. Den Kiefer rundest du der gewünschten Kopfform entsprechend ab.

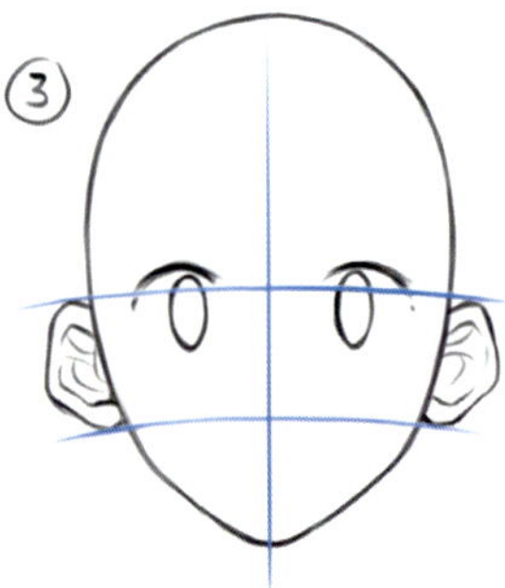

3 Beim nächsten Schritt zeichnest du die grundlegende Form des Wimpernkranzes und der Iris, die je nach Charakter ganz unterschiedlich geformt sein können. Der Wimpernkranz kann zum Beispiel gerade oder gebogen sein. Die Ohren befinden sich zwischen den zwei Hilfslinien und sind mit geschwungenen Linien gefüllt.

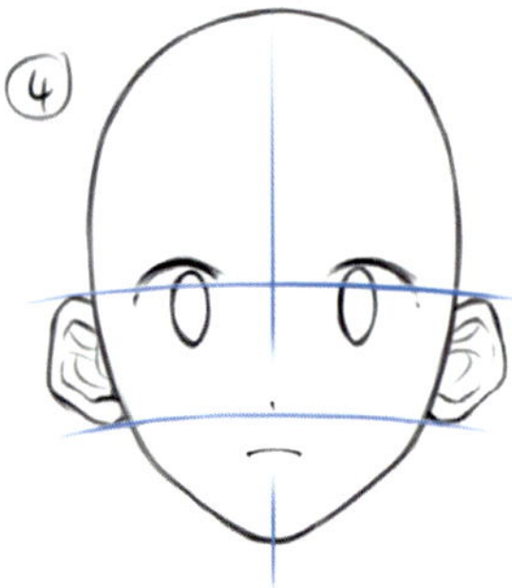

4 Als nächstes kommen weitere Gesichtszüge dazu. Die Augenbrauen, die Nase und den Mund kannst du so formen, wie sie deinen Vorstellungen der Emotion entsprechen, die du darstellen möchtest. Mund und Nase kann man durch einen Punkt oder Strich darstellen – im Manga-Stil ganz schlicht.

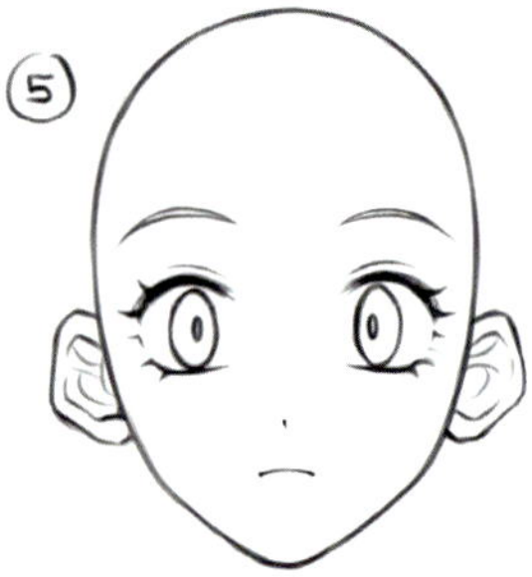

5 Die Ausarbeitung der Augen macht mir persönlich am meisten Spaß, weil sie so vielseitig sein können. Sei kreativ beim Schwung der Wimpern sowie der Größe, Form und Position der Pupillen.

6 Haare und Accessoires ergänzen, nun ist die Skizze fertig!

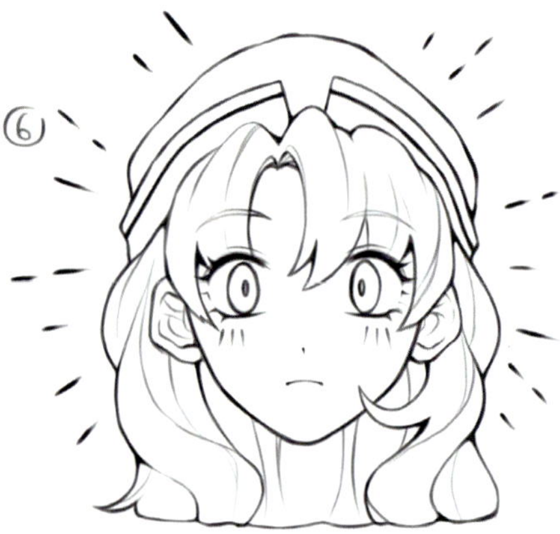

MIMIK 1 – HEITER / GLÜCKLICH

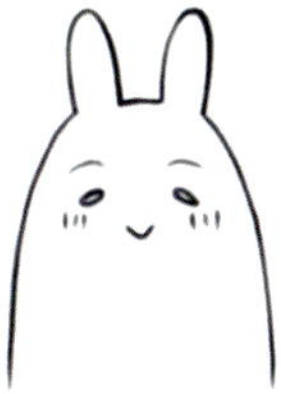

- Mund formt sich zum Lächeln, die Mundwinkel sind nach oben gebogen.
- Die inneren Winkel der Augenbrauen heben sich leicht nach oben.
- Die Haut ist an den Wangen etwas gerötet und zeigt, dass das Blut durch den Körper rauscht, wenn man lebhaft ist.

Zufrieden zu lächeln, wenn man glücklich ist, ist eine Grundstimmung für romantische Gefühle zum Gegenüber. Meistens braucht es dazu nicht viel, zum Beispiel einfach der Gedanke daran, dass man zusammen ist.

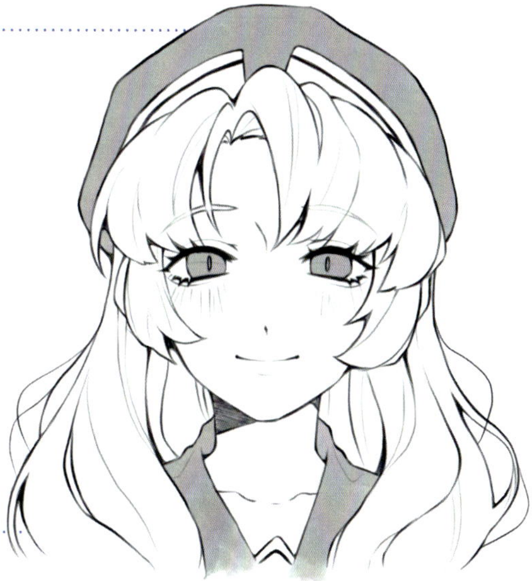

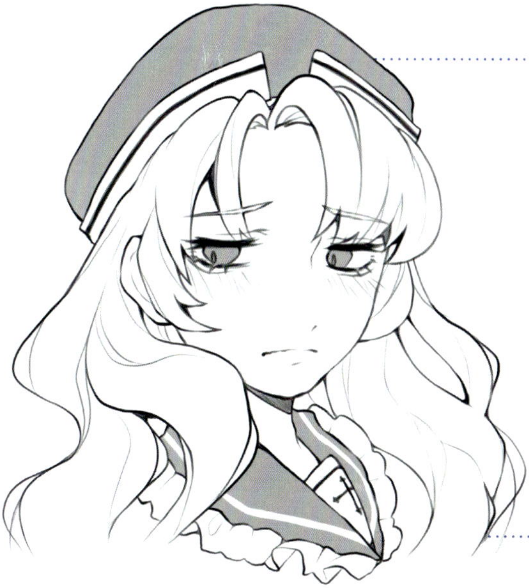

MIMIK 2 – VERLEGEN

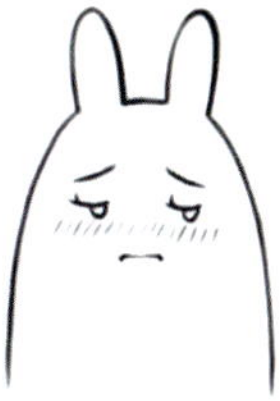

- Der Mund ist geschlossen und die Lippen sind aufeinandergepresst.
- Der Blick neigt sich nach unten, das stellt man durch die Pupillen dar, die am unteren Rand der schmalen Augen sind.
- Die Augenbrauen kommen in der Mitte leicht nach oben.

Eine leichte Rötung der Wangen drückt aus, dass man in Verlegung gebracht wurde, da das Herzrauschen Blut ins Gesicht bringt, zum Beispiel bei einem Geständnis.

MIMIK 3 – ÜBERRUMPELT

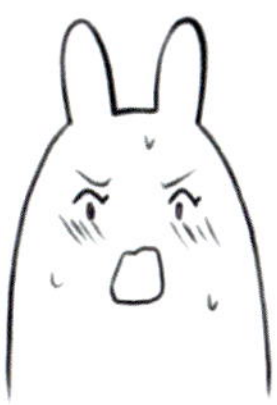

- Die Augen sind weit geöffnet und die Pupillen sind verwirbelt, um Verwirrung darzustellen.
- Die typischen Schweißtropfen drücken Überforderung oder Angestrengtheit aus.
- Durch die Schnappatmung ist der Mund geöffnet. Die Mundränder sind gekräuselt.

Überrumpelt wird man im Romance Manga meistens, wenn der Partner etwas macht, womit man überhaupt nicht gerechnet hat, und deshalb starkes Herzklopfen bekommt. Zum Beispiel bei einem überraschenden Kuss.

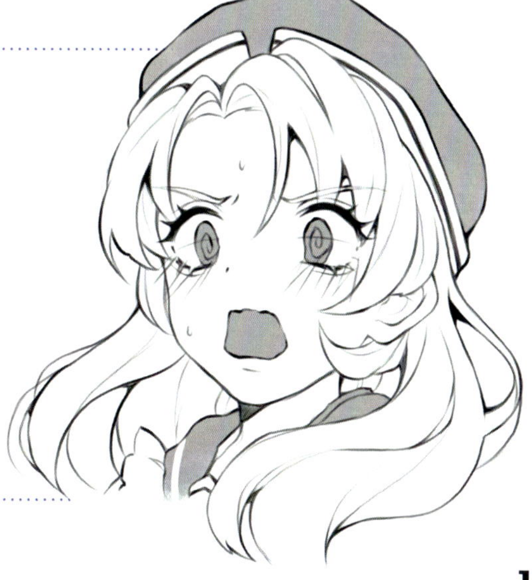

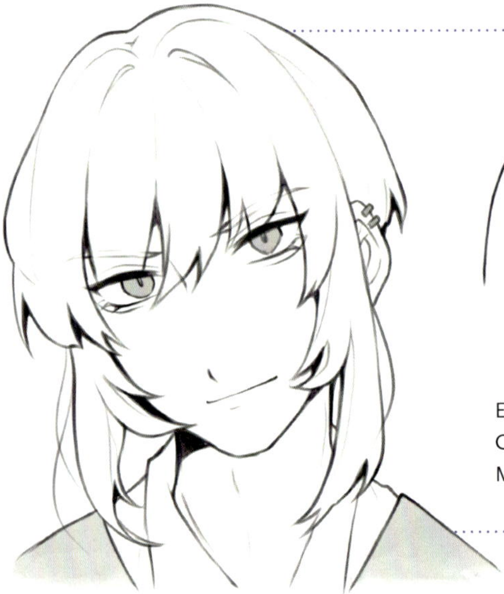

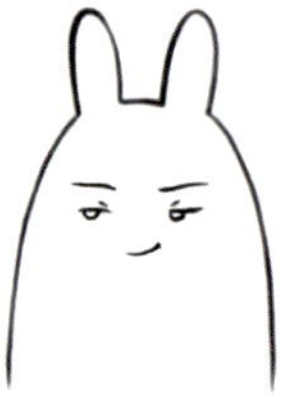

MIMIK 4 – SCHELMISCH

- Der Mund ist zum Grinsen verzogen und ein Mundwinkel hebt sich nach oben.
- Die Augenbrauen kommen in der Mitte zusammen und gehen außen weiter nach oben.
- Die Augen werden schmaler, wenn man verschlagen guckt, so als ob man etwas ins Visier nimmt.

Ein schelmischer Blick hat etwas Herausforderndes – wenn man das Gegenüber zum Beispiel neckt oder seine freche Seite präsentiert. Meistens zeigt man dadurch Selbstbewusstsein.

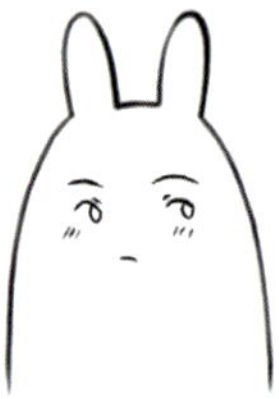

MIMIK 5 – AUFMERKSAM

- Die Augenbrauen wölben sich sanft und haben eine natürliche Form.
- Ein wenig Rötung auf den Wangen zeigt, dass man innerlich aufgeregt ist.
- Der Mund ist ein bisschen zusammengekniffen und auf jeden Fall geschlossen, um nichts zu verraten.

Das Gesicht ist hier relativ ausdruckslos, weil man versucht, ein Pokerface zu bewahren. Ein unauffälliger Blick zur Seite, ohne eine Miene zu verziehen. Die Gefühle bleiben hier im Inneren verschlossen.

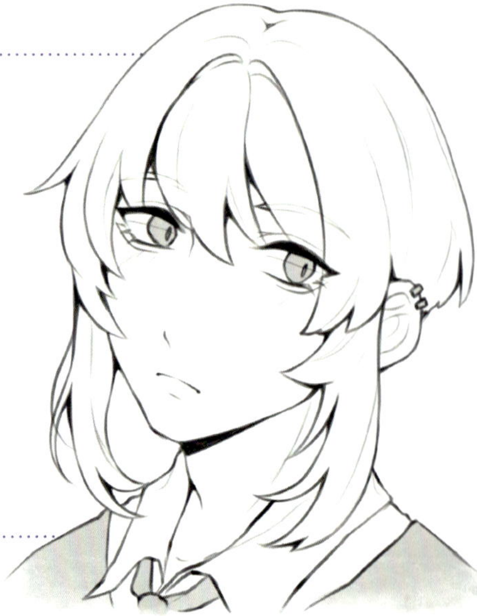

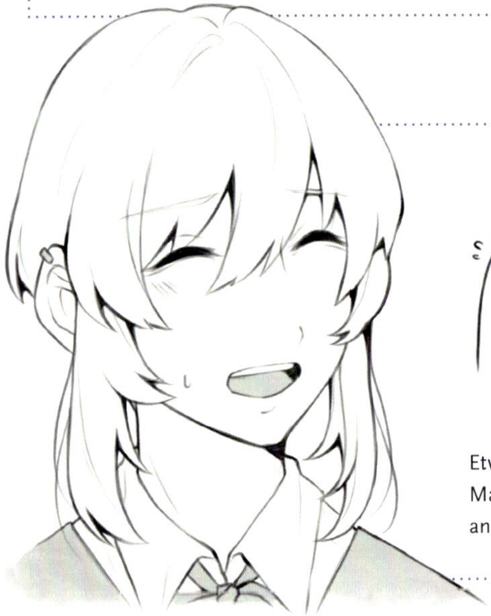

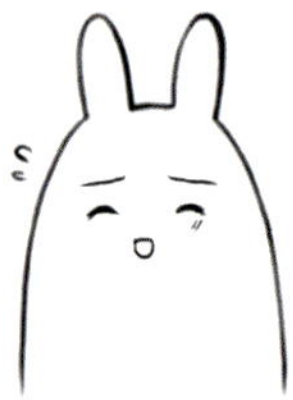

MIMIK 6 – UNGESCHICKT

- Ein offener Mund zeigt, wie ein unbeholfener Laut aufgestoßen wird, z.B. „ähm“.
- Die im Manga typischen Schweißtropfen drücken Überforderung oder Angestrengtheit aus.
- Die Augenbrauen gehen in der Mitte hoch und die Augen sind geschlossen, quasi als Abwehrreaktion.

Etwas peinlich berührt lacht man erstmal, um die Situation zu überspielen. Manchmal ist das eigene Verhalten aber auch so lustig, dass einem nichts anderes übrig bleibt, als zu lachen.

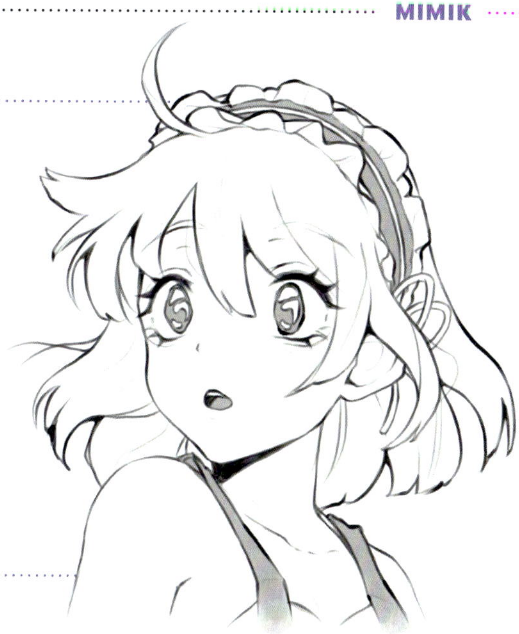

MIMIK 7 – VERZAUBERT

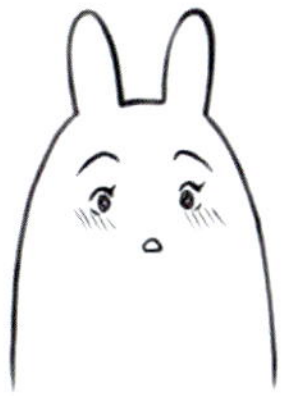

- Der Mund ist beeindruckt geöffnet, der Kiefer klappt runter.
- Die Augenbrauen sind vor Verwunderung weit nach oben gebogen.
- Die Augen glänzen mit vielen Lichtreflexionen auf der Oberfläche. Sie sind außerdem sehr weit geöffnet.

Diese Emotion sieht man in Romance Mangas oft, wenn etwas Magisches passiert. Zum Beispiel eine Verwandlung, eine Begegnung mit einem Fabeltier oder Faszination für eine Landschaft.

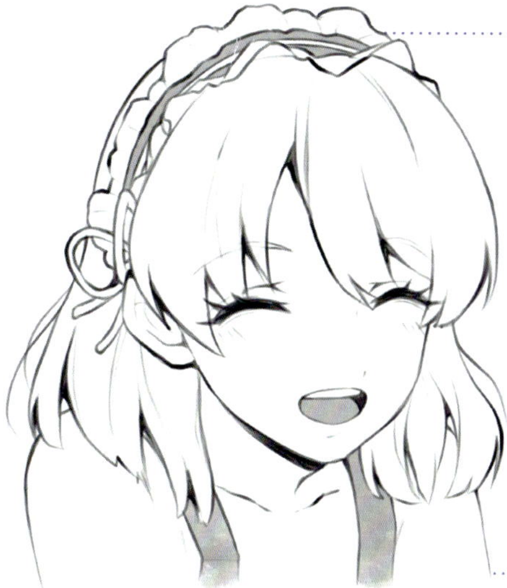

MIMIK 8 – AUSGELASSEN

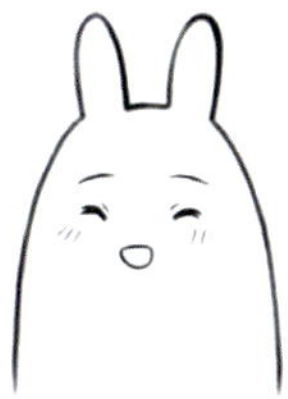

- Der Mund ist wie ein längliches Oval geöffnet und man sieht die obere Zahnreihe.
- Die geschlossenen Augen drücken Vertrauen und Fröhlichkeit aus.
- Die Striche auf den Wangen drücken Rötungen durch Erheiterung aus.

Einfach lockerlassen und sich erfreuen – genau das drückt dieses lachende Gesicht aus. Man hat Spaß bei einer gemeinsamen Aktivität oder wenn man von jemandem oder etwas unterhalten wird, z.B. einem Film.

MIMIK 9 – VERMISSEND

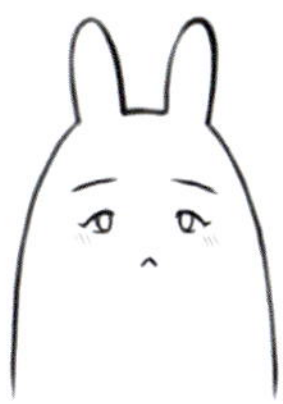

- Aufgrund von Schmerz ziehen sich die Brauen in der Mitte nach oben.
- Der Mund verkneift sich zu einem kleinen Winkel, weil man versucht, nicht zu weinen.
- Die Augen werden schmaler und der Blick wird trüb. Tränen erscheinen an den Rändern.

Romance gibt es selten ohne Herzschmerz. Entweder man sehnt sich nach dem Partner oder durchlebt schwierige Hindernisse in der Beziehung, etwa wenn man weit entfernt wohnt.

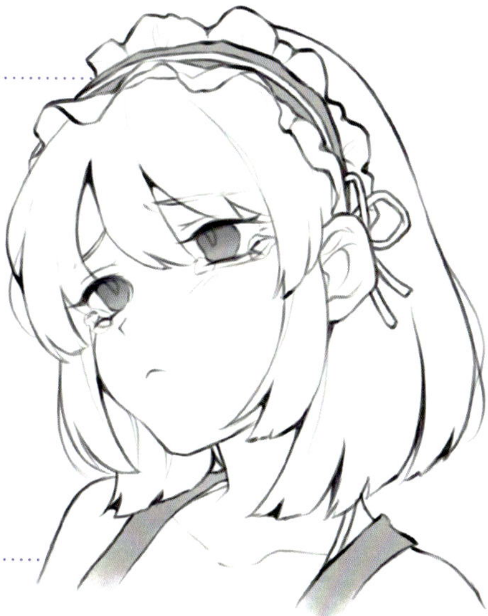

2. Gestik

Bestimmte Kombinationen von Bewegungen werden als Gesten bezeichnet, zum Beispiel bedeutet das Heben eines Arms und das Hin- und Herschwingen der Handfläche winken. Die Gesamtheit von Gesten nennt man Gestik. Kommunikation passiert durch Gestik ganz ohne Worte. Hand-, Arm- und Kussgesten können gegenseitige Anziehung am besten ausdrücken und unausgesprochene Gefühle äußern. Gesten werden bewusst gesteuert, können aber auch durch unterbewusste Empfindungen hervorgebracht werden.

Hände

Handbewegungen sind Gesten und gehören zur Körpersprache. Man nimmt Handgesten eher unterbewusst wahr, außer man achtet extra darauf. Trotzdem ist die Wirkung in einem Bild sehr wichtig. Die Hände können je nach Charakter filigraner oder robuster gezeichnet werden. Im Folgenden stelle ich dir einige im Romance Manga übliche Handgesten vor.

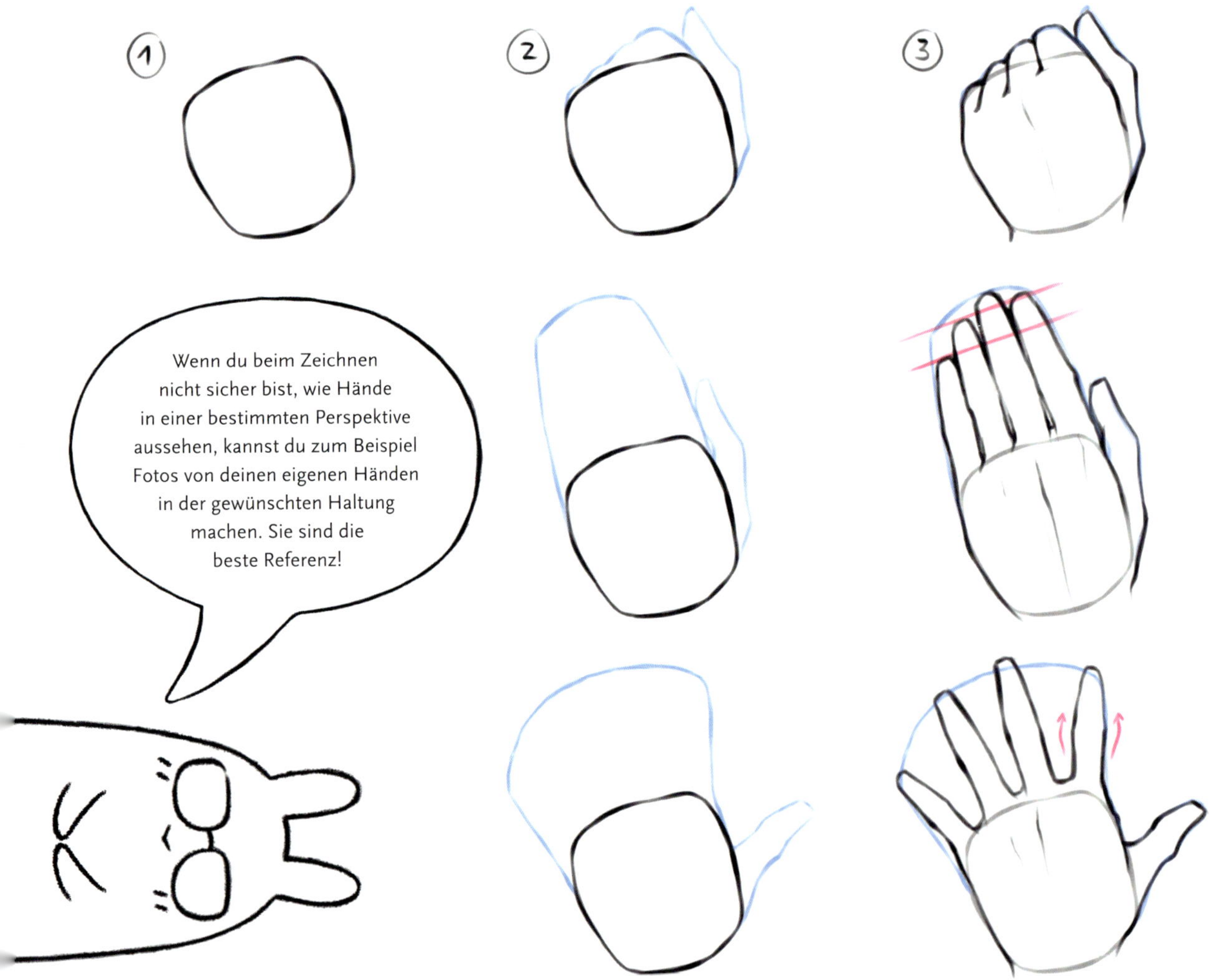

1 Die Grundform der eher unbeweglichen Fläche einer Hand ist ein Quadrat, das aber natürlich nie komplett symmetrisch ist. Es kennzeichnet die Handwurzelknochen und die Mittelhandknochen.

2 Darum herum kannst du die Position der Finger skizzieren, bevor du diese einzeln ausarbeitest. In der Perspektive von oben sind die Finger ungefähr so lang wie die Handfläche.

3 Achte darauf, dass nicht alle Finger gleich lang sind: Der Mittelfinger ist am längsten und der kleine Finger am kürzesten. Alle Finger sind in der Mitte etwas breiter wegen der Knochenform.

DYNAMISCHE HANDGESTEN Geöffnete Handflächen vermitteln auch eine Offenheit der Person. Zudem kann man mit bestimmten Handhaltungen unterschiedliche Aktivitäten ausdrücken, indem man auf etwas zeigt **(1)** oder ein Peace Zeichen macht **(2)**. Mit solchen Gesten lässt sich zum Beispiel auch darstellen, dass man herumalbert **(3)** oder jemanden zu etwas animiert **(4)**. Die Finger können dabei eingeknickt oder weit ausgestreckt sein. Biegen sie sich weit von der Handfläche weg, drückt dies Dynamik aus.

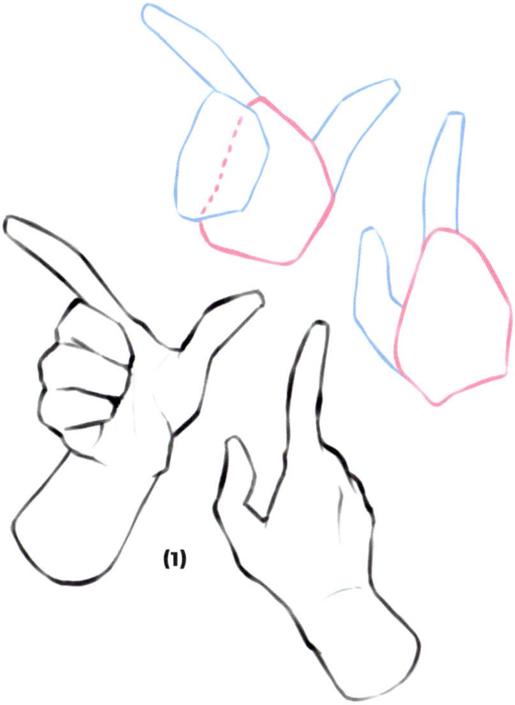

(1)

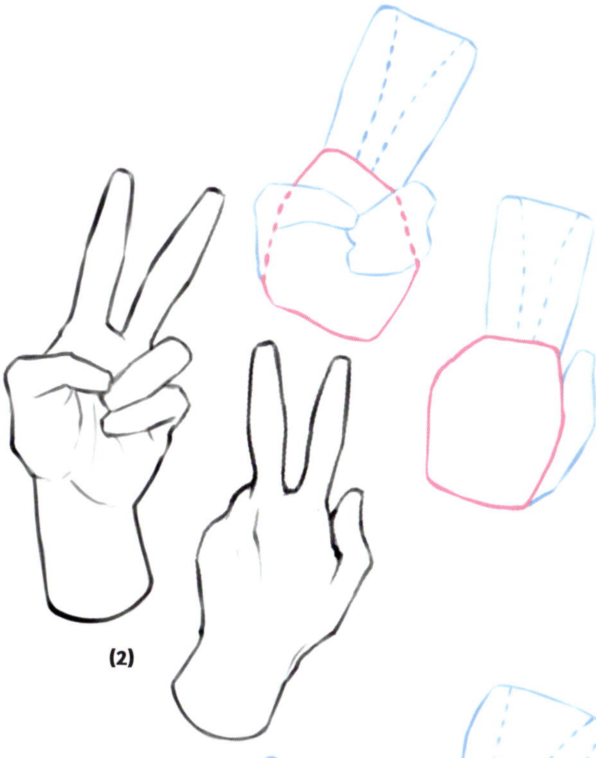

(2)

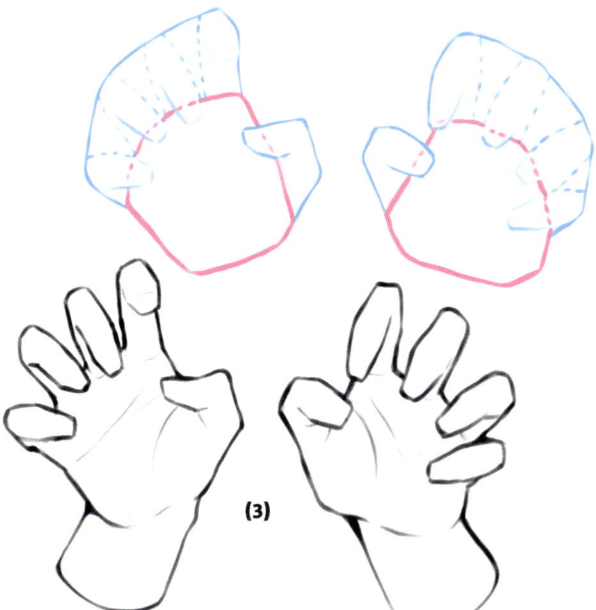

(3)

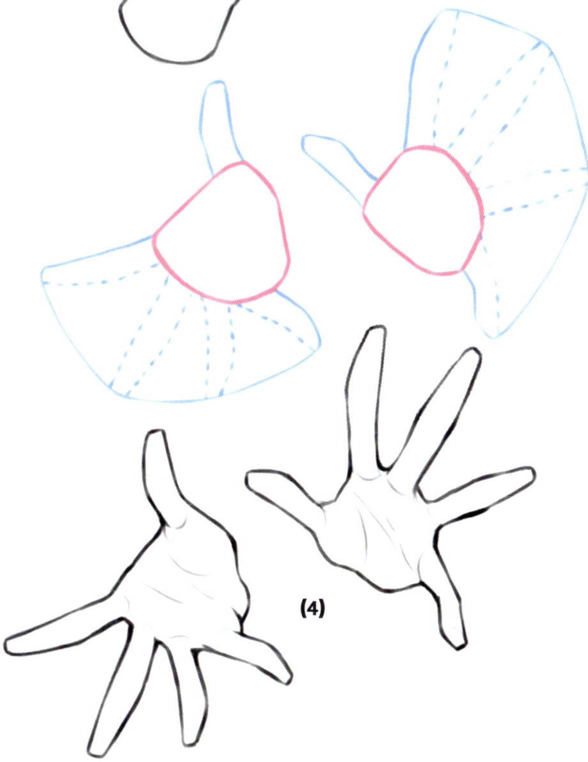

(4)

HERZ-HANDGESTEN In vielen Situationen kann man einer Person mit einer Handgeste ein Herz "senden". Zum Beispiel entweder auf einem Foto, in einem Video oder wenn man sich von weitem sieht, aber nicht reden kann. Ein Herz kann man auf verschiedene Arten mit den Händen formen: mit den Fingerspitzen **(1)**, mit Zeigefinger und Daumen **(2)**, mit den Handkanten **(3)** oder Zeige- und Mittelfingern **(4)**. Beim Zeichnen sollte man technisch beachten, dass die Finger je nach Perspektive teilweise verdeckt und deshalb nicht immer alle zu sehen sind. Die hinteren Finger schauen dann nur noch ein wenig hervor und sind durch kleine Flächen angedeutet.

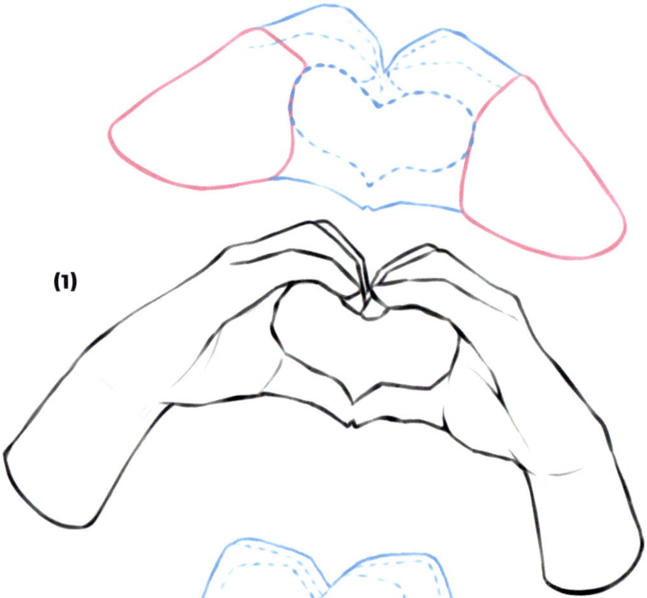

(1)

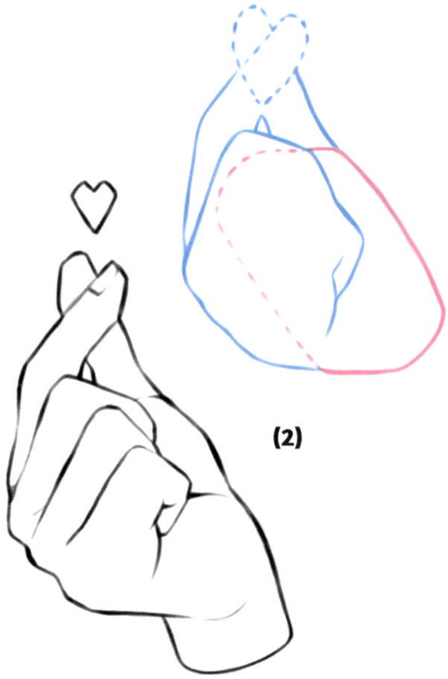

(2)

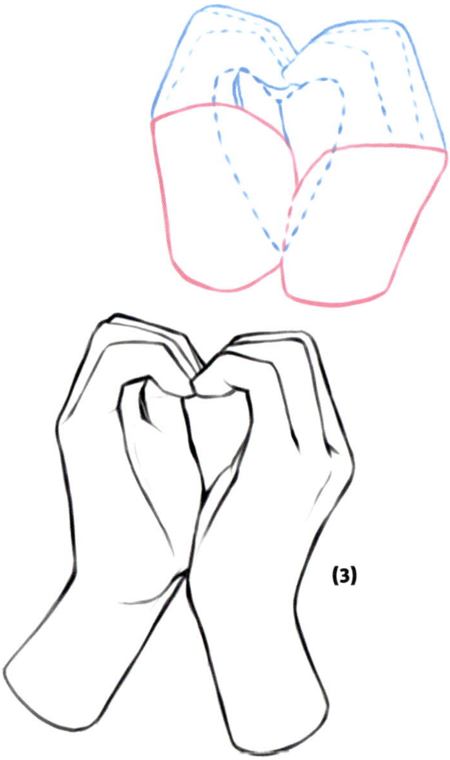

(3)

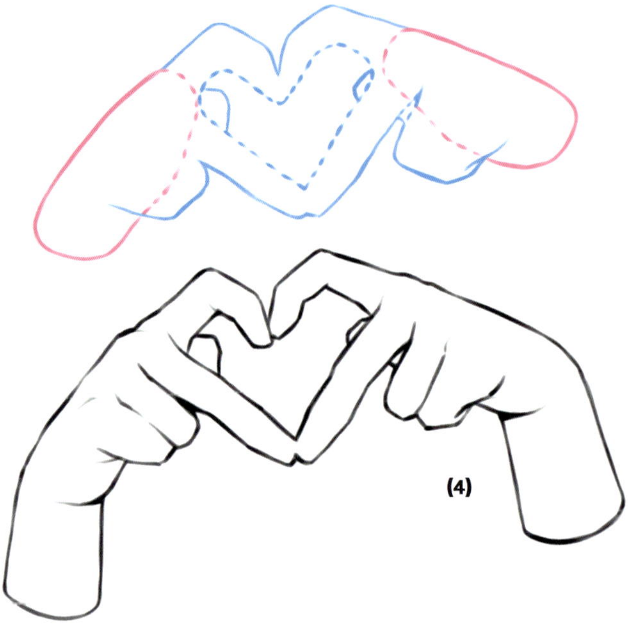

(4)

SANFTE HANDGESTEN Liebevolle, sanfte Hände sind ein Zeichen von Rücksichtnahme und Freundlichkeit. Die Hände werden in anmutigen Formen gehalten oder gelegt. In einem romantischen Kontext können die Hände so gezeichnet werden, wenn eine Figur auf etwas wartet **(1)**, etwas hochhält **(2)** oder vielleicht unbeholfen ist **(3)**. Bei einer Interaktion kann man sich auch die Hand reichen **(4)**. Wenn die Handrücken zu sehen sind, können die Knochen durch zwei feine Linien in der Mitte angedeutet werden. Denk daran, dass die Finger je nach Perspektive verhältnismäßig kürzer gezeichnet werden.

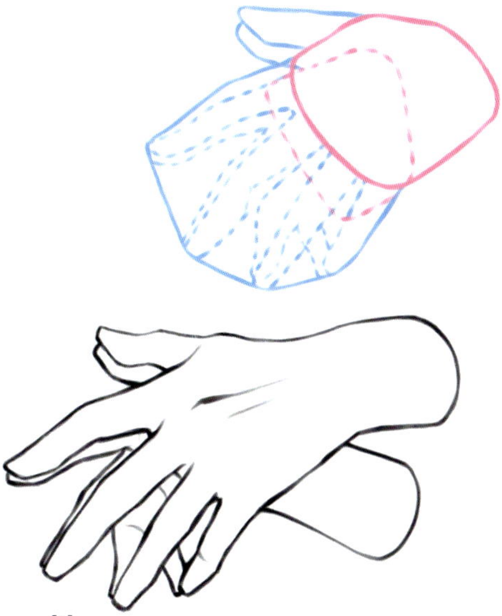

(1)

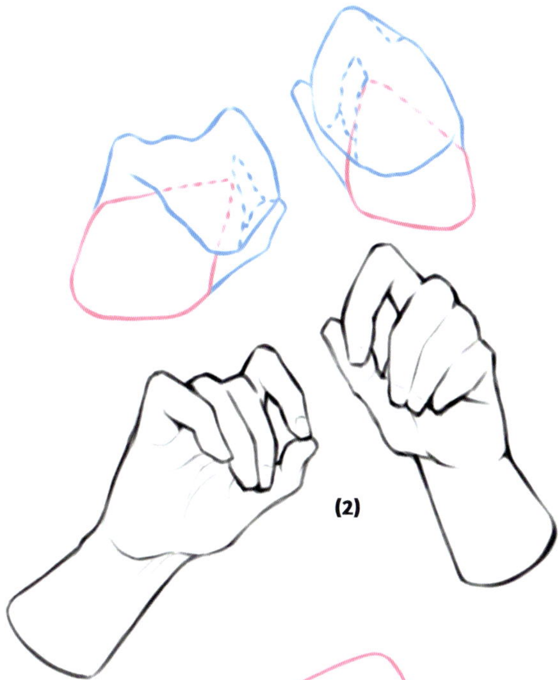

(2)

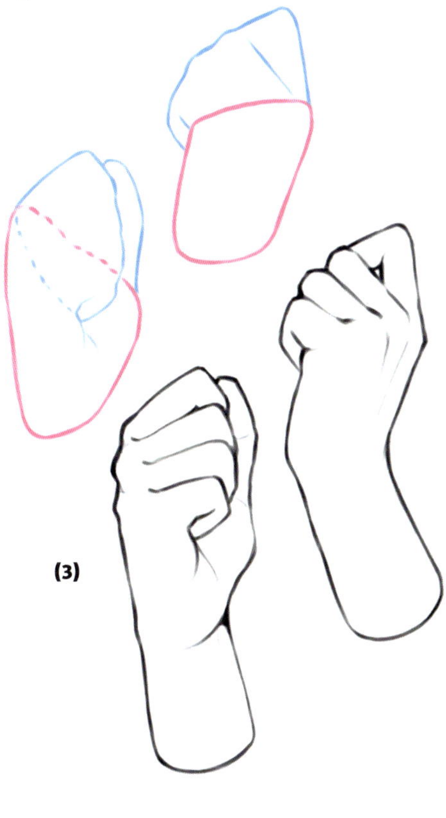

(3)

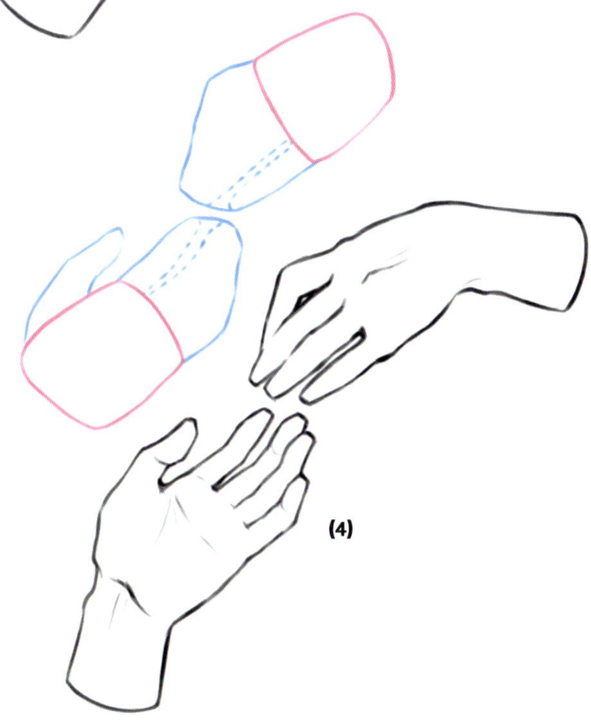

(4)

Arme

Auch die Haltung der Arme spielt eine wichtige Rolle bei der Darstellung eines romantischen Verhältnisses. Durch Armgesten lassen sich Abstand oder Nähe signalisieren, je nachdem, in welcher Haltung sie sich befinden. Arme bewegen sich grundsätzlich gemeinsam mit den Händen und sagen viel über den Gemütszustand aus. Eine Pose wirkt offener, je weiter die Arme sich vom Körper wegstrecken und schützender, je weiter sich die Arme und Hände um den Körper schließen.

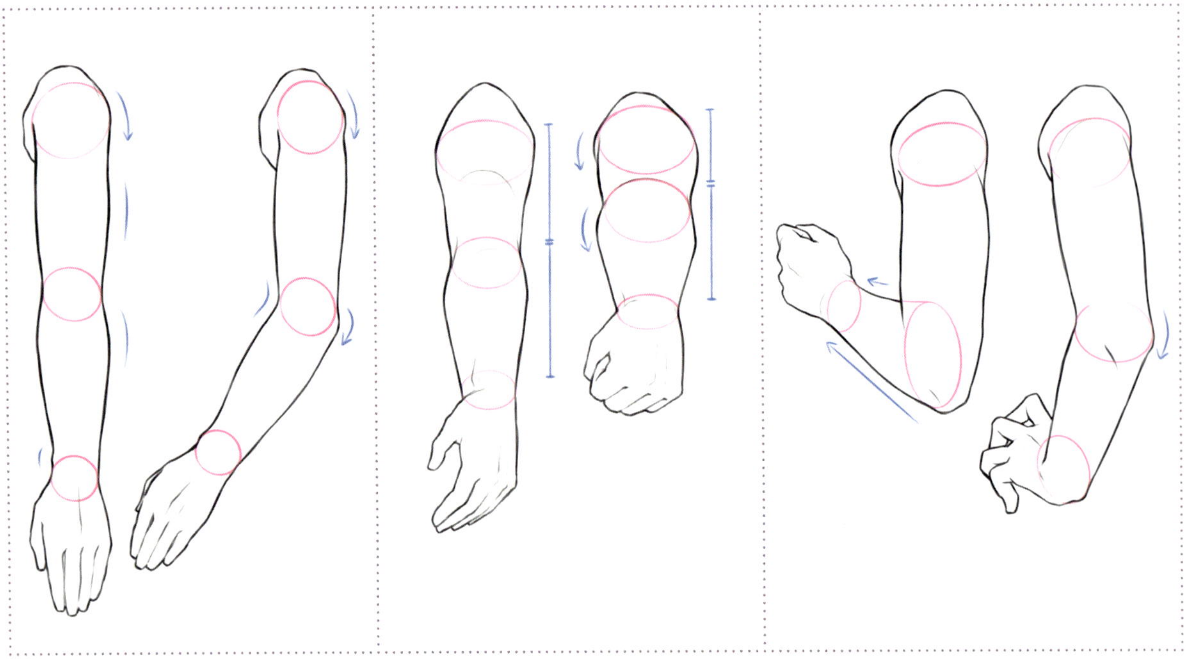

BEWEGLICHKEIT Zunächst einmal kannst du dir die Arme in drei Teilen verbildlichen, die durch Gelenke verbunden sind und die Abschnitte an diesen Punkten beweglich machen. Da ist das Schultergelenk, mit dem der Oberarm verbunden ist. Durch Ellenbogen ist der Oberarm wiederum mit dem Unterarm verbunden. Als drittes verbindet das Handgelenk Unterarm und Hand. An der äußeren Seite des Handgelenks ist das Ende des Ellenknochens andeutungsweise sichtbar; das kann man mit einer kleinen Wölbung darstellen.

PERSPEKTIVE VORNE Die Wölbungen des Arms stellen das Gewebe unter der Haut dar, also Muskeln, Sehnen und Fett. Sobald du in einer Zeichnung eine verkürzte Perspektive darstellen möchtest, solltest du die Gelenke mit Hilfslinien vorzeichnen, um zu sehen, wie man die Armwölbungen stauchen kann. Die Hand ist aus einem anderen Blickwinkel zu sehen. In einer Skizze kann ein gestauchtes Körperteil erstmal komisch aussehen, aber sobald Schattierungen dazukommen, wirst du feststellen, dass die Stauchung dieser Abschnitte Sinn macht.

PERSPEKTIVE HINTEN Ober- und Unterarm sind je nach Körperbau in etwa gleich lang. In dieser Anleitung siehst du einen Arm von hinten und die sich ändernden Proportionen, wenn dieser bewegt wird, wenn man zum Beispiel die Hand in die Hüfte stemmt. Die Bewegungspunkte sind hier wieder mit Hilfslinien skizziert. Du kannst die Körperteile ruhig ein wenig dicker darstellen, wenn sie in der Perspektive gestaucht, also verkürzt, werden – dann wirkt es realistischer. Die Ecke des Ellenbogens kommt räumlich nach vorne. Das kann man später gut mit einem entsprechenden Schatten am Unterarm verdeutlichen.

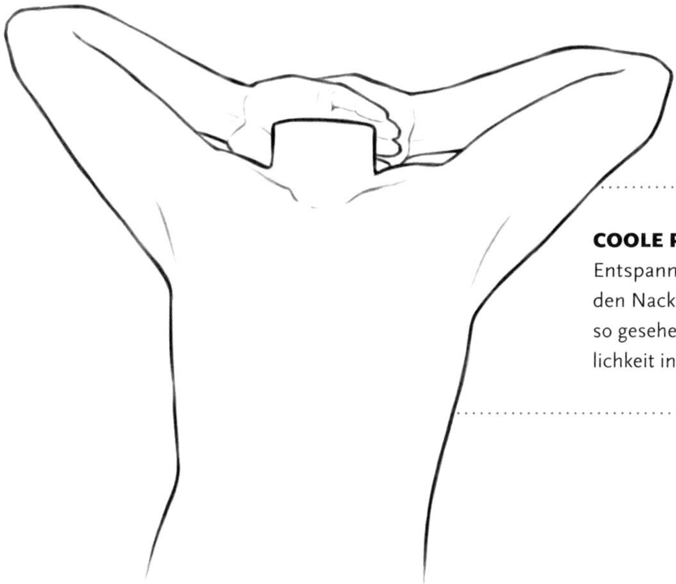

COOLE POSE Diese Haltung zeigt Offenheit, Entspannung oder Lässigkeit. Die Arme stützen den Nacken und Kopf. Da man den Oberkörper so gesehen ungeschützt lässt, vermittelt dies Behaglichkeit in Gesellschaft der anderen Person(en).

ZURÜCKHALTUNG Vor dem Körper gefaltete Arme können Zurückhaltung oder Schutz signalisieren. Andererseits kann man auch diese Pose einnehmen, wenn man auf jemanden wartet, zuhört oder nachdenklich ist. Ein Handrücken verschwindet dabei unter dem Ellenbogen. Die Finger greifen um den Körper, daher sind nur die Knöchel der Hände zu sehen.

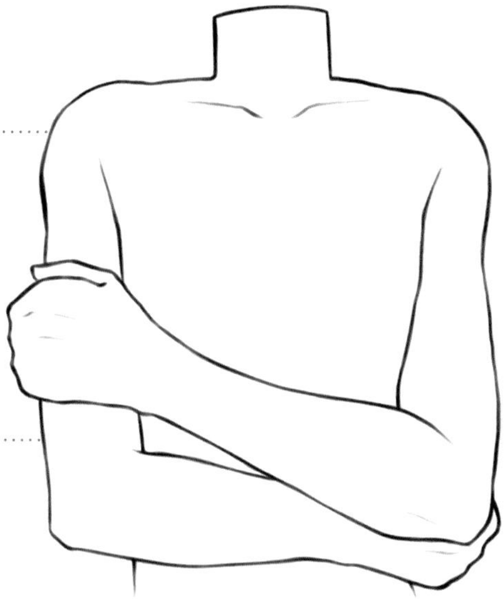

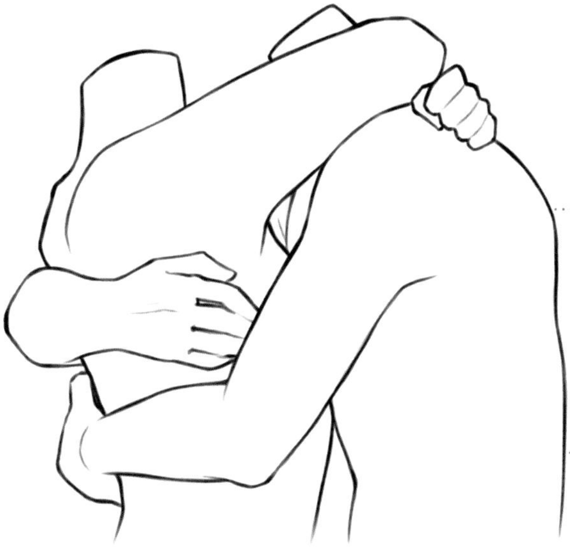

UMARMUNG Eine gegenseitige Umarmung ist das mit Abstand deutlichste Zeichen der Zuneigung, das sich durch die Gestik der Arme darstellen lässt. Aus dieser Perspektive sieht man Arme und Hände nur teilweise und aus verschiedenen Perspektiven. Der Ellenbogen eines umgreifenden Arms verkürzt sich, wenn dieser nach vorne kommt.

Kuss

Es gibt viele Möglichkeiten, einen Kuss darzustellen – abhängig von der Art des Kusses werden Stimmung und Bedeutung vom Betrachter möglicherweise völlig unterschiedlich aufgefasst. Allgemein gilt, dass man den Kuss aus einer seitlichen Perspektive am besten erkennt.

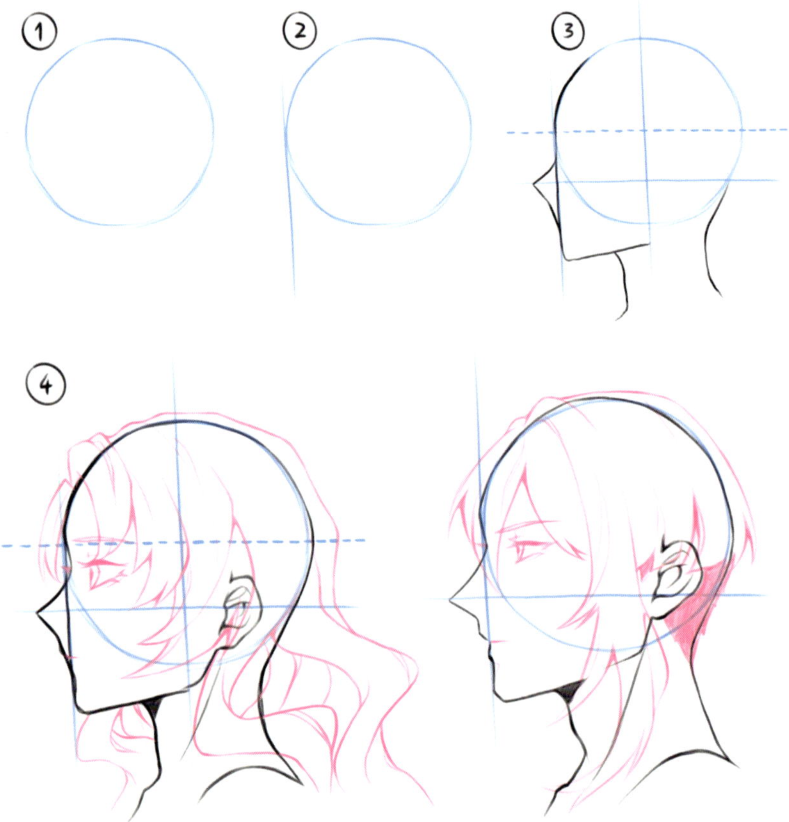

Für anatomisch korrekte Profile gibt es beim Zeichnen verschiedene Herangehensweisen. In den Schritten 1-4 stelle ich dir vor, woran man sich beim Erstellen eines Profils orientieren kann. Oft zeichne ich aber auch nach Gefühl drauf los; das Verständnis für Proportionen kommt auch mit sehr viel praktischer Übung. Außerdem gibt es im Manga-Stil keine "korrekten" Proportionen, weil jeder individuelle Zeichenstil sich in den Merkmalen unterscheidet und es viel Spielraum auch bei Verzerrungen gibt. Technisch kann man sagen, dass der Hals bei maskulinen Charakteren kräftiger gezeichnet wird, auch der Adamsapfel tritt merklich hervor.
Bei einem Kuss auf den Mund neigen sich (bei der Darstellung von der Seite) die Köpfe der Charaktere mehr oder weniger in entgegengesetzte Richtungen, damit die Nasen nicht gegeneinandergedrückt werden, sondern Platz für die Münder entsteht. Wenn die Münder aufeinander liegen, verschwindet eine Nase hinter der anderen. Das eine Kinn geht perspektivisch dabei weiter in den Hintergrund, während der andere Kiefer weiter nach vorn ins Bild kommt und leicht von unten zu sehen ist.

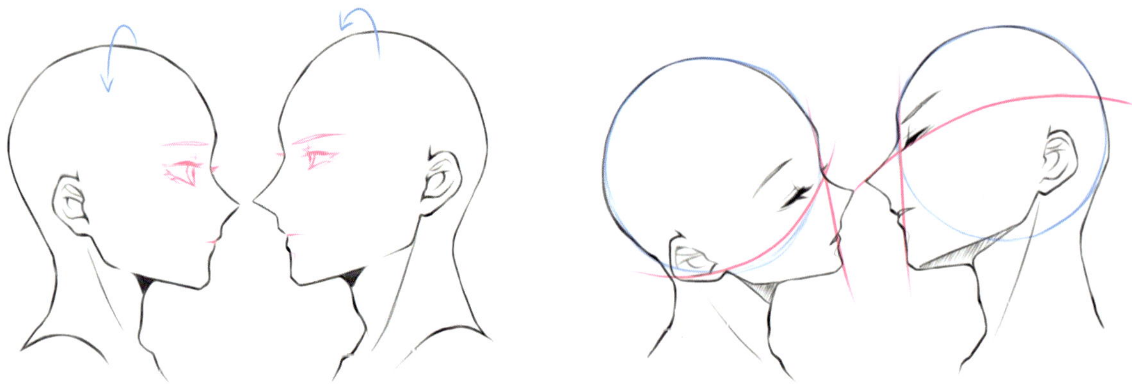

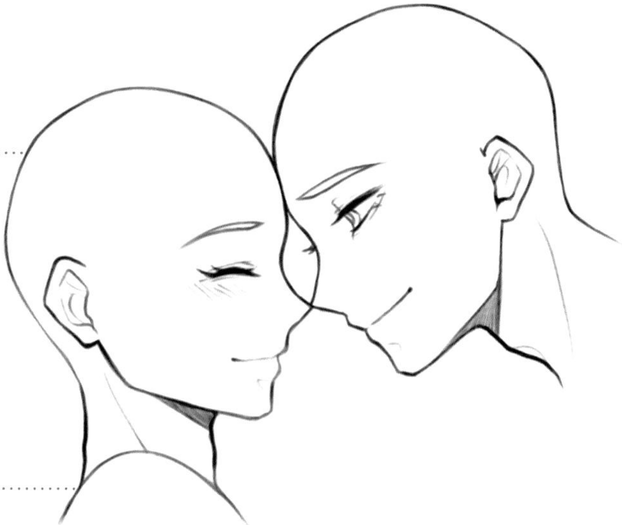

NASE Auch wenn der Mund beim Nasenkuss nicht involviert ist, bezeichnet man es trotzdem als eine Art von Kuss. Die Bedeutung ist seelische Nähe, Zärtlichkeit und Vertrauen. Hier stupsen die Nasen an den Spitzen aneinander und eine Stirn ist gegen die andere gelehnt. Ich empfehle dabei, mindestens eine Person mit geschlossenen Augen darzustellen – wenn man versucht, sich so nah in die Augen zu schauen, müsste eine/r der Beteiligten sonst schielen.

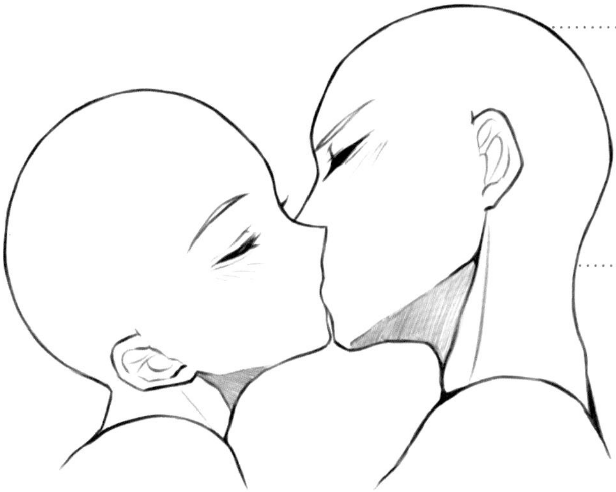

MUND Verliebtheit hat auch mit körperlicher Anziehung zu tun, welche beim Kuss auf dem Mund am deutlichsten ist. Es ist der geläufigste Kuss, besonders bei Paaren. Die Augenlider sind auch mal geschlossen, um sich auf das Gefühl zu konzentrieren (was generell für alle Arten von Küssen gilt).

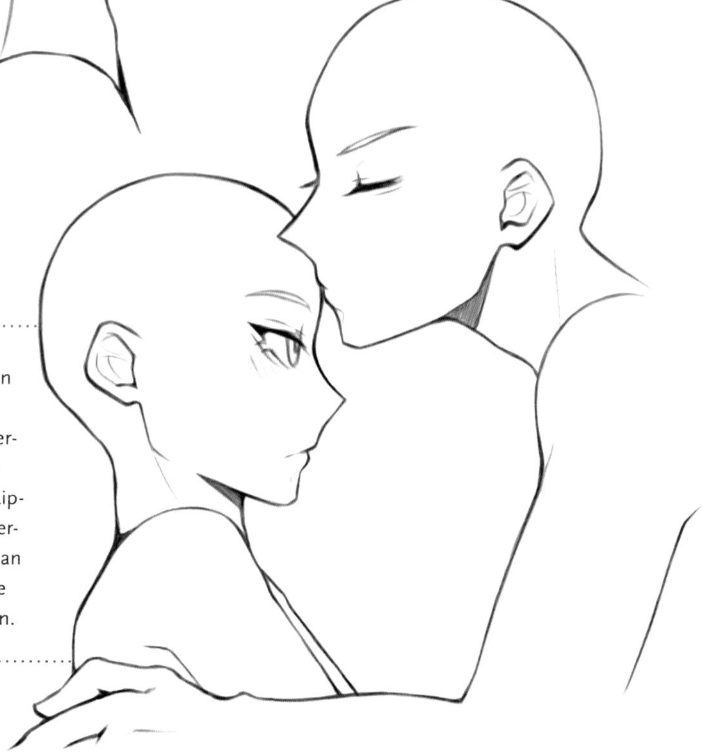

STIRN Manchmal bietet sich ein Kuss auf die Stirn an, besonders wenn es einen Größenunterschied zwischen den Charakteren gibt. Der Kuss kann Herzenswärme ausdrücken und alle anderen positiven Gefühle, die mit einem Kuss verbunden sind. Die Lippen berühren die Stirn über den Augenbrauen. Außerdem gehört zur natürlichen Körperhaltung, dass man die andere Person beim Küssen festhält, anstatt die Arme einfach neben dem Körper hängen zu lassen.

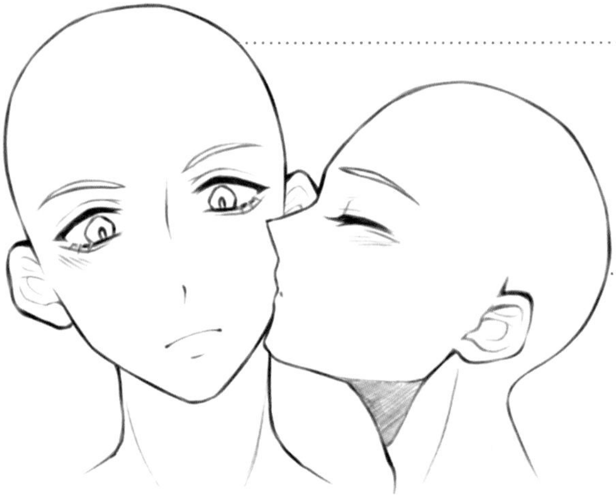

WANGE Ein Kuss auf die Wange drückt einerseits Anziehung zum anderen Charakter aus, ist aber nicht so konfrontierend wie zum Beispiel auf den Mund. Am leichtesten kann man einen Kuss zeichnen, wenn bei einer Figur das Profil von der Seite gezeigt wird und bei der anderen das Gesicht von vorne.

SCHULTER Ein Kuss auf die Schulter zeigt deutlich die Zuneigung zur Person, aber hat noch eine gewisse Distanz, zum Beispiel wenn man der Person im Vorbeigehen einen kurzen Kuss geben möchte, ohne sie abzulenken. Hier überschneiden sich der Hinterkopf und die Stirn ein wenig; die Köpfe sind auf gleicher Höhe.

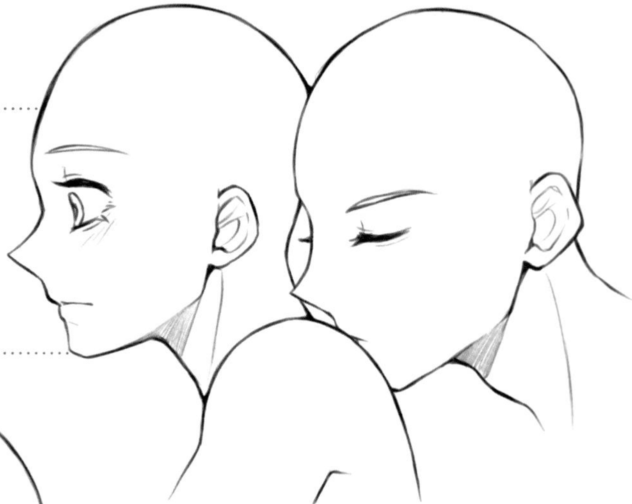

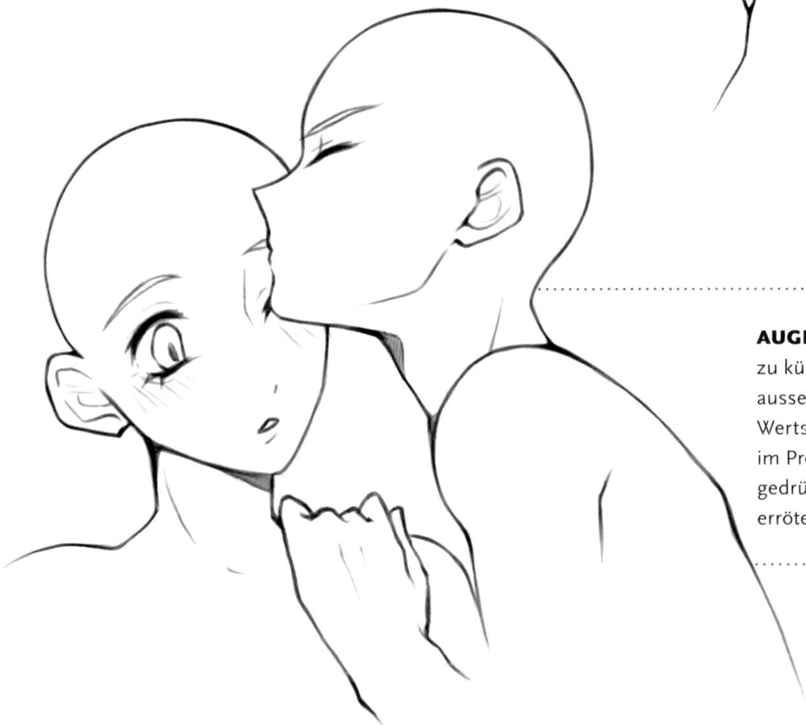

AUGE Die Geste, jemanden auf die Augen zu küssen, mag zwar etwas unbeholfen aussehen, hat aber eine tiefe Bedeutung der Wertschätzung. Ein küssender Mund kann im Profil durch leicht gespitzte Lippen ausgedrückt werden. Die empfangende Person errötet, da sie von der Geste gerührt ist.

FINGER Sich zu den Fingern zu neigen, ist mit einer Verbeugung verbunden. Damit drückt man Bewunderung und Respekt aus. Es ist auch ein Zeichen klassischer Etikette; in einem Bild wirkt der Kuss deshalb sehr elegant. Die Finger sehen besonders anmutig aus, wenn sie hintereinander gehalten werden, wie ein sanft geschwungener Fächer. Von der zweiten Hand sieht man nur die Knöchel auf dem Handrücken und den Daumen.

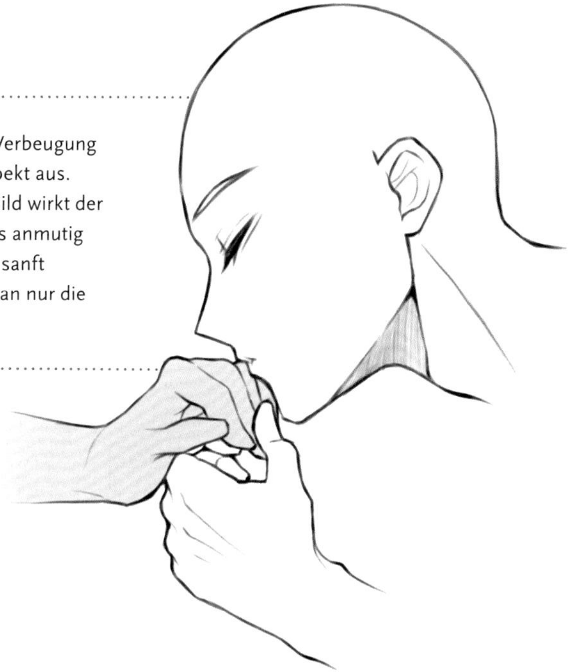

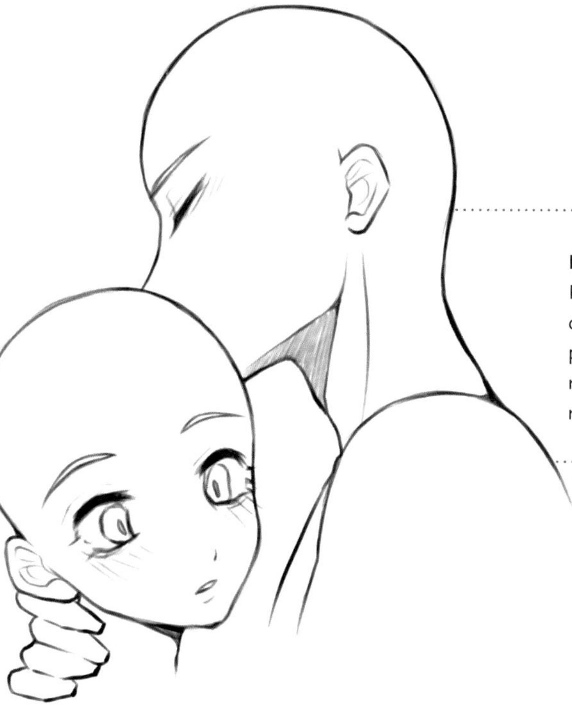

KOPF Ein Kuss auf den Kopf bedeutet, dass man eine Person beschützen möchte und diese schätzt. Aufgrund der Haltung der Charaktere erkennt man die Geste problemlos, selbst wenn man die küssenden Lippen nicht sieht. So kann man es sich beim Zeichnen leicht machen und den Kuss hinter dem Kopf verstecken.

HAND Der Ausdruck von Dankbarkeit an eine Person kann mit einem Kuss auf die Hand gezeigt werden. Die empfangende Figur ist vielleicht verträumt oder in Gedanken versunken, deshalb soll durch den Kuss Aufmerksamkeit vermittelt werden. Bei dieser etwas schwierigeren Haltung hilft es, von den eigenen Händen Referenzfotos in dieser Pose zu machen, um diese abzeichnen zu können.

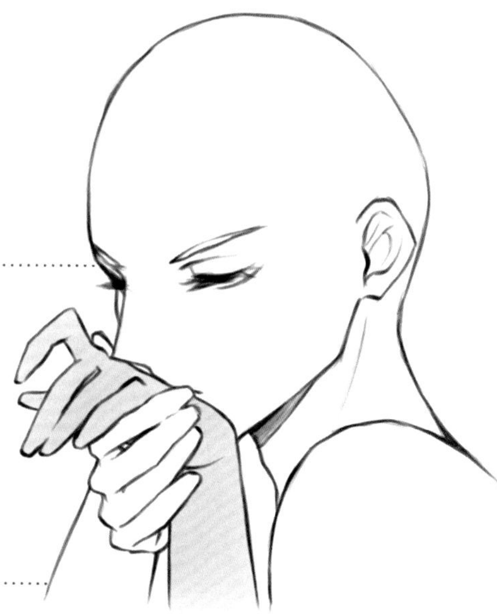

3. Frisuren & Accessoires

Frisuren können das Innere einer Person nach außen hin widerspiegeln, insbesondere durch Haarschnitt, verschiedene Farben und Längen sowie das Styling. Die Frisur offenbart außerdem Angewohnheiten wie Gepflegtheit und beeinflusst die Wahrnehmung anderer Menschen gegenüber einer Person. Auf diese Weise entsteht viel Spielraum, die eigene Persönlichkeit durch den Stil auszuleben und zu unterstreichen – nicht nur durch die Frisur, sondern auch durch Accessoires aller Art, welche die visuelle Komposition des Auftretens nach Belieben ergänzen können.

Feminine Frisuren

Haare umranden das Gesicht und haben somit einen Einfluss auf die Mimik eines Charakters. Feminine Frisuren wirken hübsch und reizend. Ich habe für dich einige romantisch inspirierte Frisuren zur Auswahl zusammengestellt. Ob kurz oder lang – alle Haarlängen können vielseitig und attraktiv gestaltet werden.

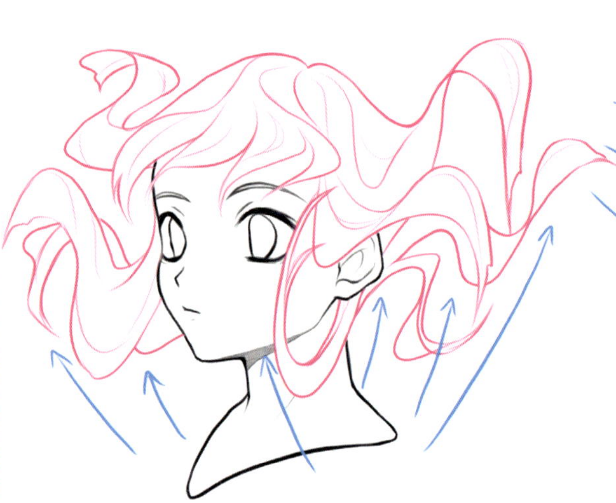

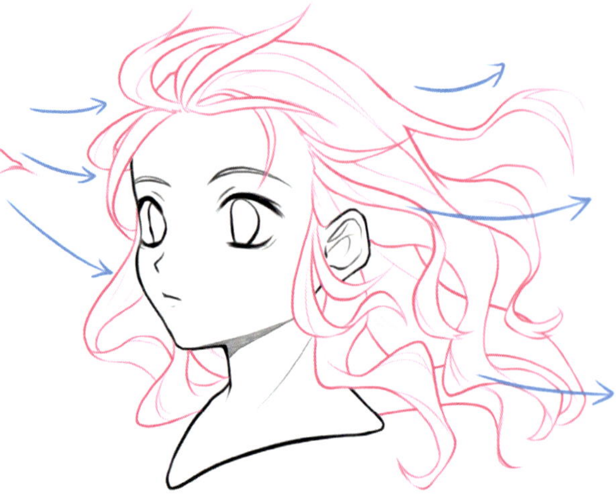

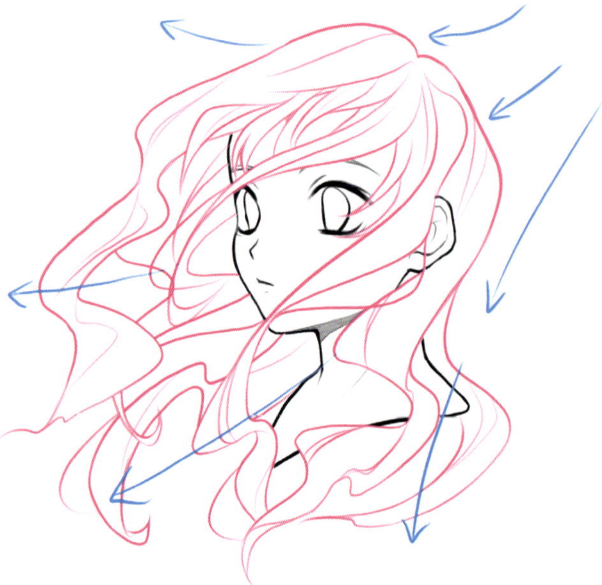

DYNAMIK Eine typische Eigenschaft vieler Romance Mangas ist ein eher unrealistischer Umgang mit der Schwerkraft, der sich durch die Haare besonders anschaulich darstellen lässt. Dabei gilt: Es muss nicht physikalisch korrekt sein, um gut auszusehen. Die Linien der Haare gehen immer vom Kopf aus und fallen dann nicht einfach nur nach unten, sondern bewegen sich um den Kopf herum. Durch Windstöße ist noch mehr Dynamik möglich: Zeichne dir Luftströme als Hilfslinien ein, diese bestimmen, in welche Richtung(en) sich die Haare bewegen. Der Wind ist dabei niemals geradlinig und lässt die Haare zum Beispiel wie Meereswellen schwingen. So kannst du Haarsträhnen entlang der Kopfrundungen in weich geschwungenen Linien ohne harte Ecken skizzieren.

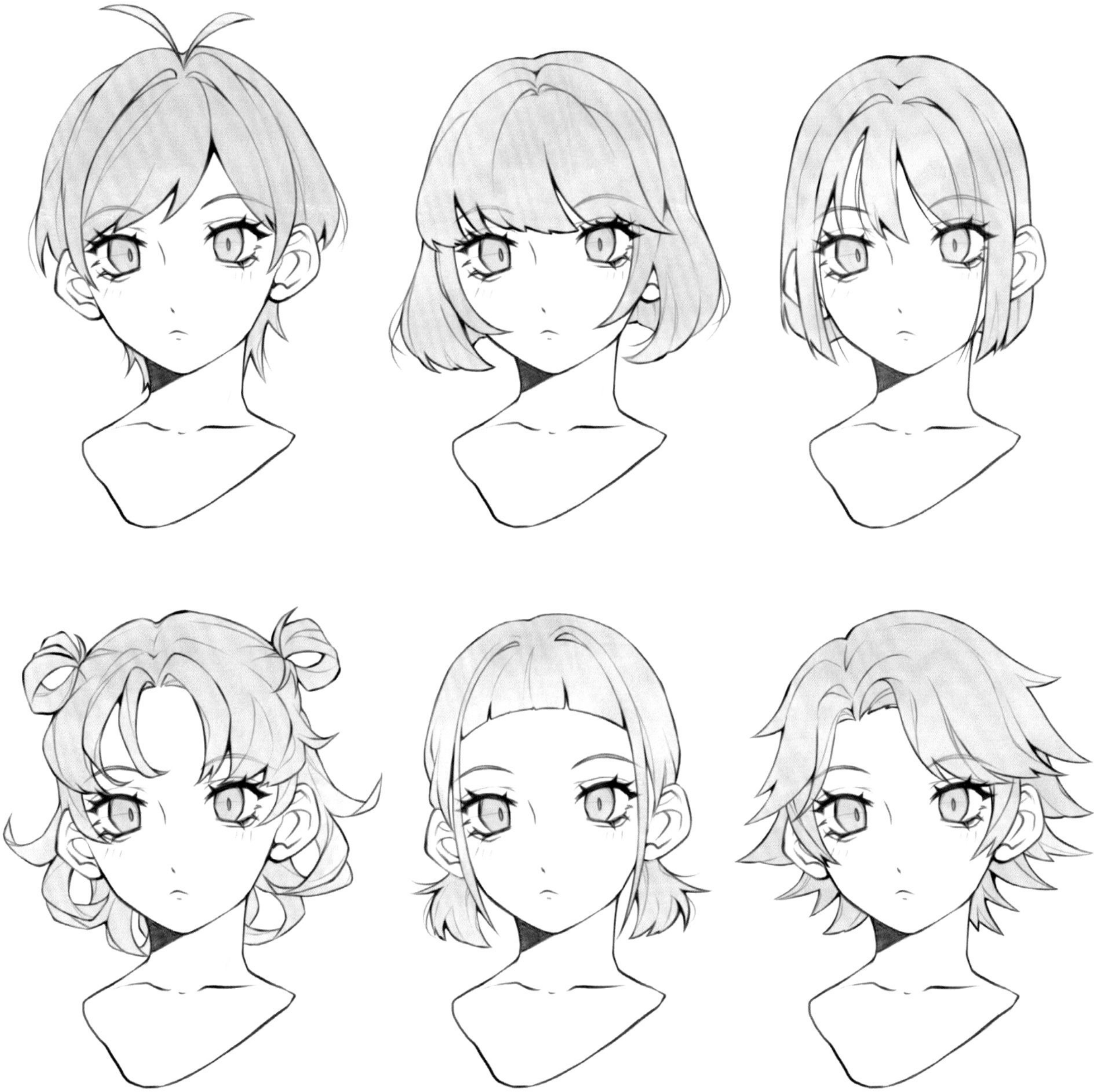

KURZ Eine Frisur lässt sofort Assoziationen zum Wesen einer Figur entstehen. Zwar sollte man eine Persönlichkeit nicht nur nach dem Äußeren beurteilen, aber ein bestimmter Eindruck lässt sich mithilfe einer Frisur durchaus erwecken. Beim "Frisieren" einer Figur kannst du also jedes Mal neu entscheiden, wie die Charaktere wirken sollen. Gerade Haare werden mit Geradlinigkeit verbunden; spitz abstehende Haare sind pfiffig und Zöpfe oder Dutts verspielt. Generell wirken kürzere Haarschnitte frisch und vermitteln Leichtigkeit; auch können die Figuren dadurch unkomplizierter erscheinen.

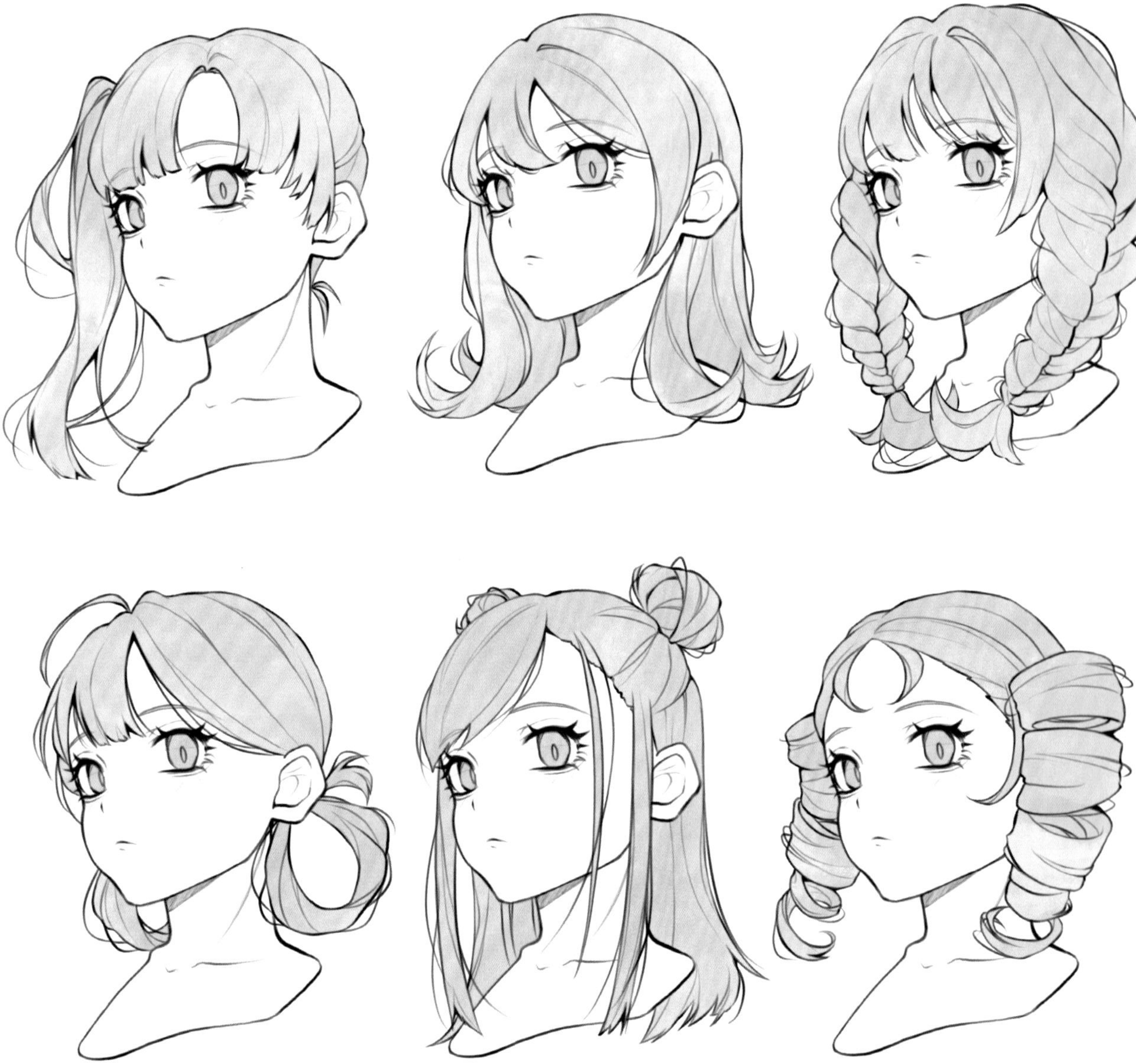

MITTELLANG Bei der Gestaltung von Frisuren kannst du verschiedene Elemente individuell so anpassen und zusammenstellen, wie es dir gefällt: den Pony, den Scheitel, Zöpfe, Dutts, Haarschlaufen und abstehende Strähnen. Jedes dieser Elemente kannst du beliebig kombinieren und so einzigartige Charaktere erschaffen. Dabei gilt, je höher die Haare am Kopf zu Zöpfen etc. gesteckt werden, desto verspielter wirkt das Auftreten der Figur. Tief gesteckte Haare wirken hingegen reifer. Die Hauptfigur eines Mangas hat durchaus öfter mittellange Haare, vielleicht weil sich die Haarspitzen und Strähnen bei einem Portraitausschnitt so schön gestalten lassen, wenn sie um den Nacken herum schwingen.

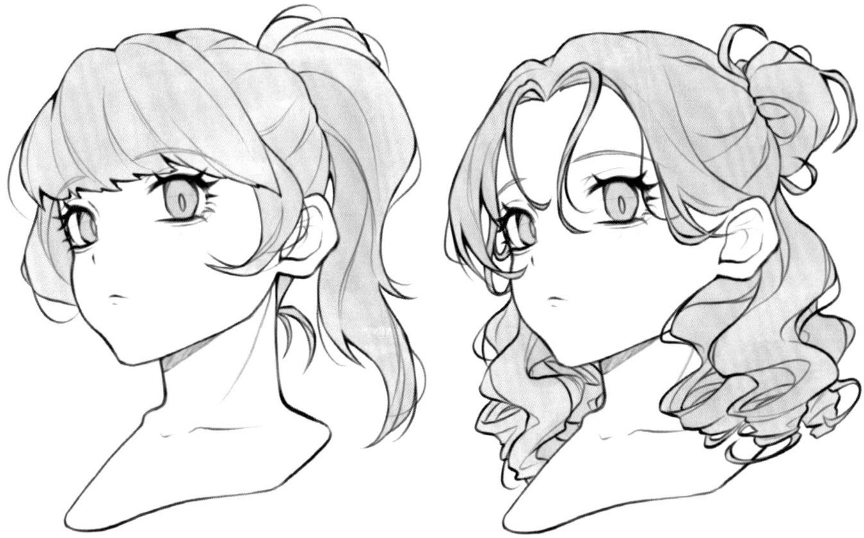

VOLUMEN Wenn du Haar mit Volumen zeichnen möchtest, ist es hilfreich, zunächst die Kontur des äußeren Haarumrisses festzulegen. Auf dieser Basis kannst du dann die Struktur der Haare skizzieren und danach ordentlich ausarbeiten. Unabhängig davon, welche Haarstruktur ich zeichnen möchte, lege ich Abschnitte fest, nach denen ich vorgehe: Erstmal die vorderen Pony-Haare, danach den Scheitel, dann die hinteren Haare und den Großteil der Frisur und zum Schluss noch einzelne Strähnen. Ein Manga-Charakter hat meistens eine Lieblingsfrisur, mit der er oder sie immer auftritt. Aber für besondere Anlässe kann man auch mal eine ausgefallenere Frisur zeichnen, das bringt dann einen Wow-Effekt.

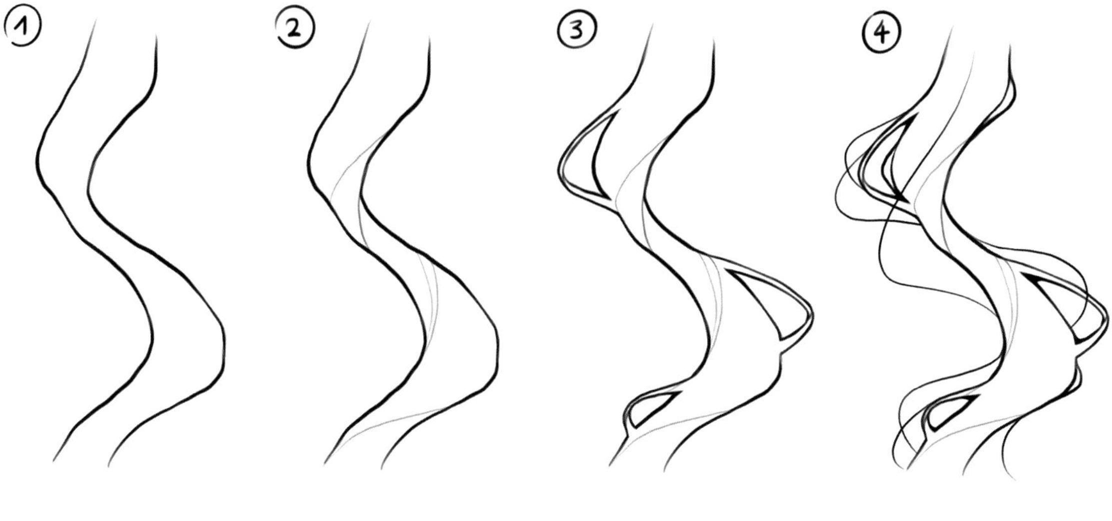

HAARSTRÄHNEN Um den Haaren im Manga-Stil Struktur zu verleihen, kannst du die folgenden Schritte als Anleitung nehmen: **1** Erstmal erstellst du die Grundform des Volumens einer Strähne, das heißt einem Haarbüschel, das einen einheitlichen Schwung hat. Die Strähne kann lang, kurz, glatt oder gelockt sein. **2** Danach kannst du feiner geschwungene Linien auf die Haaroberfläche zeichnen, um das Innenleben der Strähne darzustellen und dieser mehr Tiefe zu verleihen. **3** Als nächstes kommen kleinere Haarsträhnen, die sozusagen getrennt von der Hauptform abzweigen. Das kann das Herausrutschen von Strähnen verbildlichen und insgesamt mehr Dynamik in die Komposition bringen. **4** Zum Schluss kannst du als Feinschliff einzelne, ganz dünne Haare von der Strähne ausgehend hinzuzeichnen. Diese Technik lässt sich auf alle Haarstrukturen anwenden.

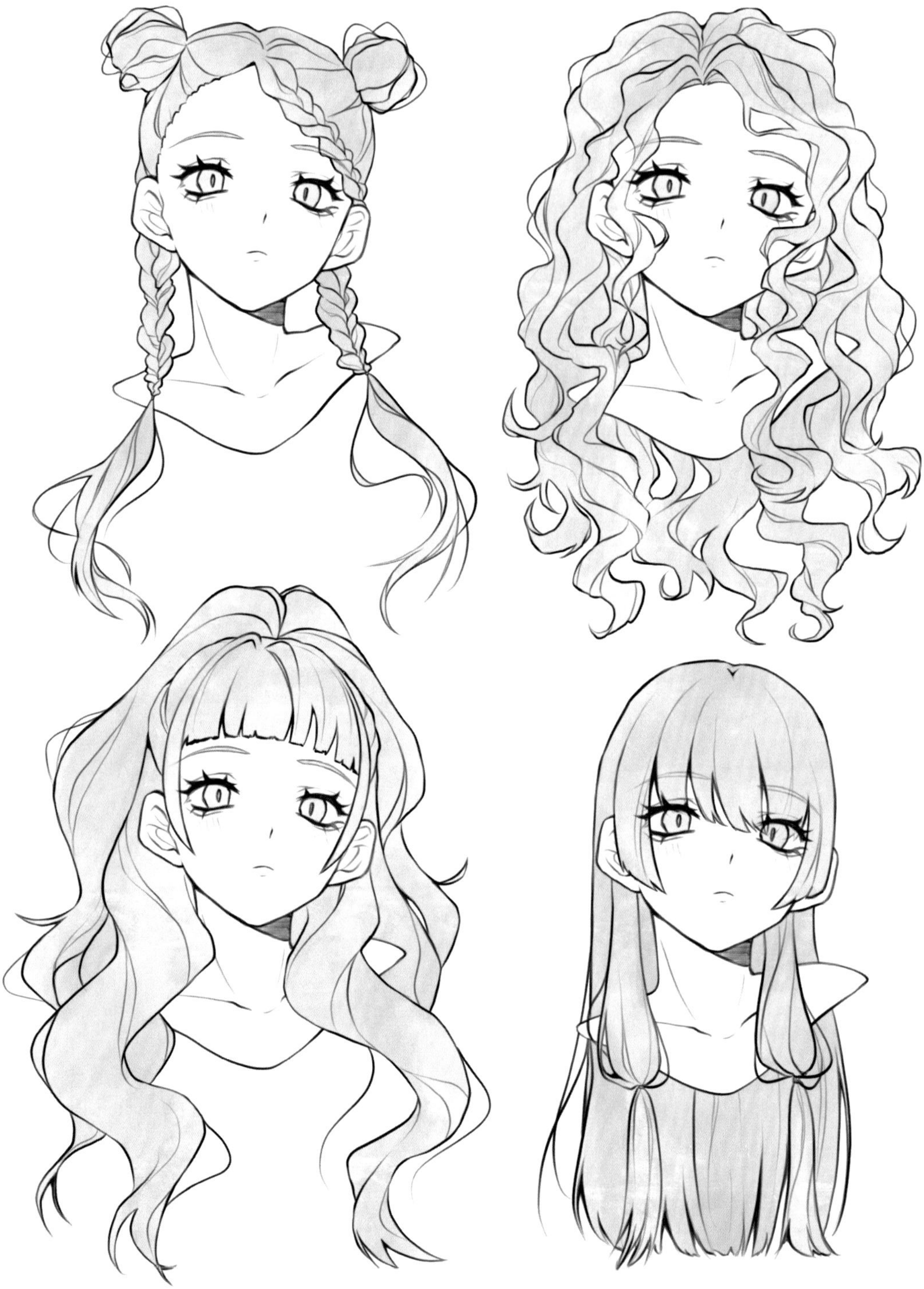

LANG Hier sind ein paar Ideen für Frisur-Konzepte mit langen Haaren. Auch dabei kannst du viele Komponenten beliebig verbinden, um eine Frisur zu gestalten: Dutts, Zöpfe, geflochtene Strähnen etc. Man kann das Haar entweder als Ganzes frisieren, etwa indem man es zu einem Zopf bindet, oder teilweise offenlassen. Bevor dich die Fülle der Haare überwältigt, lege erstmal eine vereinfachte Kontur mit Hilfslinien an, welche die Grundform der Frisur und die Richtung der Strähnen festlegt. Danach kannst du den Umriss ausarbeiten und die Flächen mit geschwungenen Linien füllen. Wenn Lücken zwischen den Haaren frei bleiben, verleiht das der Frisur mehr Plastizität.

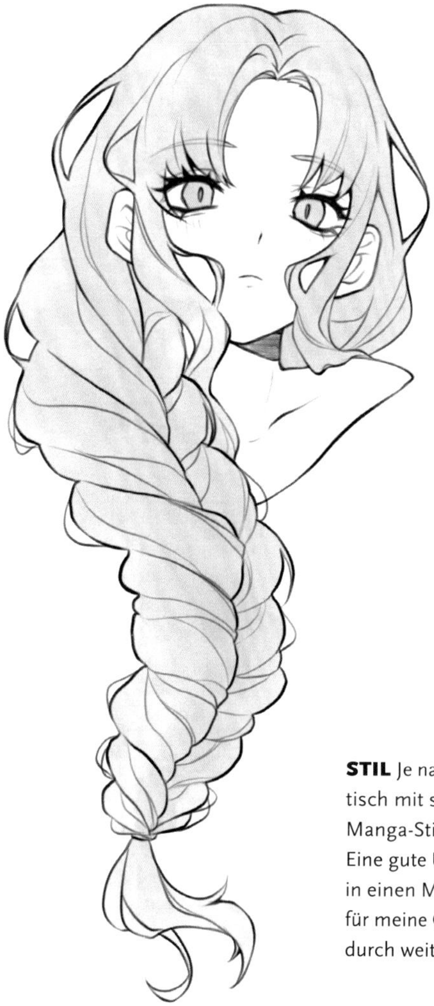

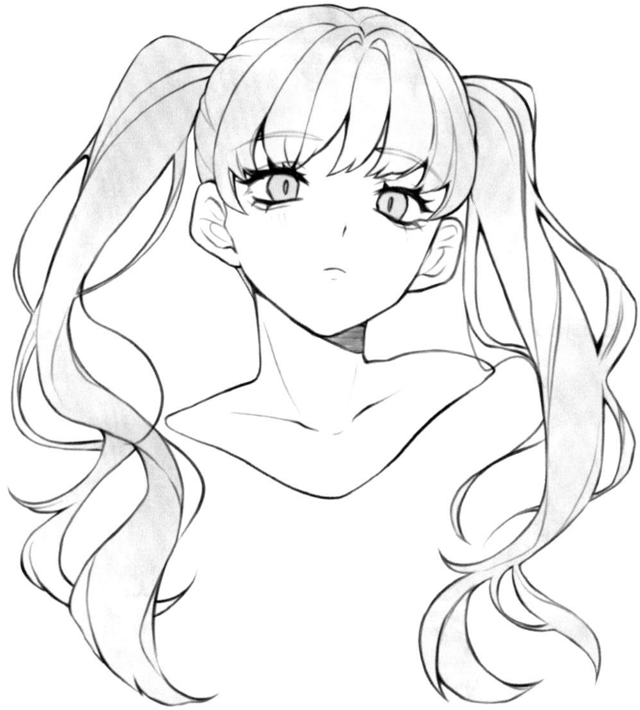

STIL Je nach persönlichem Stil können Haare mit minimalistischen Linien oder realistisch mit sehr vielen Schattierungen und einzelnen Linien gezeichnet werden. Im Manga-Stil würde ich meine Darstellung der Haare als semi-realistisch bezeichnen. Eine gute Übung ist das Abzeichnen von echten Haaren auf Fotos, welche du dann in einen Manga-Stil umwandeln kannst. Auf diese Weise entwerfe ich oft Frisuren für meine Charaktere. Lange Haare sind ein Statement. Sie vermitteln Anmut, können durch weitere Elemente wie Accessoires aber auch romantisch verspielt wirken.

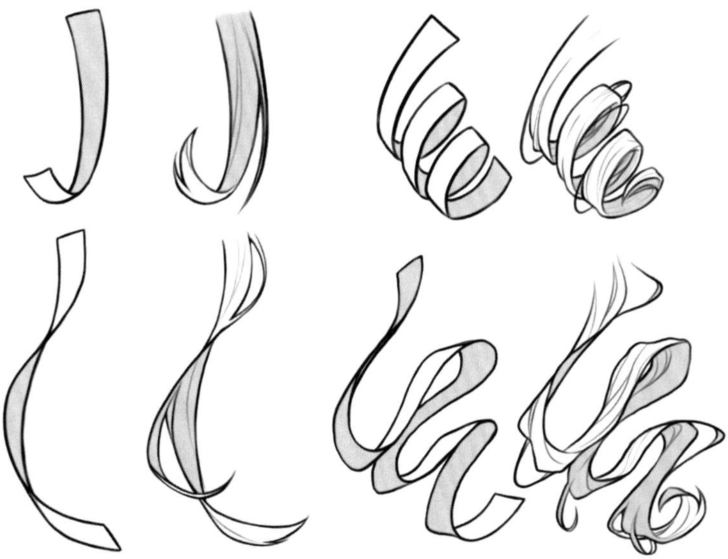

HAARSTRUKTUREN Das großartige an Haaren ist, dass sie alle möglichen Formen annehmen können. Wenn du aber mal Schwierigkeiten hast, dir eine bestimmte Form vorzustellen, kannst du eine Haarsträhne zunächst als ein Band, welches man biegen und drehen kann, skizzieren. Auch hier gilt das Vorgehen zur Erschaffung der Struktur durch Volumen (siehe Seite 33): feine Linien für die Haaroberfläche und dann herausragende Strähnchen und einzelne Haare. Je nachdem, welche Form die Haarpracht haben soll, kannst du anstatt eines Bands auch andere Formen als Vorlage nehmen.

Maskuline Frisuren

Die herkömmlichen maskulinen Frisuren sind meistens kürzer. Doch auch hier hast du viel Gestaltungsfreiraum, um Variationen in deine Zeichnungen zu bringen. Ich finde es allerdings schwierig, eine Frisur als ausschließlich männlich oder weiblich zu kategorisieren; schlussendlich musst du selbst entscheiden, was deinen Figuren steht. Im Folgenden stelle ich dir einige Frisuren-Beispiele vor, die in Mangas häufig bei Jungen und Männern vorkommen.

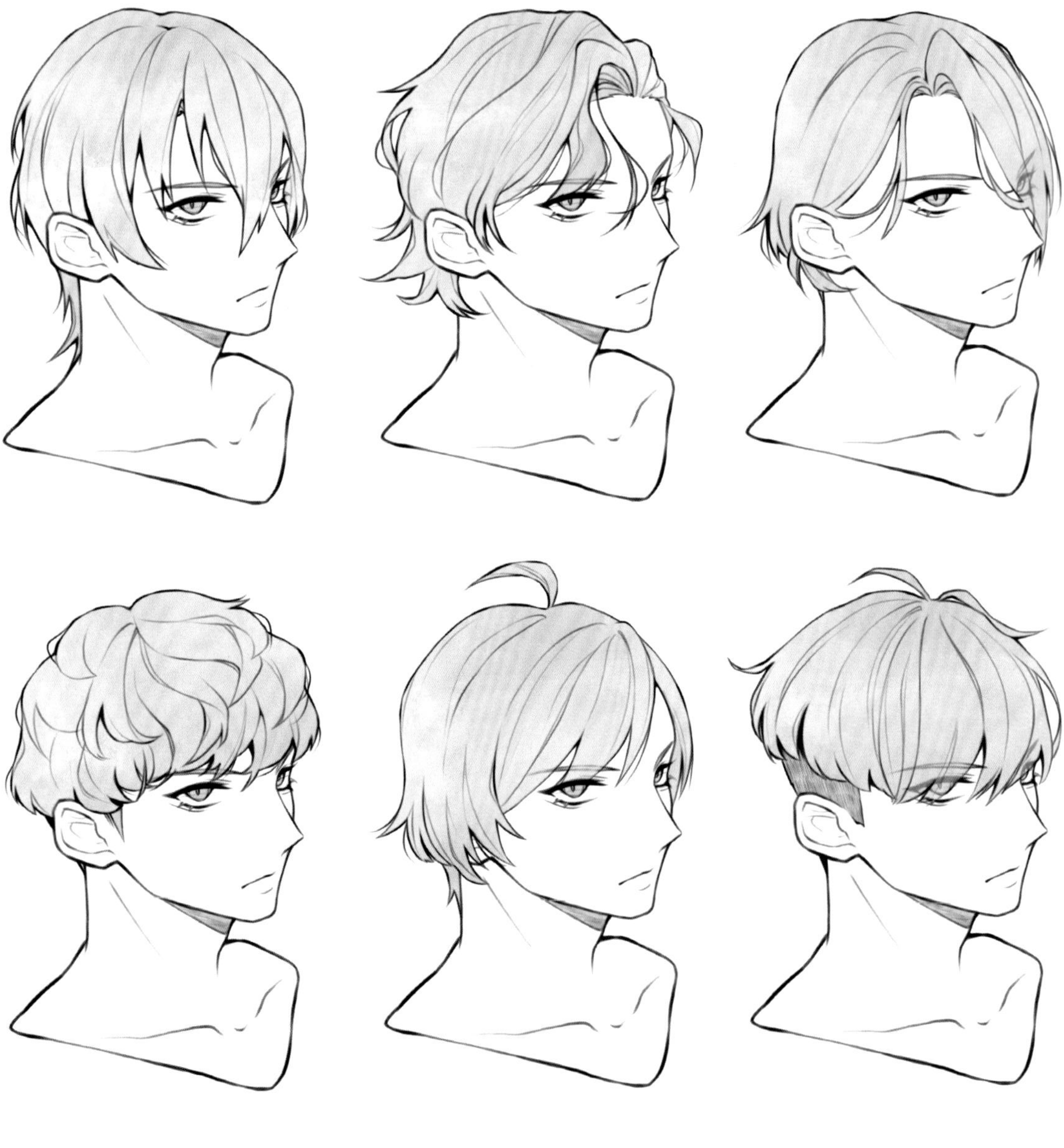

KURZ Im Manga-Stil fallen die Haare auch bei kurzen Frisuren sehr häufig ins Gesicht und über die Augen. Achte beim Zeichnen darauf, dass die Augen trotz der Haare noch gut erkennbar sind. Selbst bei dichten Haaren gibt es die Möglichkeit, diese bei den Augen durchsichtig oder semi-transparent zu kolorieren. Auch hier gilt, dass harte Ecken eher nicht auftauchen, sondern die Haare einen sanften Schwung haben.

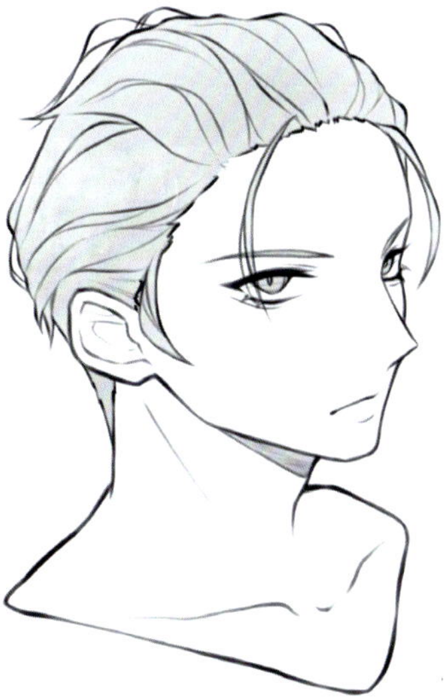

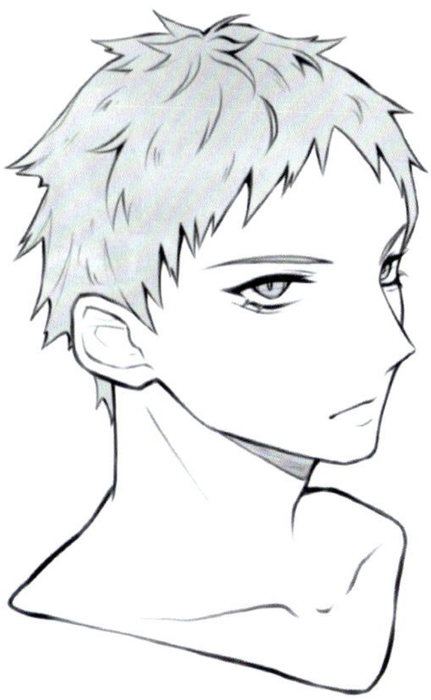

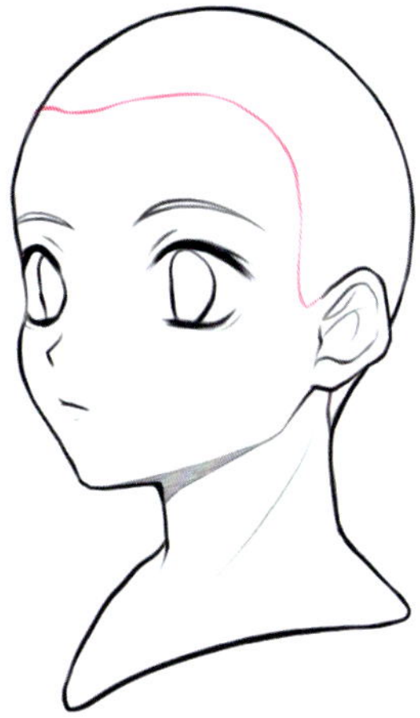

HAARANSATZ
Zunächst ist es wichtig zu wissen, wo sich der Haaransatz befindet. Durch eine Hilfslinie kannst du ungefähr festlegen, wo die Haare über der Stirn beginnen. Besonders nützlich ist diese Überlegung bei Frisuren ohne Pony.

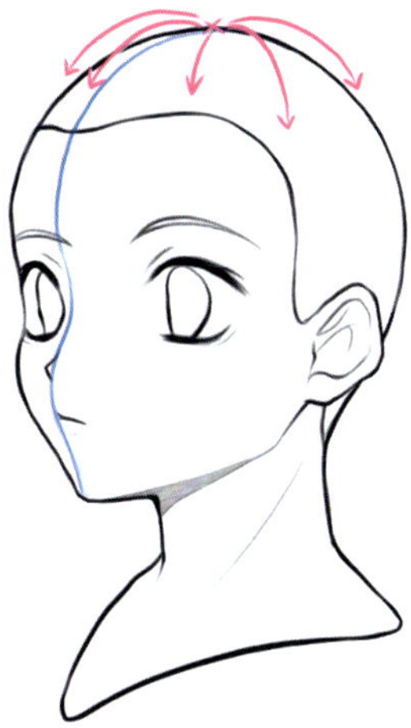

SCHEITEL / KRONE
Lege als nächstes fest, aus welchen Punkten die Haare fallen. Konkret bedeutet dies, dass der Scheitel ein Ausgangspunkt für die Haarlinien sein kann, genauso wie der "Wirbel", auch Krone genannt. So hast du eine Hilfestellung für die Anordnung einer Frisur.

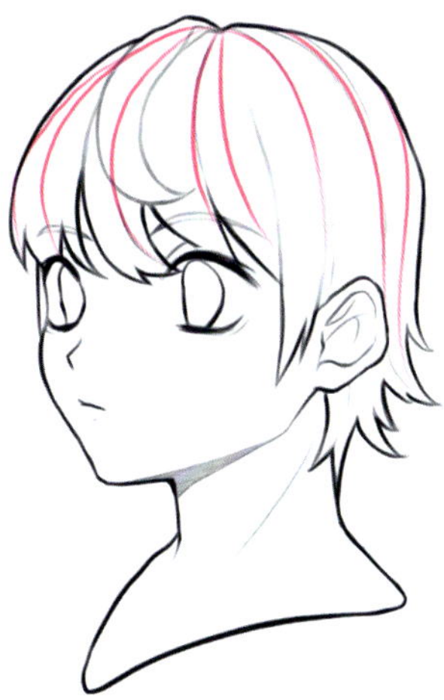

HAARLÄNGE
Um die Kopfform herum kannst du dann so viele Orientierungslinien einzeichnen, wie du möchtest und danach die Haarsträhnen entlang der Hilfslinien hinzufügen. Besonders bei Kurzhaarfrisuren hilft das bei der Ausrichtung der Haare, da die Haarspitzen schon beim Kopf enden.

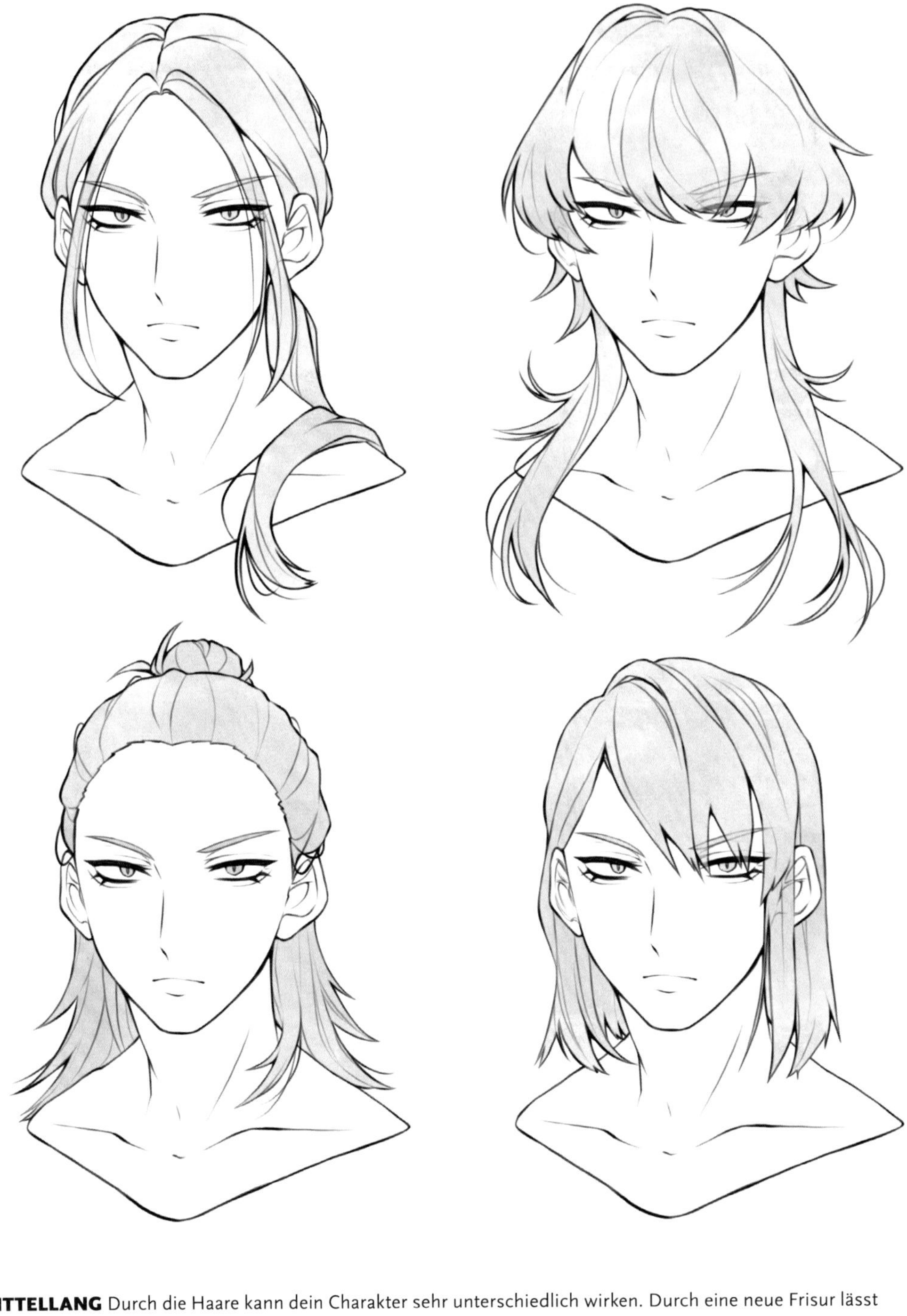

MITTELLANG Durch die Haare kann dein Charakter sehr unterschiedlich wirken. Durch eine neue Frisur lässt sich die Ausstrahlung einer Person manchmal auf erstaunliche Weise verändern und damit auch die Stimmung des gesamten Bildes, obwohl die Persönlichkeit der Figur ja prinzipiell dieselbe geblieben ist. Aber Mangas sind visuelle Medien, deshalb machen optische Veränderungen große Unterschiede. Wenn du eine Geschichte zeichnest, kann es besonders interessant sein, einen ungewöhnlichen Kontrast zwischen Persönlichkeit und den Haaren zu erstellen, etwa eine ruhig wirkende Frisur zu einem aufbrausenden Charakter oder andersherum.

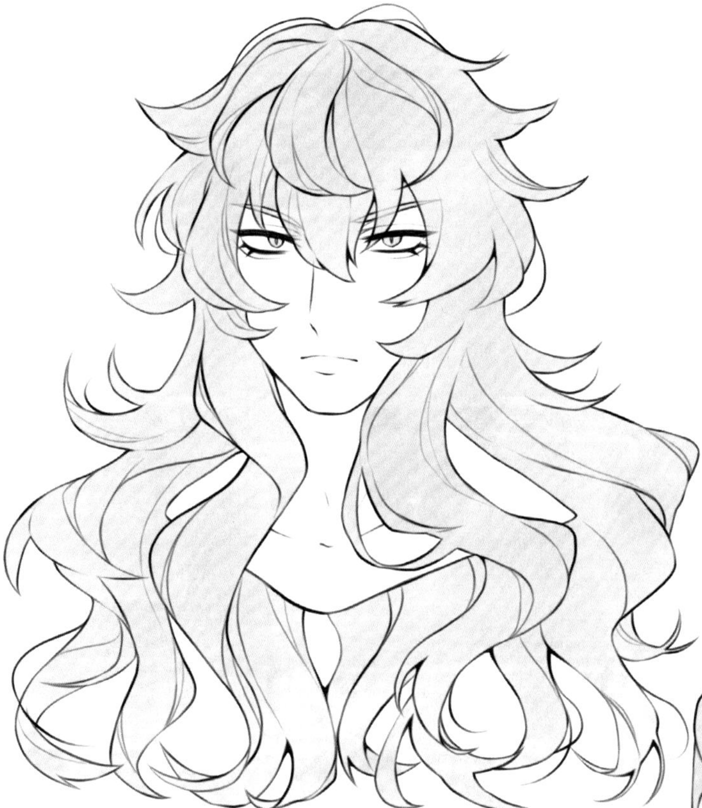

LANG Haare umrahmen das Gesicht. Wenn sie länger sind, fallen sie auch um den Rest des Körpers, vor allem Schultern und Rücken. In bestimmten Situationen können Frisuren auch etwas über das Umfeld aussagen oder einen historischen Kontext haben: Längere Haare waren bei Männern in früheren Zeiten deutlich öfter zu sehen, so sind bei historischen Settings in Asien etwa dunkle, glatte und lange Haare typisch.

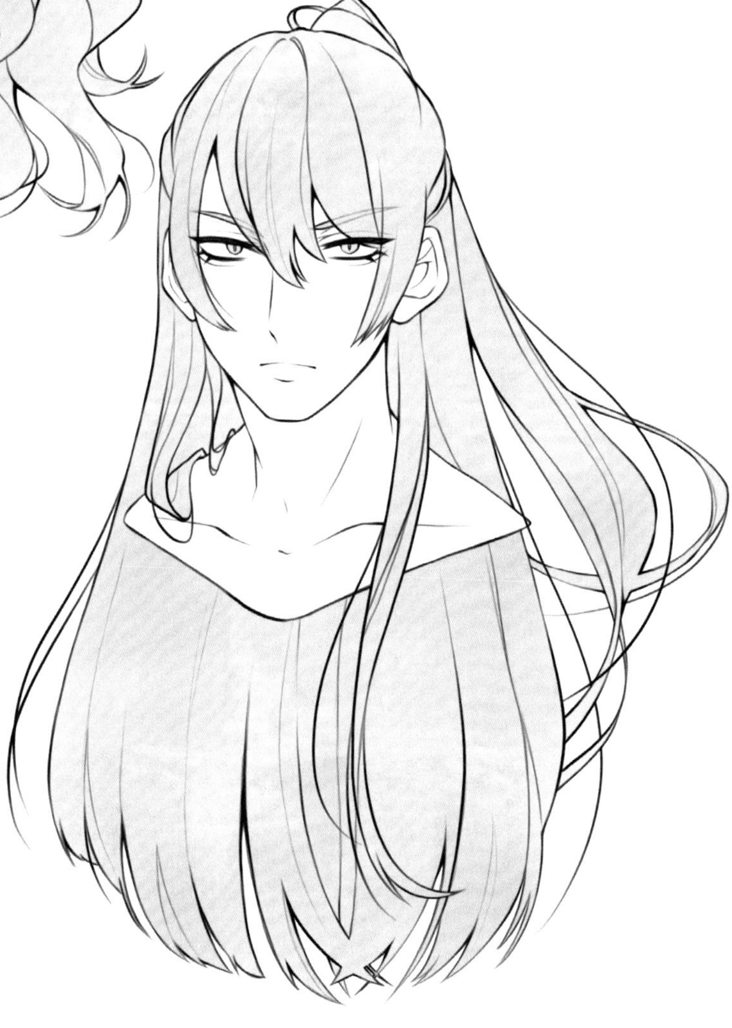

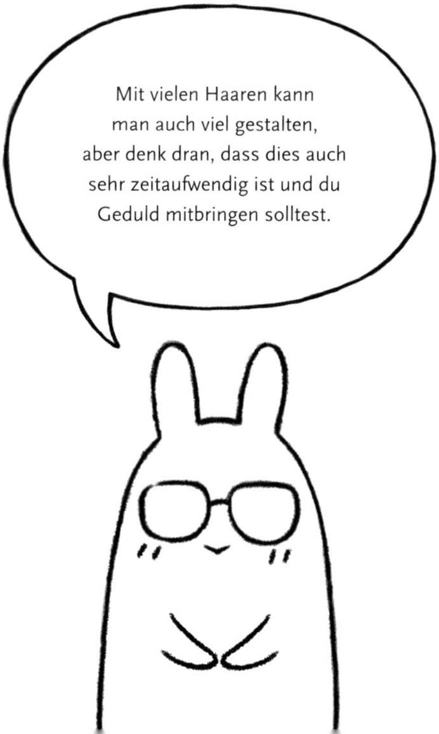

Accessoires – Textilien

Als nächstes habe ich für dich eine Sammlung romantisch inspirierter Accessoires erstellt. Die jeweiligen Designs sind Beispiele – jedes Element kannst du natürlich in allen möglichen Größen und Ausfertigungen ausarbeiten. Bestandteile oder Muster, die an bestimmte Kulturen erinnern, sind dabei besonders interessant.

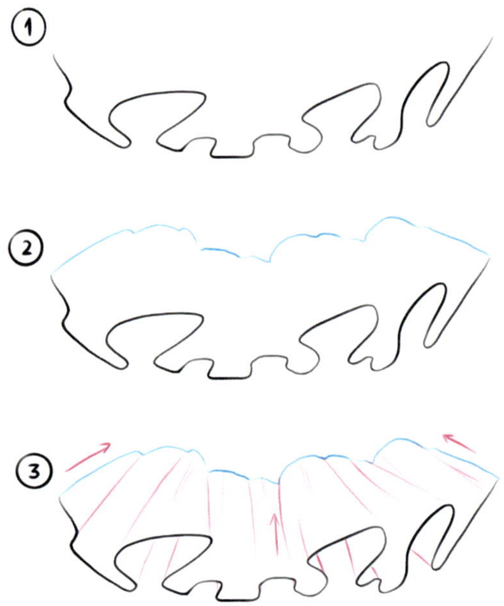

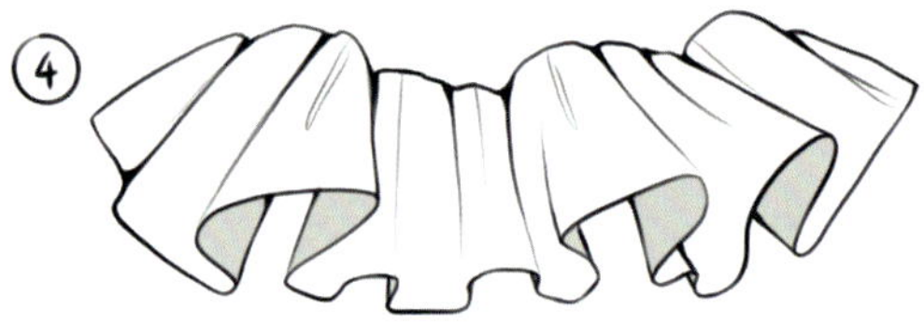

RÜSCHEN Als Verzierung können Rüschen an allen möglichen Gegenständen und Stellen angebracht sein. **1** Zuerst zeichne ich für den Umriss der Rüschenenden eine nach oben und unten geschlängelte Linie mit verschieden großen Halbkreisen. Das definiert die Größe der Rüschen. **2** Dann skizziere ich den Beginn des Rüschensaums mit einer parallelen Linie zu der geschlängelten Linie, aber etwas enger gestaucht. **3** Um die Falten darzustellen, verbinde ich alle richtungsändernden Stellen der zwei parallelen Linien miteinander. Was perspektivisch von Stoff verdeckt wird, sieht man später bei der ausgearbeiteten Zeichnung nicht mehr. **4** Zum Schluss füge auf der Stoffunterseite Schatten ein.

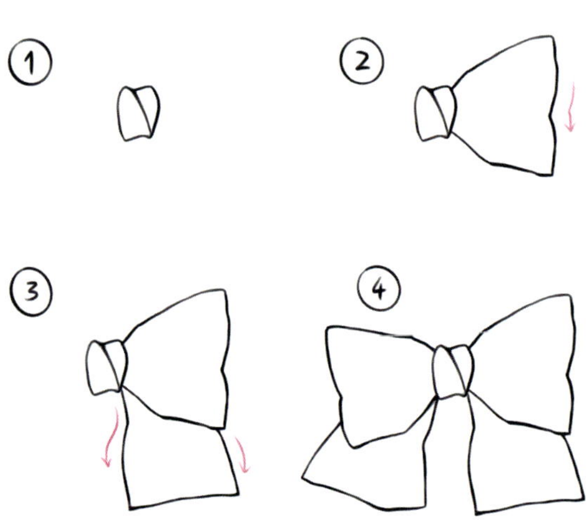

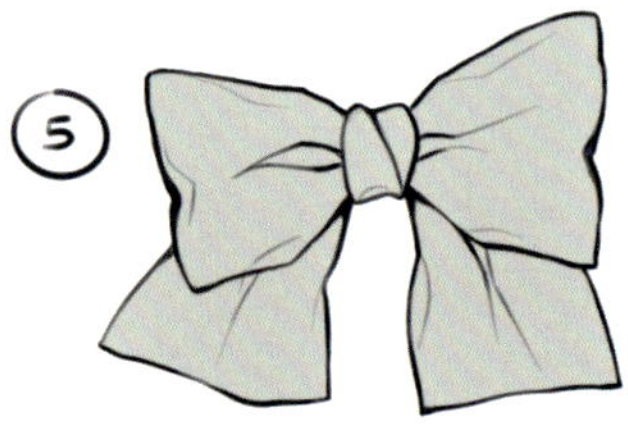

SCHLEIFEN Im Grunde ist eine Schleife nichts anderes als verknoteter Stoff. **1** Zunächst platziere ich das Zentrum der Schleife, also den Knoten, in einem Bild. **2** Danach erstelle ich die Flügel in der gewünschten Größe und Form. Je nach Beschaffenheit des Materials sind die Linien mehr oder wenig krisselig, weil dadurch ein weiches Material angedeutet wird. **3** Die herunterhängenden Stoffenden kannst du in beliebiger Länge und Form unter den Schleifenflügeln einzeichnen. **4** Schließlich kommen noch Falten auf der Oberfläche und die Kolorierung dazu.

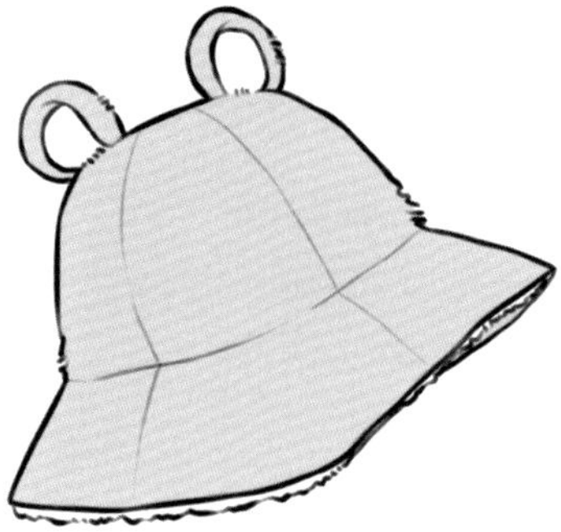
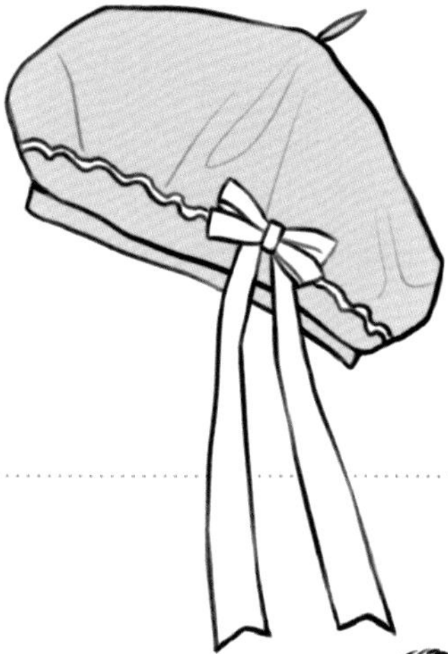
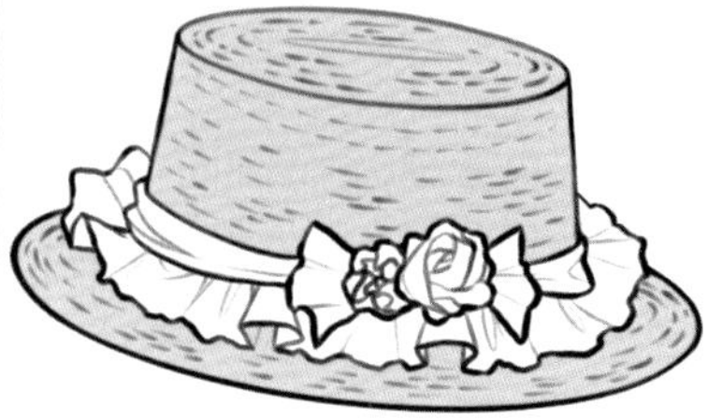
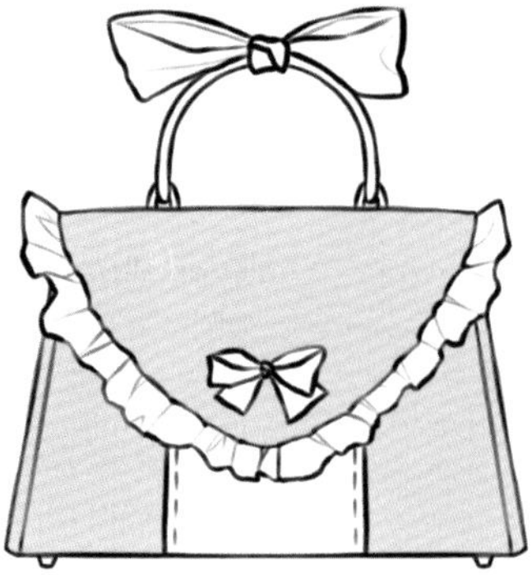
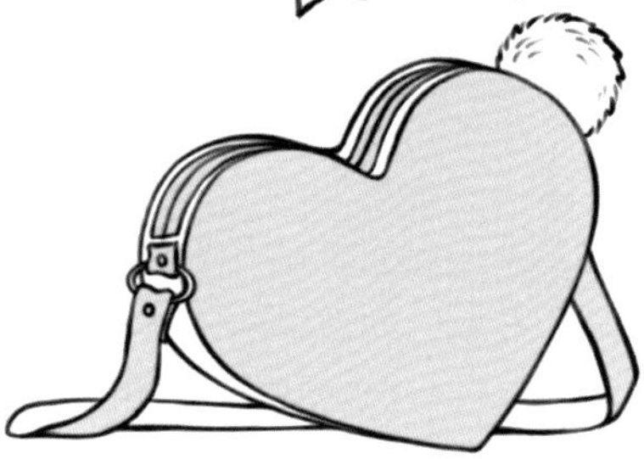
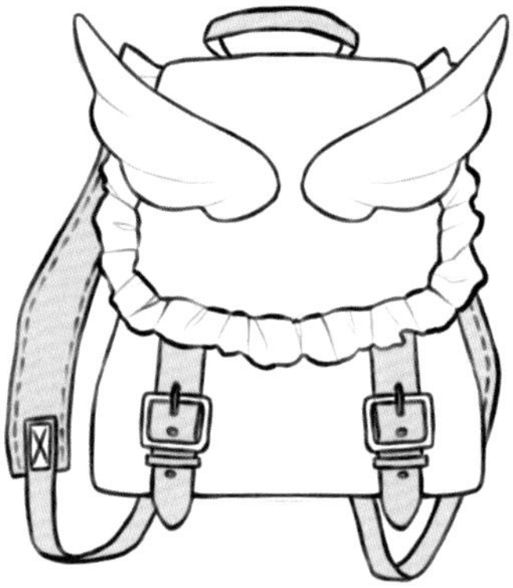
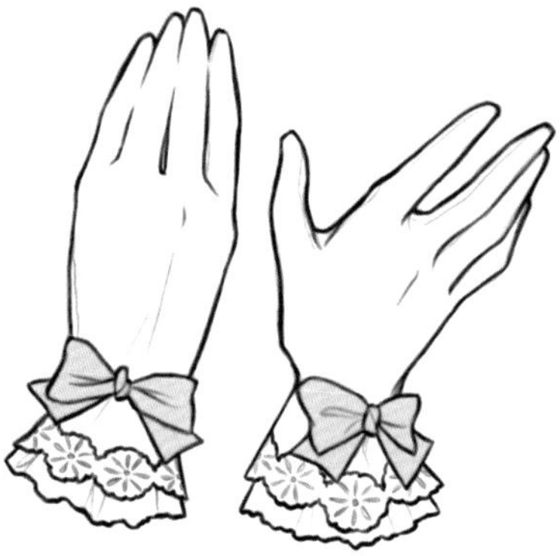
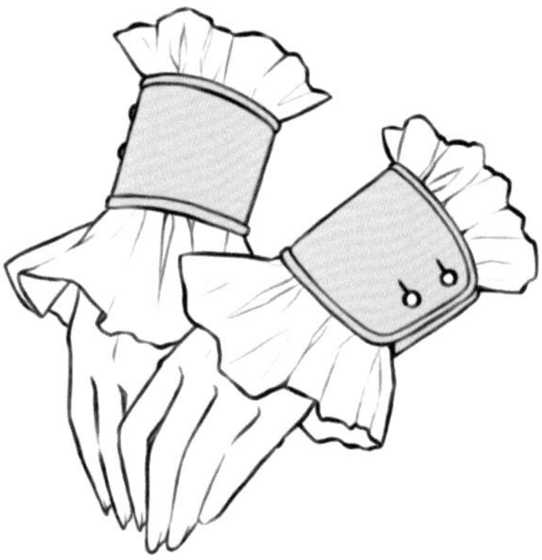
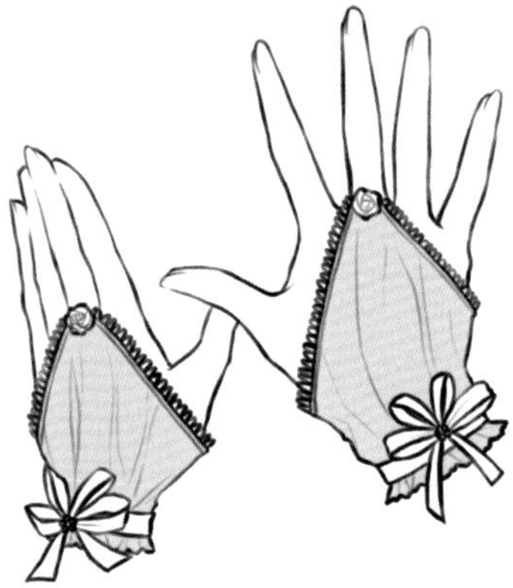
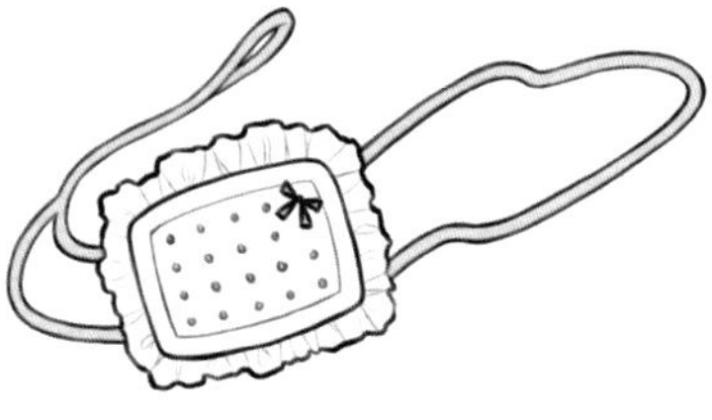
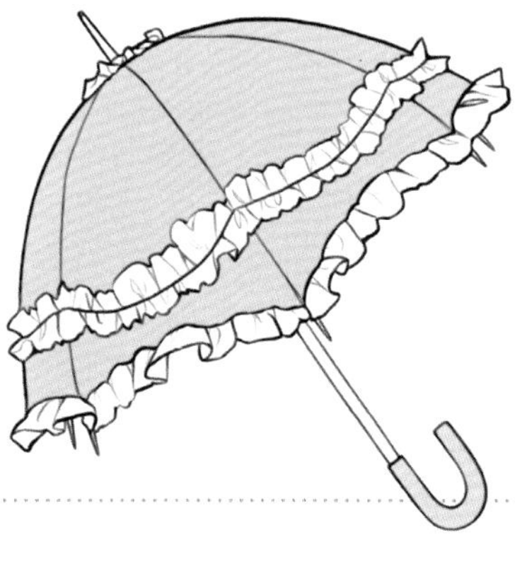
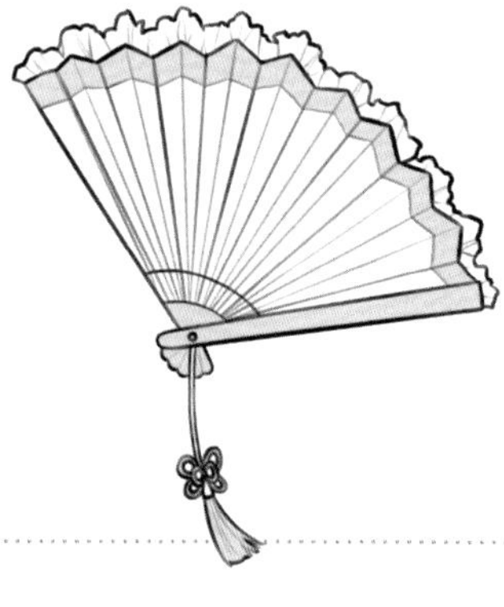

Accessoires – Schmuck

Durch Verzierungen kannst du die Individualität deiner Charaktere hervorheben. Viele Elemente können miteinander kombiniert und in neue Schmuckstücke verwandelt werden. Mit Bändern, Schleifen, Perlen, Blumen, Kristallen, Metallketten, Glas und vielem mehr kannst du wunderschöne Accessoires zusammenstellen.

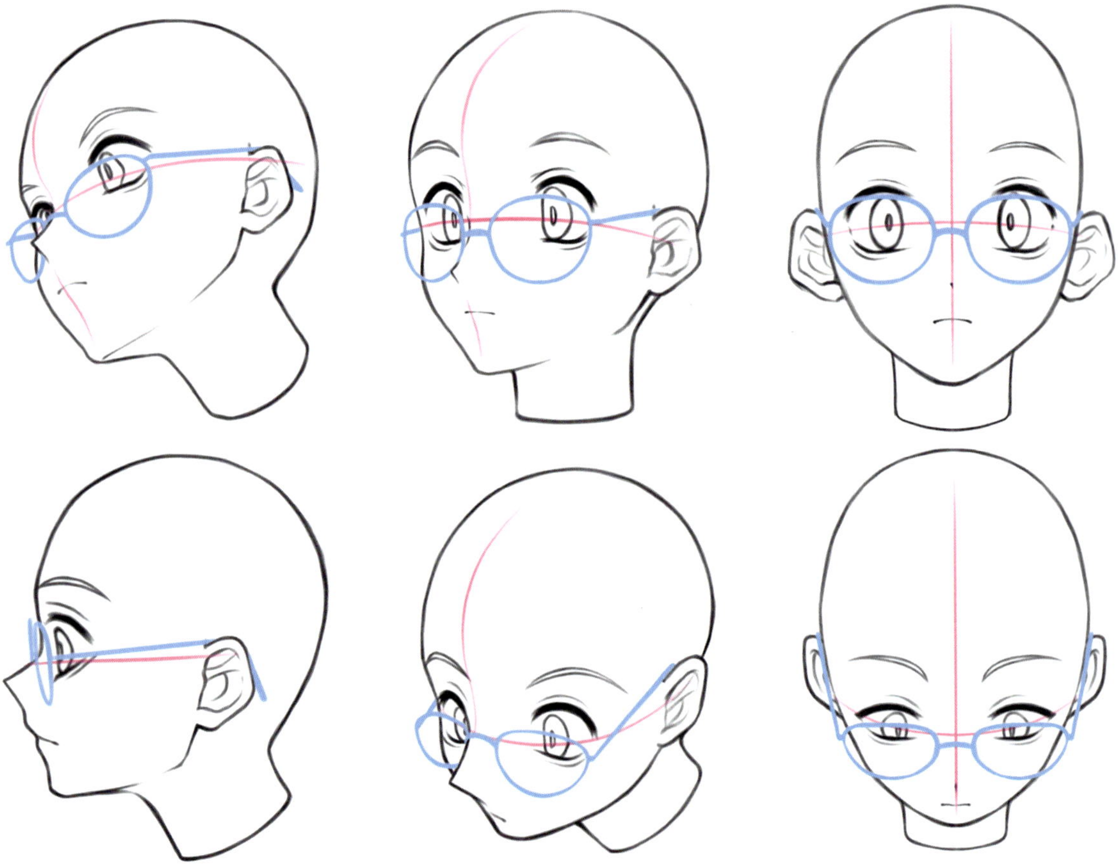

KOPFPERSPEKTIVE Allgemein finde ich für das Zeichnen von Perspektiven ein Kreuz in der Mitte des Gesichts sehr hilfreich. Die horizontale Linie geht durch die Augen zu den Ohren und die vertikale Linie über die Stirn zwischen den Augen hindurch zur Nasenspitze und weiter zum Kinn. In der Frontansicht sind die Linien gerade, aber je mehr der Kopf sich dreht, desto mehr wölben sich die Hilfslinien. Den Kopf kannst du dir wie eine Kugel vorstellen und mit den Hilfslinien die Veränderungen der Gesichtszüge aus den verschiedenen Perspektiven ausarbeiten.

BRILLEN Da es allgemein schwierig sein kann, eine Brille aus verschiedenen Perspektiven zu zeichnen, habe ich dir als Hilfestellung einige Winkel als Vorlage entworfen. Funktionale Gebrauchsgegenstände wie Brillen können mit zusätzlichen Verzierungen zu schönen Accessoires gemacht werden. Außerdem müssen sie nicht immer am gleichen Platz angebracht sein. Die Wirkung der Person, welche das Accessoire trägt, kann durch die Position verändert werden: Eine Brille kann man zum Beispiel auf den Kopf schieben, vorne ans T-Shirt hängen oder im Gesicht tragen.

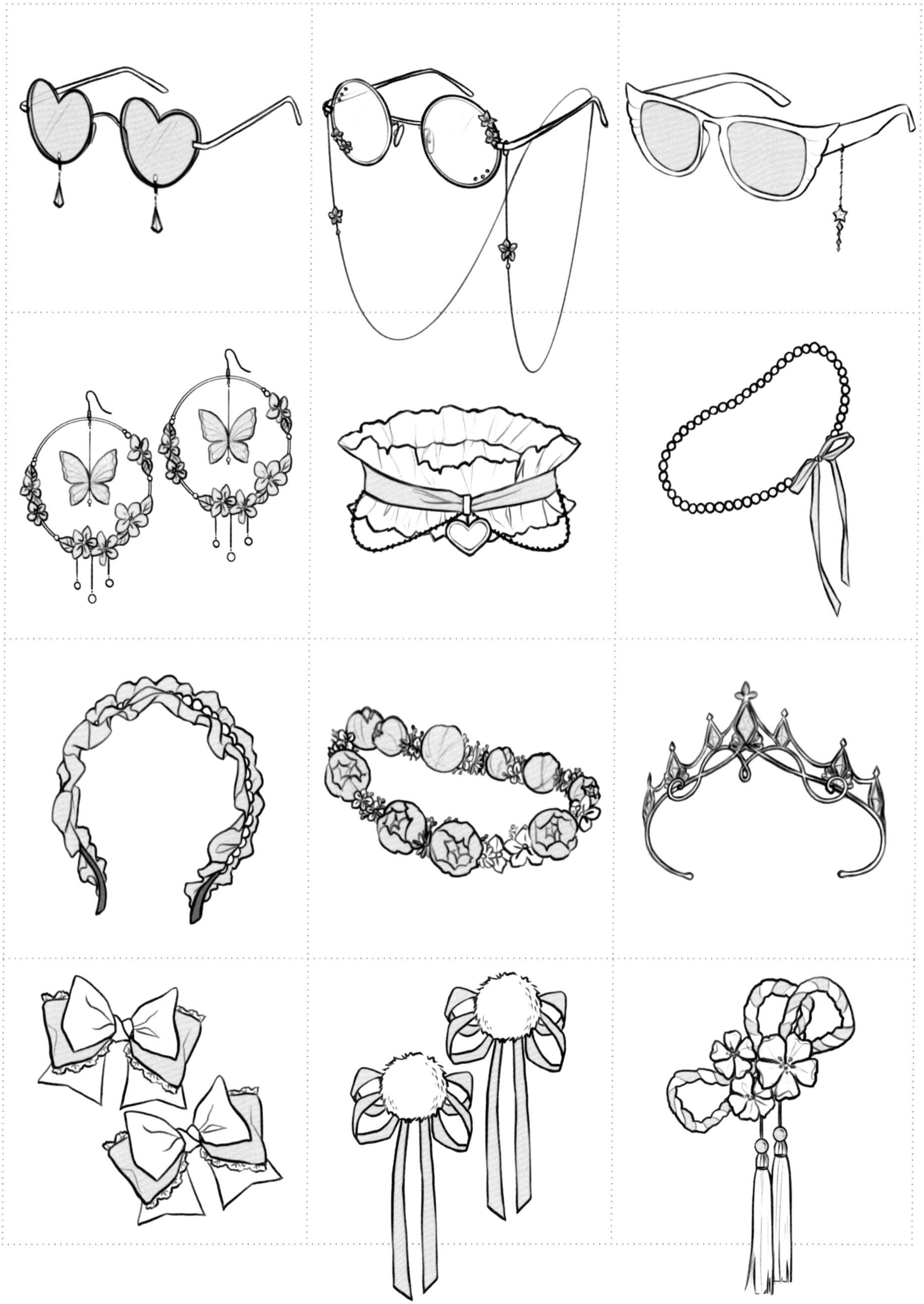

Accessoires – Supernatural

Übernatürliche Accessoires bringen einen Fantasy-Look in deine Zeichnungen. Du kannst auch verschiedene Elemente kombinieren, zum Beispiel Katzenohren und Schmetterlingsflügel. Ich finde, bei Kunst muss es nicht um Logik gehen – Hauptsache, du findest es ästhetisch.

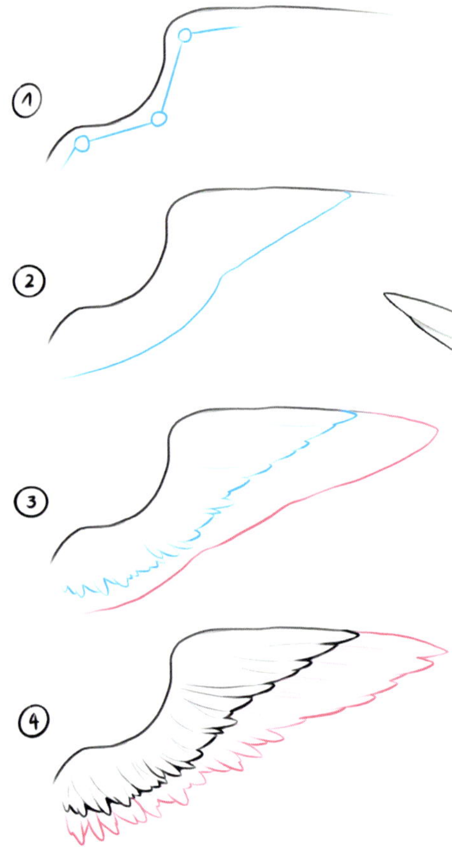

FLÜGEL Es gibt viele Arten von Flügeln mit ganz unterschiedlichen Strukturen. **1** Zunächst kannst du dir Hilfslinien für die Gelenkpunkte machen, darum zeichnest du dann eine geschwungene Linie für die Flügeloberfläche. **2** Eine weitere Linie bildet die untere Grundform des Flügels. **3** Meist haben herkömmliche Federflügel mehrere sich überlappende Federreihen. Die äußeren Federn sind dabei am größten. **4** Im letzten Schritt arbeitest du die Struktur aus und setzt Schatten ein.

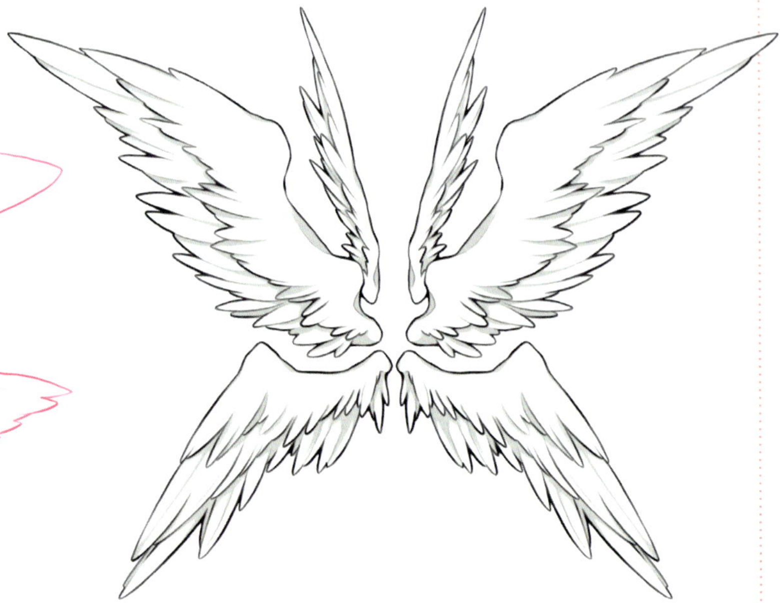

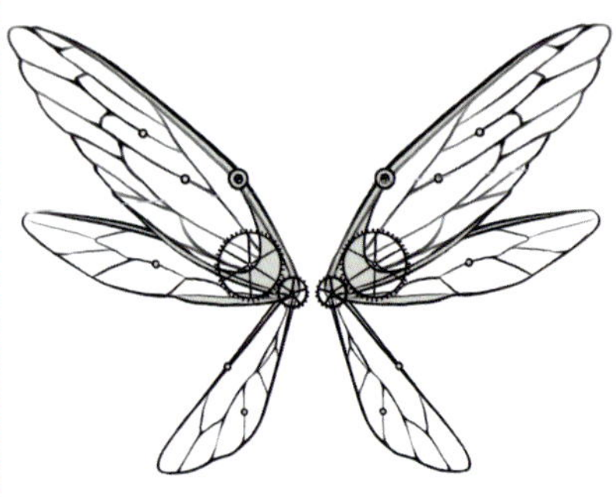

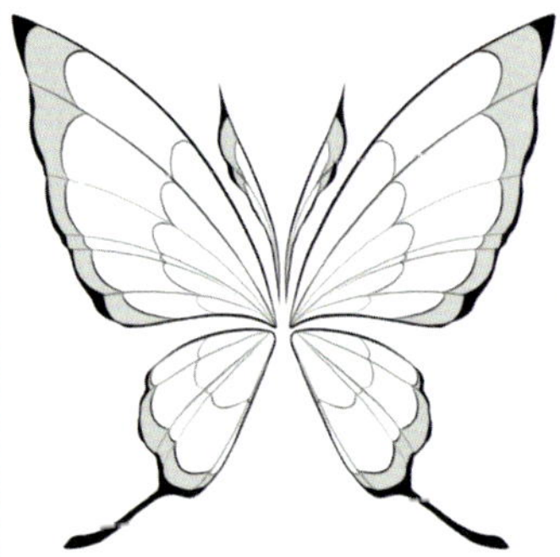

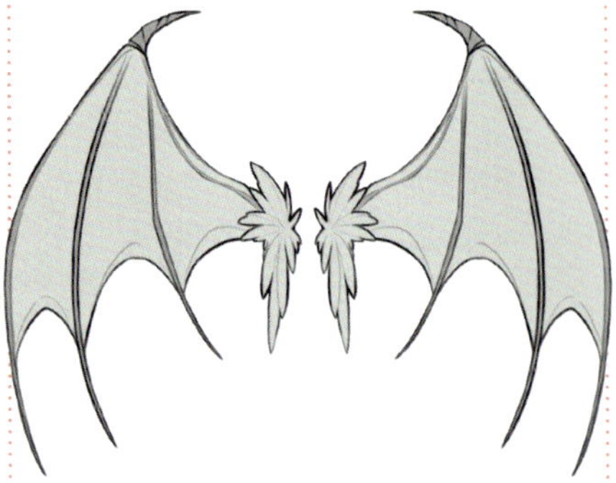

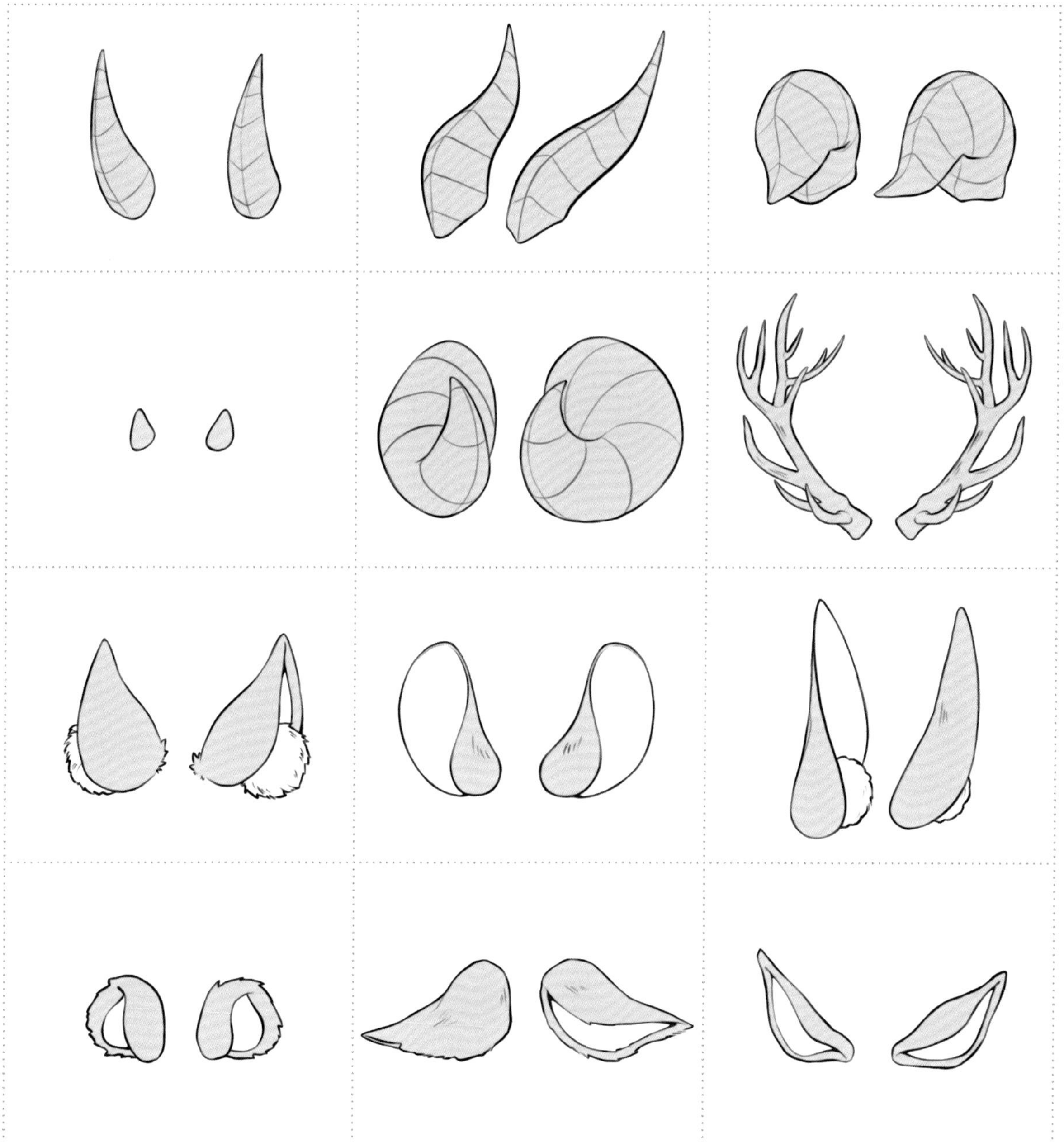

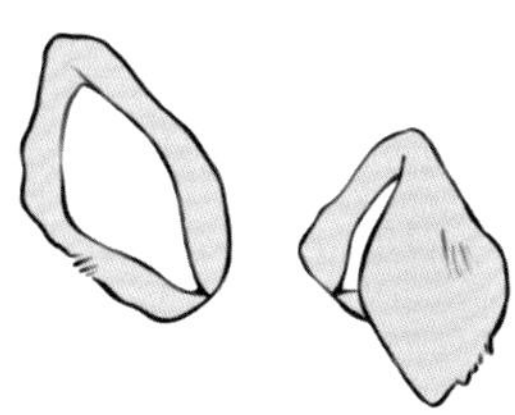

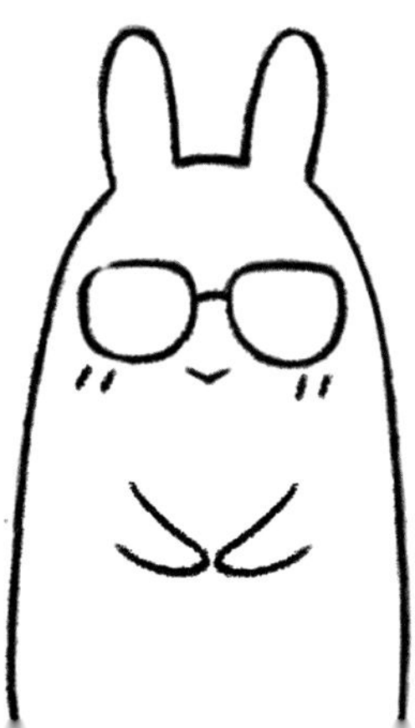

OHREN Die Ohren bilden meistens ein gleiches Paar und sind seitlich oder auf der oberen Seite eines Kopfes angebracht. Die äußere Form bildet sich normalerweise durch Knorpelmasse, die beweglich, aber nicht verformbar ist. Die Struktur kann weich oder hart sein, mit verschiedenen Fell- oder Membranarten. Wenn man Charaktere mit besonderen Ohren oder auch Hörnern verziert, kann man das Design dadurch interessanter gestalten.

4. Kleidung

Kleidung ist eine direkte Möglichkeit, die eigene Persönlichkeit auszudrücken. Man kann eine Person durch ihre Kleidung kennenlernen, da sie von privaten Vorlieben beeinflusst wird oder sogar Hobbys widerspiegeln kann, zum Beispiel wenn man ein Cosplay trägt. Mode ist durch verschiedene Kombinationen von Stoffen, Schnitten und Farben sehr facettenreich und bietet dadurch die Möglichkeit, sich nach Anlass oder Stimmung anzuziehen. Kleider machen Leute und beeinflussen die Wahrnehmung mehr, als man sich normalerweise bewusst macht.

Verspielt ♡ Fröhlich ♡ Lebhaft

Besonders wenn man als Paar stilistisch harmonierende Kleidung trägt – also im Partner-Look unterwegs ist – zeigt man, dass man zusammengehört. Verspielte Outfits vermitteln hierbei ein selbstbewusstes Auftreten.

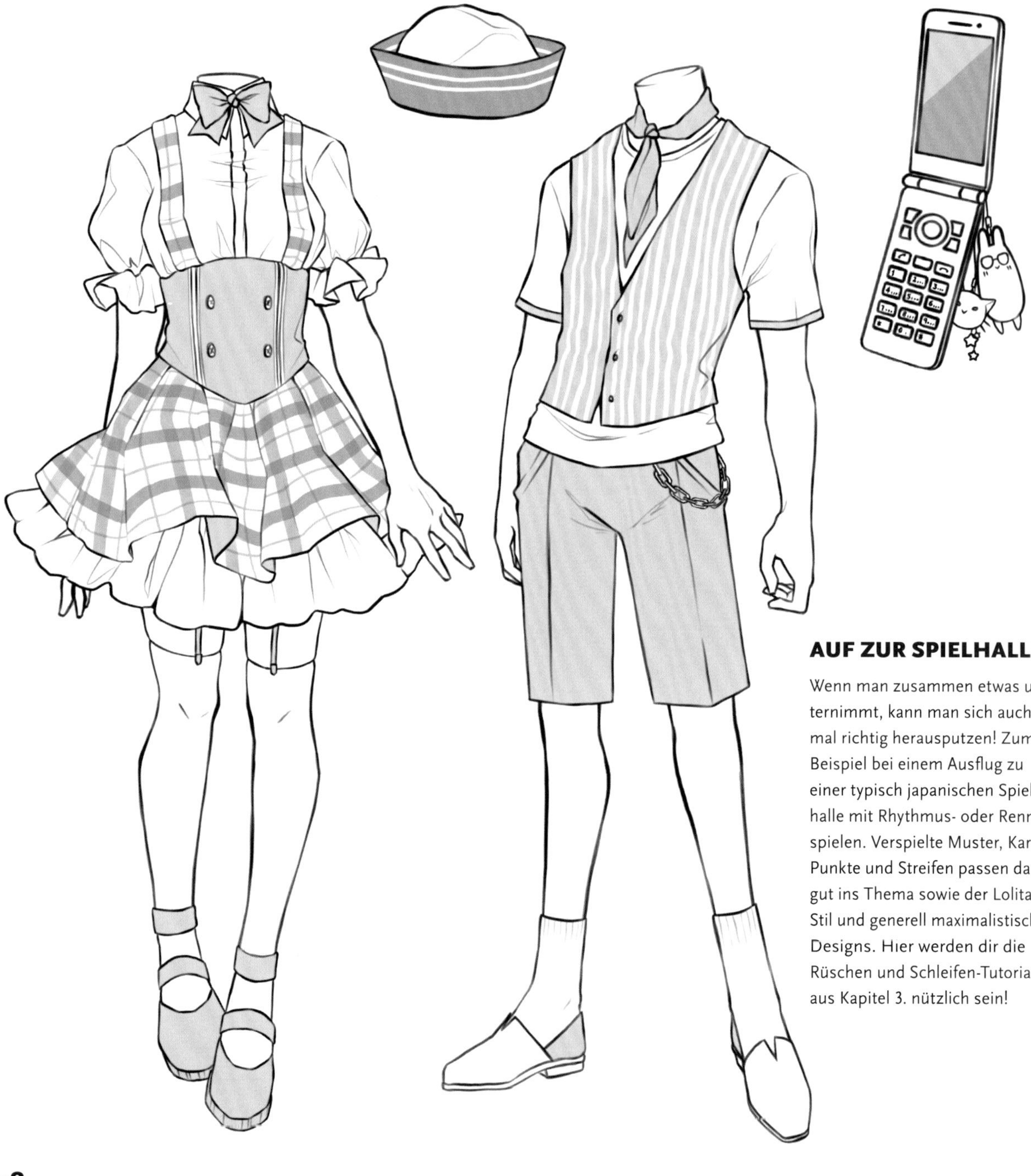

AUF ZUR SPIELHALLE!

Wenn man zusammen etwas unternimmt, kann man sich auch mal richtig herausputzen! Zum Beispiel bei einem Ausflug zu einer typisch japanischen Spielehalle mit Rhythmus- oder Rennspielen. Verspielte Muster, Karo, Punkte und Streifen passen da gut ins Thema sowie der Lolita-Stil und generell maximalistische Designs. Hier werden dir die Rüschen und Schleifen-Tutorials aus Kapitel 3. nützlich sein!

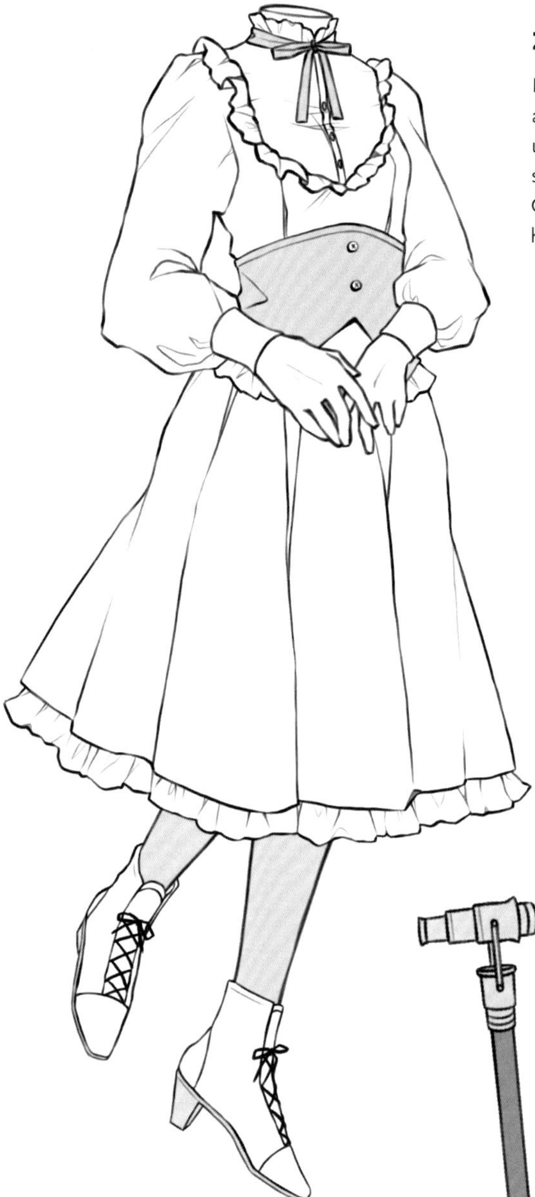

ZEITREISE ZU ZWEIT

Im Gegensatz dazu ist dieser eher reife Stil auch verspielt, aber auf eine edlere Art. Hosenträger, Krawatten, Korsetts und Schnürschuhe – alles ziemlich klassische Modestatements. Bei einem Spaziergang durch den Park, als Gastgeber im gehobenen Ambiente oder auch bei einem historischen Setting machen sich diese Kleider gut.

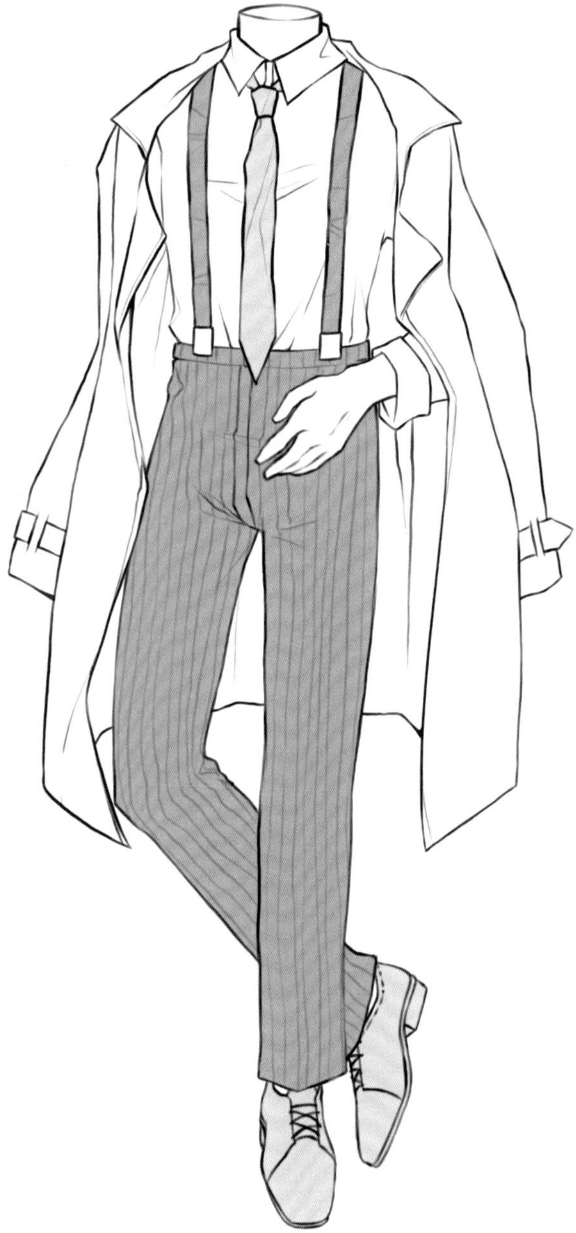

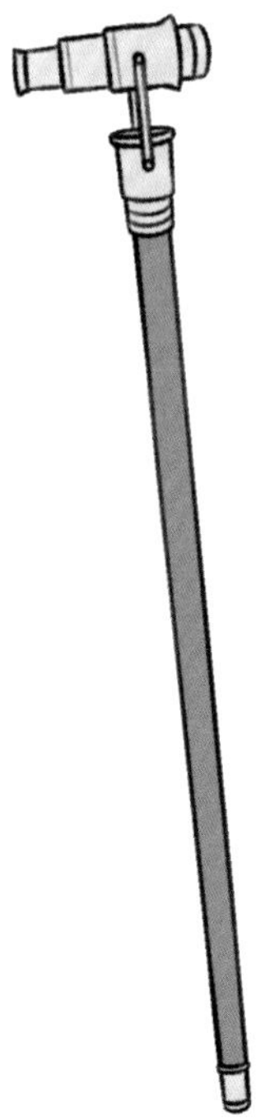

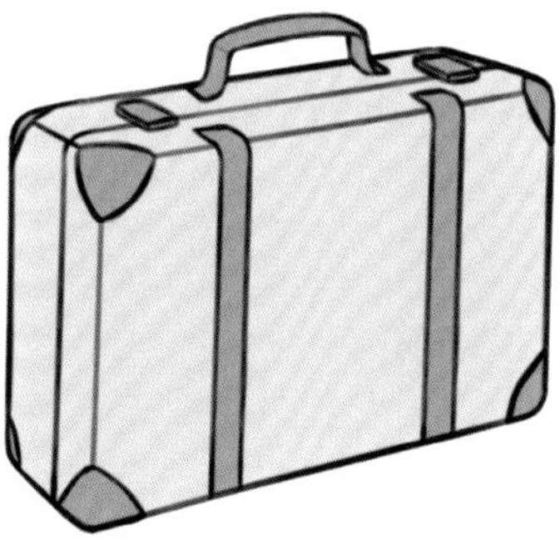

Elegant ♡ Klassisch ♡ Anlässlich

Sich für eine Unternehmung mit einer anderen Person schick anzuziehen signalisiert, dass man dem Anlass einen besonderen Wert beimisst. Verabredungen können ganz klassisch abends stattfinden, aber auch tagsüber kann man wunderbar miteinander ausgehen.

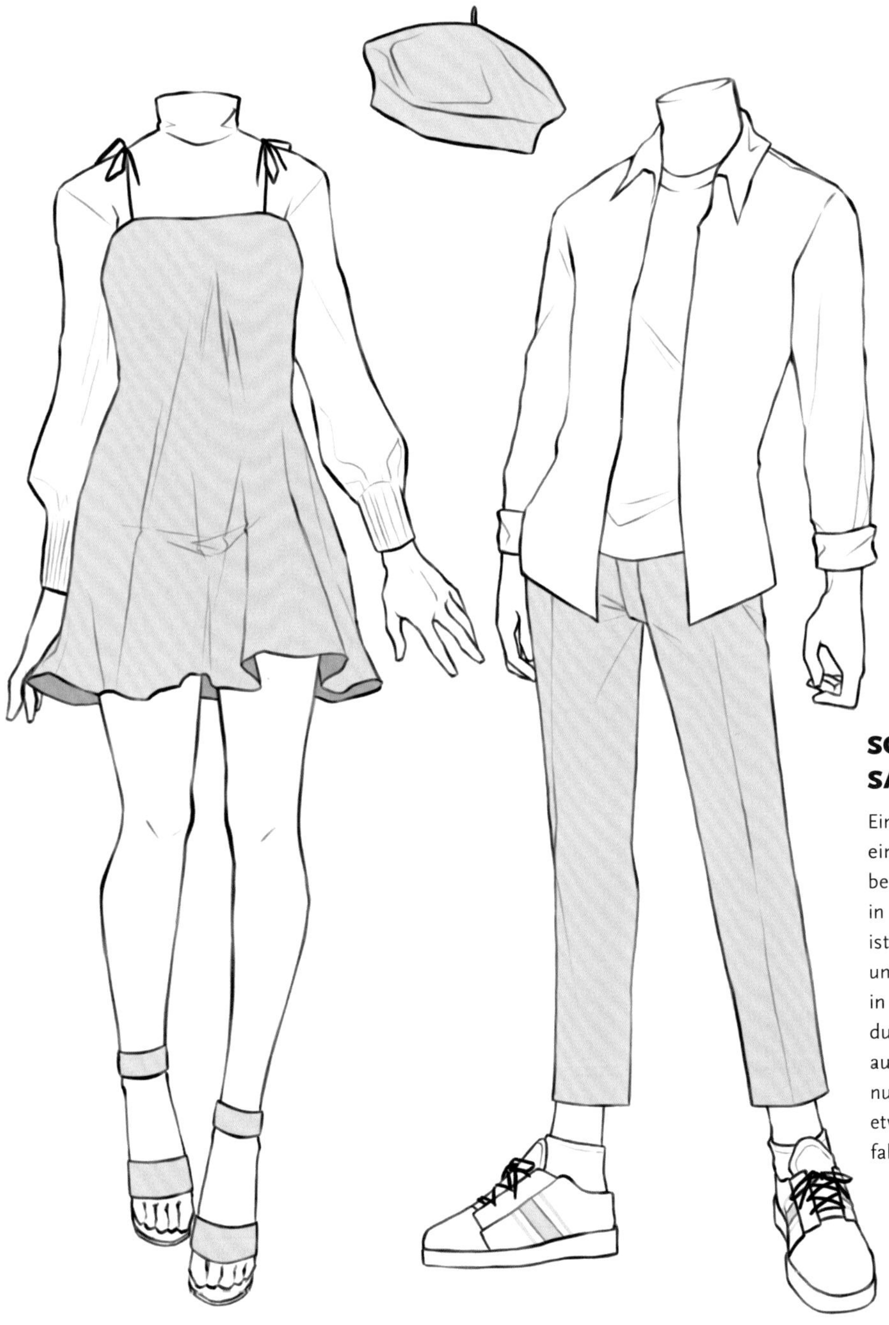

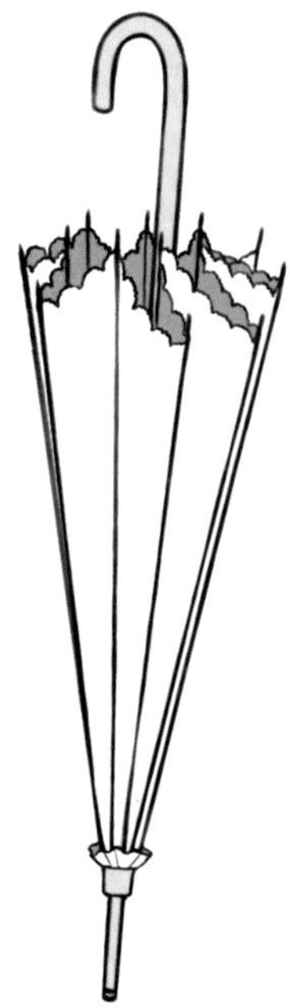

SONNIGER SAMSTAGVORMITTAG

Eine typische Manga-Szene ist ein Date in der Stadt, vielleicht beim Bummeln oder Eis essen in einem Café. Das Lebensgefühl ist dabei beschwingt, positiv und unbeschwert – das spiegelt sich in legerer und sportlicher Kleidung wider, die aber gleichzeitig auch schick ist. Dabei werden nur wenige Accessoires getragen, etwa eine Mütze oder ein Schirm, falls das Wetter umschlägt.

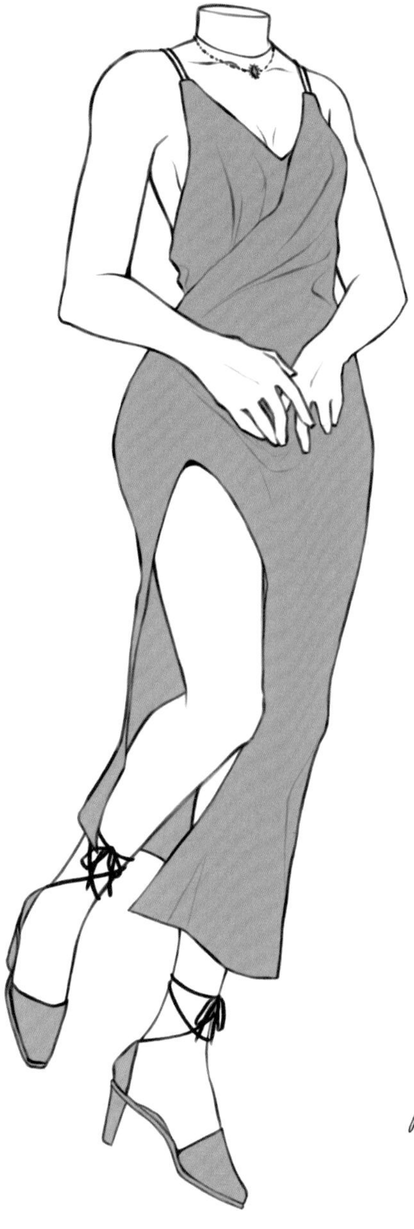

CANDLELIGHT DINNER

Bei diesen Outfits merkt man schon, dass Kleidung den Eindruck einer Person komplett verändern kann. Dunkle, elegante Anzüge und lange Kleider lassen die Charaktere reif und eindrucksvoll wirken. Diese hier könntest du zum Beispiel in einer Szene in einem vornehmen Restaurant oder beim Besuch in der Oper zeichnen.

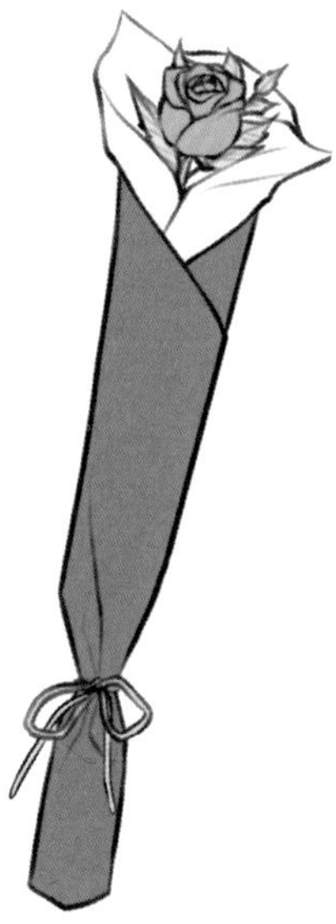

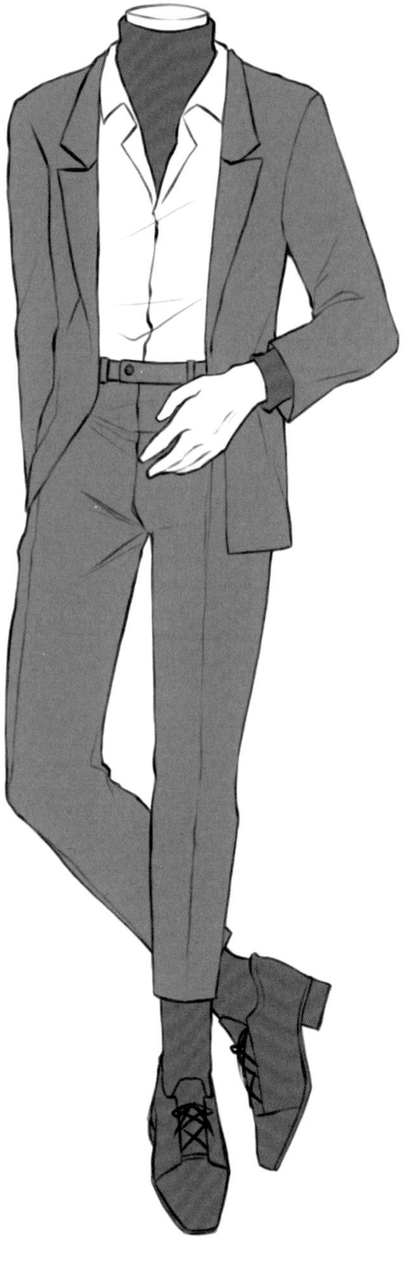

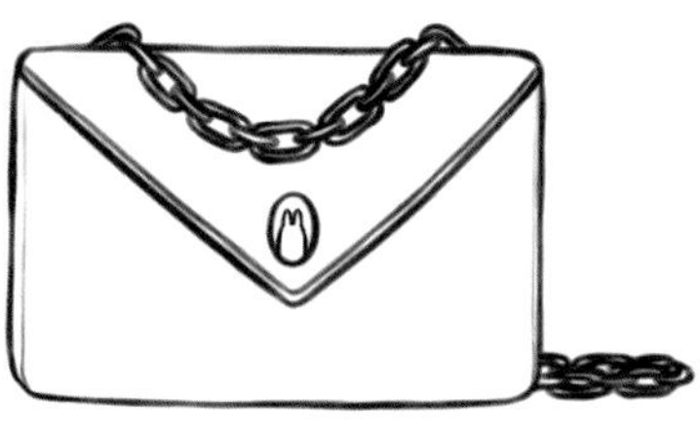

Verträumt ♡ Gemütlich ♡ Vertraut

Bei diesen romantischen Kleidungsstilen liegt der Fokus auf Gemütlichkeit und Unbefangenheit. Ob ländlich oder in einer Großstadt, diese Stimmung kann mithilfe von schlichter Kleidung in unterschiedlichsten Umgebungen erzeugt werden.

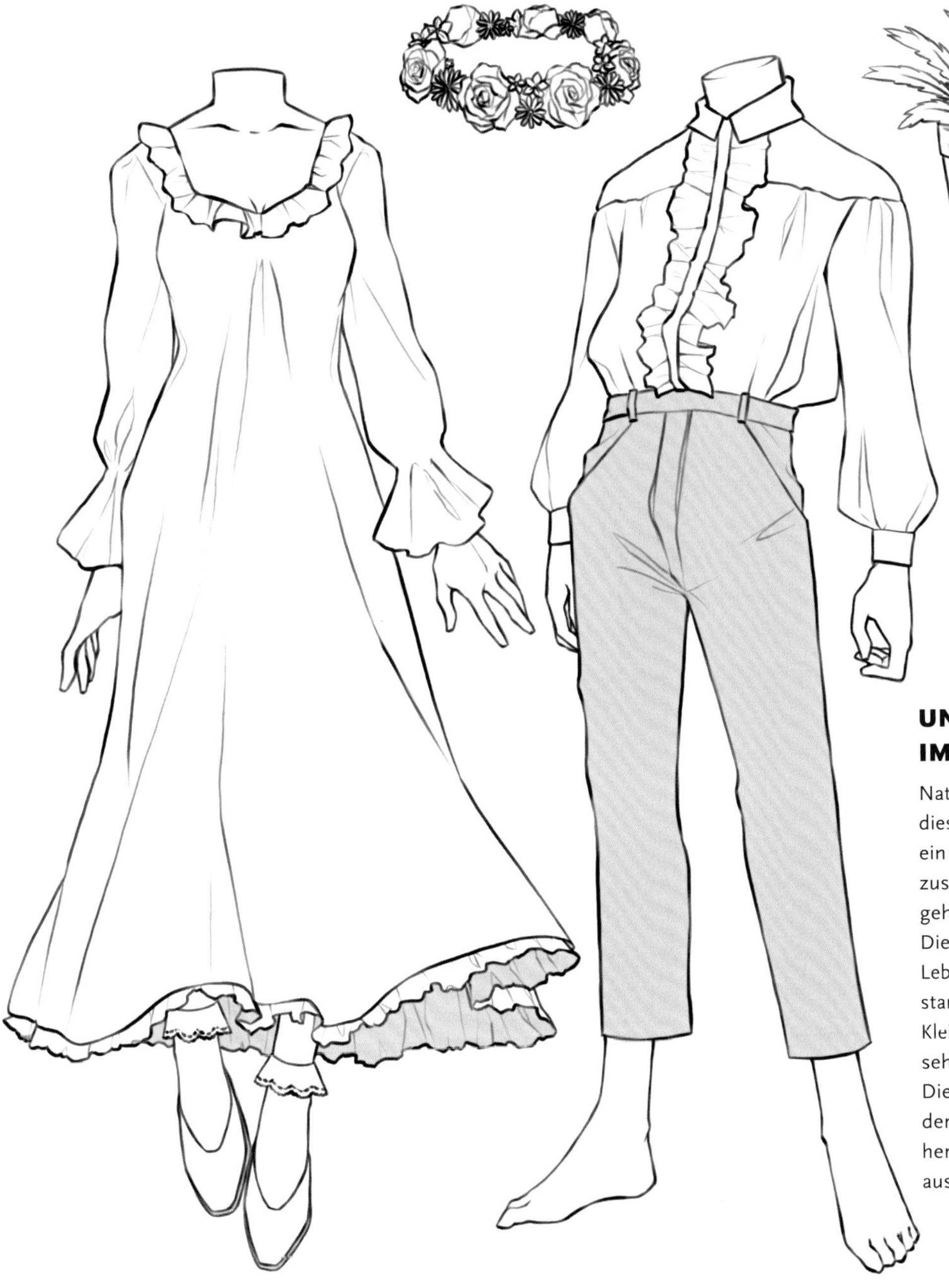

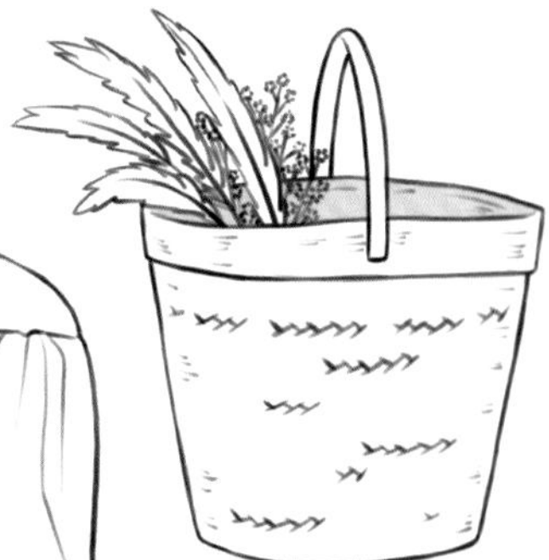

UNSER PLATZ IM GRÜNEN

Naturverbundenheit steht bei dieser Kleidung im Vordergrund: ein Picknick auf der Wiese, zusammen Erdbeeren pflücken gehen oder Blumen sammeln. Die Charaktere mit diesem Lebensstil vermitteln oft einen starken Zusammenhalt. Die Kleidung ist schlicht, hell und sehr luftig (auch mal barfuß). Die Stoffe fallen sanft entlang der Nähte die Körperlinien herab, dazu passen Accessoires aus der Natur wie Blumen.

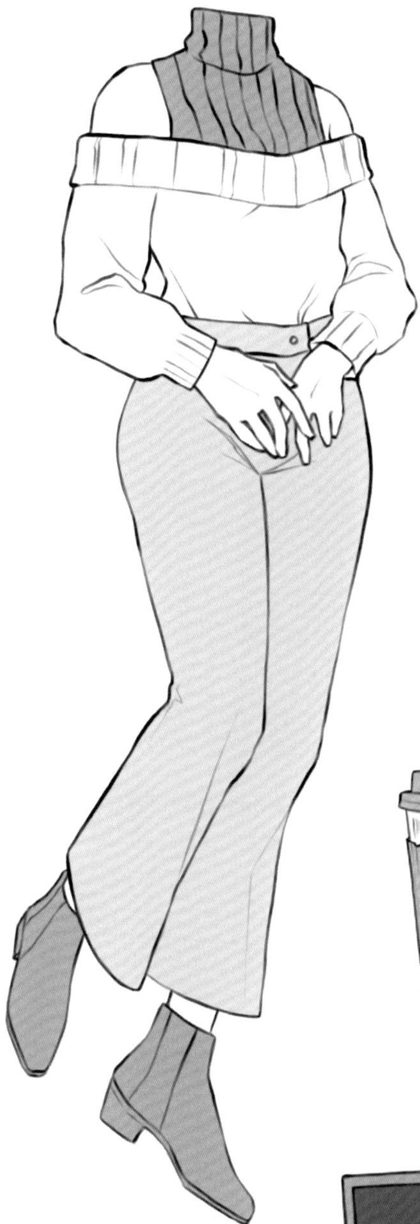

URBANE FREIGEISTER

Genau wie die Kleidung wirken die romantischen Szenarien in diesem Stil eher gelassen, ruhig und unverstellt. Ein Motiv können tiefgründige Gespräche bei einem Tee oder Kaffee sein oder ein gemeinsamer Besuch in der Bibliothek. Die Schnitte der gestrickten Oberteile sind ungewöhnlich und modern, dafür kommen die Figuren ohne ausgefallene Accessoires aus.

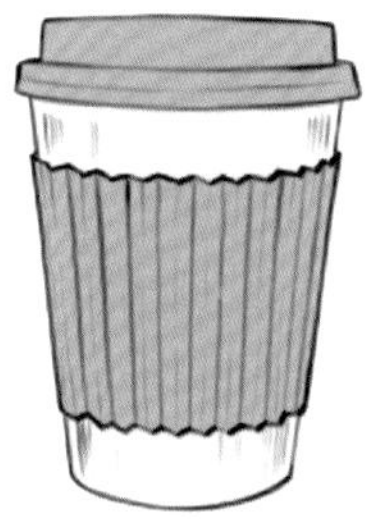

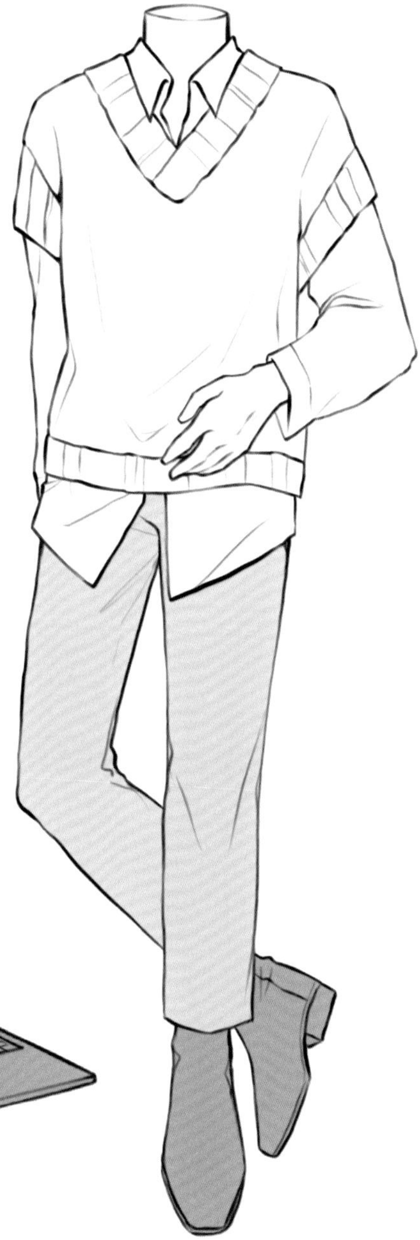

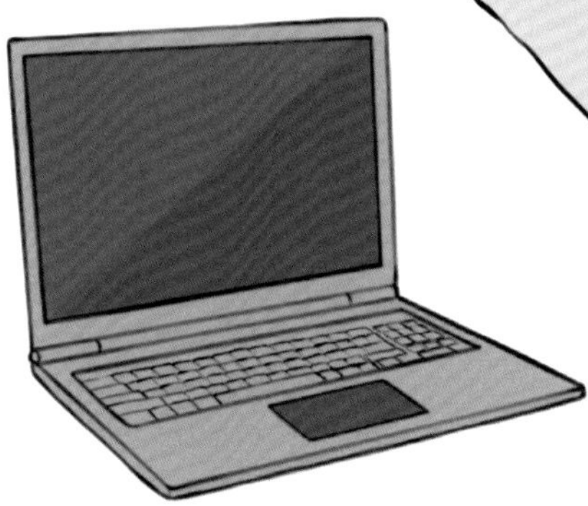

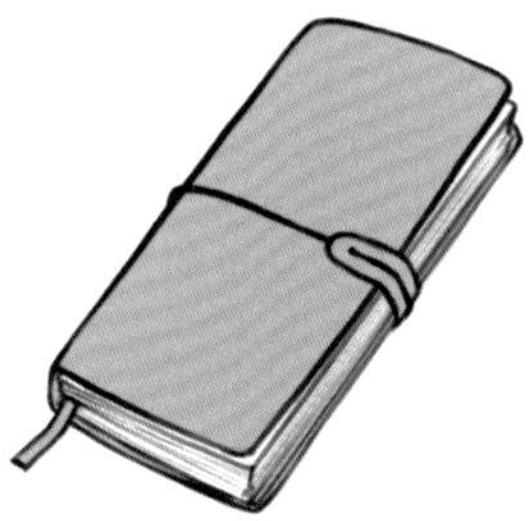

Inspirierend ♡ Kreativ ♡ Lustig

Mit auffälligen Outfits sorgt man für Gesprächsstoff und ist gut gerüstet für aufregende Anlässe mit Spaß und Trubel. Rollenspiele sind etwa eine gute Gelegenheit, der Kreativität freien Lauf zu lassen und sich noch näher kennenzulernen.

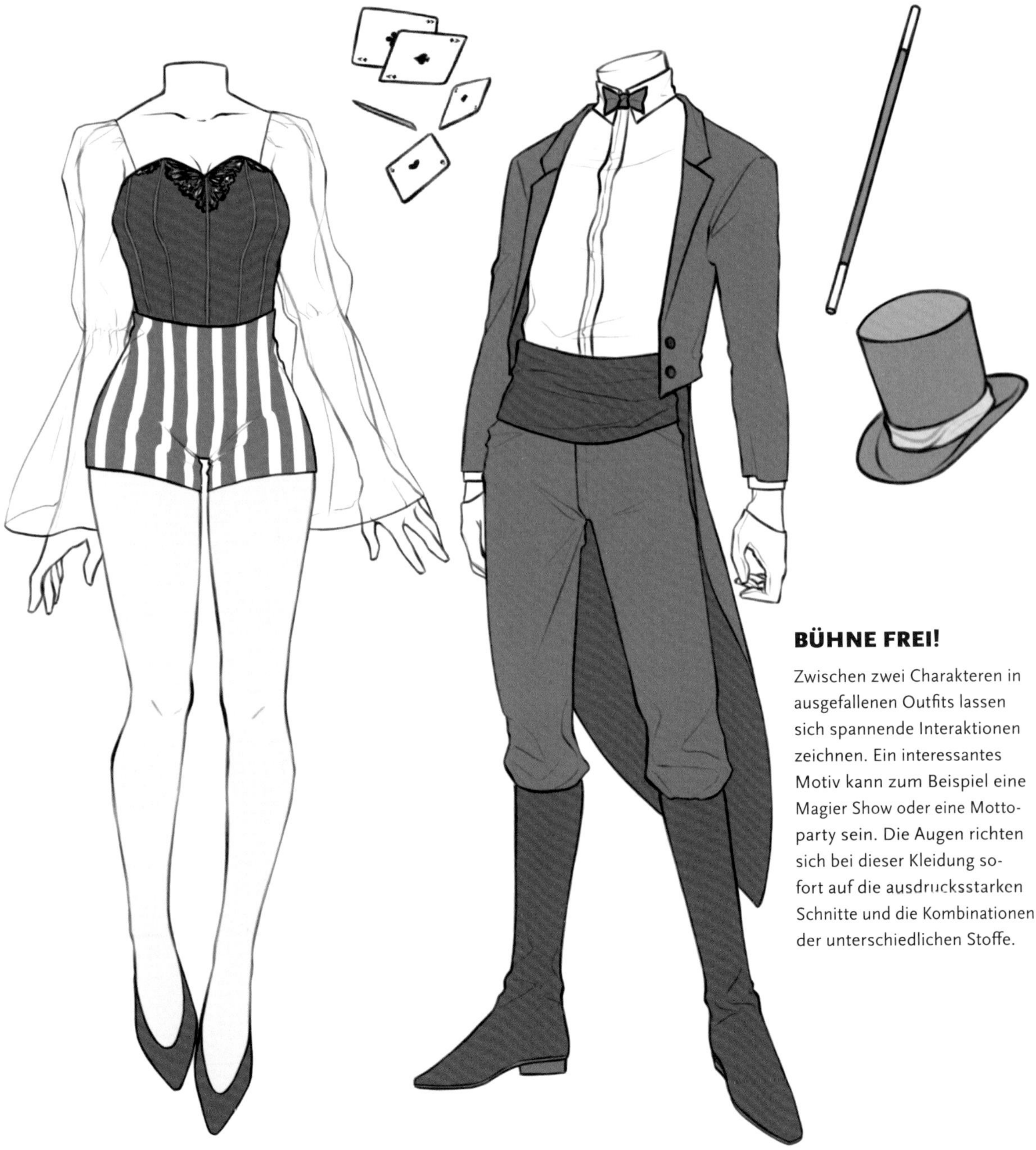

BÜHNE FREI!

Zwischen zwei Charakteren in ausgefallenen Outfits lassen sich spannende Interaktionen zeichnen. Ein interessantes Motiv kann zum Beispiel eine Magier Show oder eine Mottoparty sein. Die Augen richten sich bei dieser Kleidung sofort auf die ausdrucksstarken Schnitte und die Kombinationen der unterschiedlichen Stoffe.

VERDAMMT HIMMLISCH

Bei Themen wie Halloween oder Karneval kannst du Charaktere in extravaganten Kostümen und Posen darstellen. Gegensätze ziehen sich an – wie zum Beispiel bei dem Paar Engel und Teufel. Sei ruhig mutig und zeichne zahlreiche auffällige Details. Bei diesem Beispiel merkt man, dass Kleidung einen starken Einfluss auf eine Bildkomposition hat, hier macht sie den räumlich größten Teil des Bildes aus.

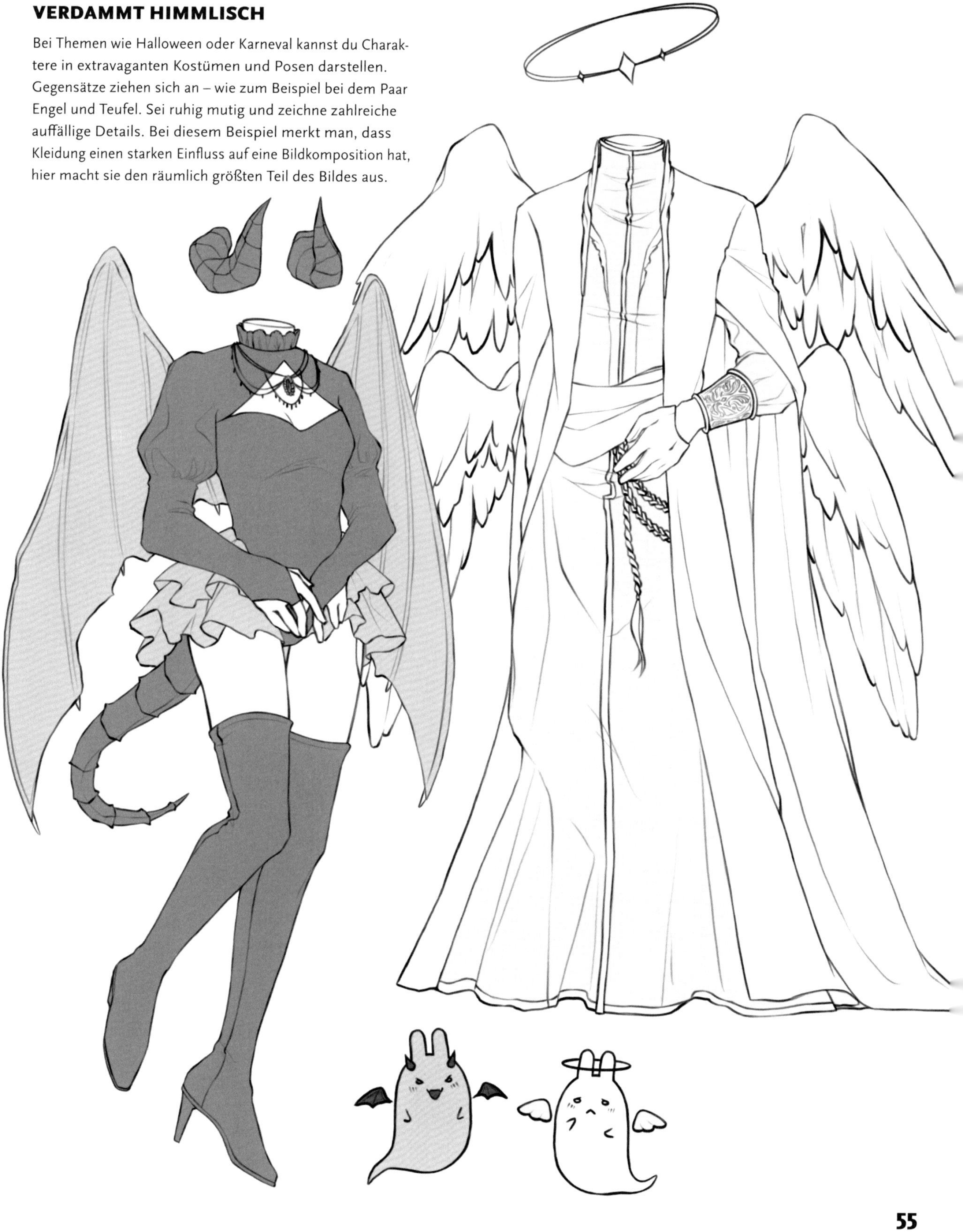

Nostalgisch ♡ Einheitlich ♡ Alltäglich

In vielen Ländern ist das Tragen von Uniformen in der Schule Pflicht. Viele Romance Mangas handeln von Geschichten in der Schulzeit, weil sich dann meist die ersten romantischen Gefühle entwickeln. Daher passen Schuluniformen gut in diese Handlungen.

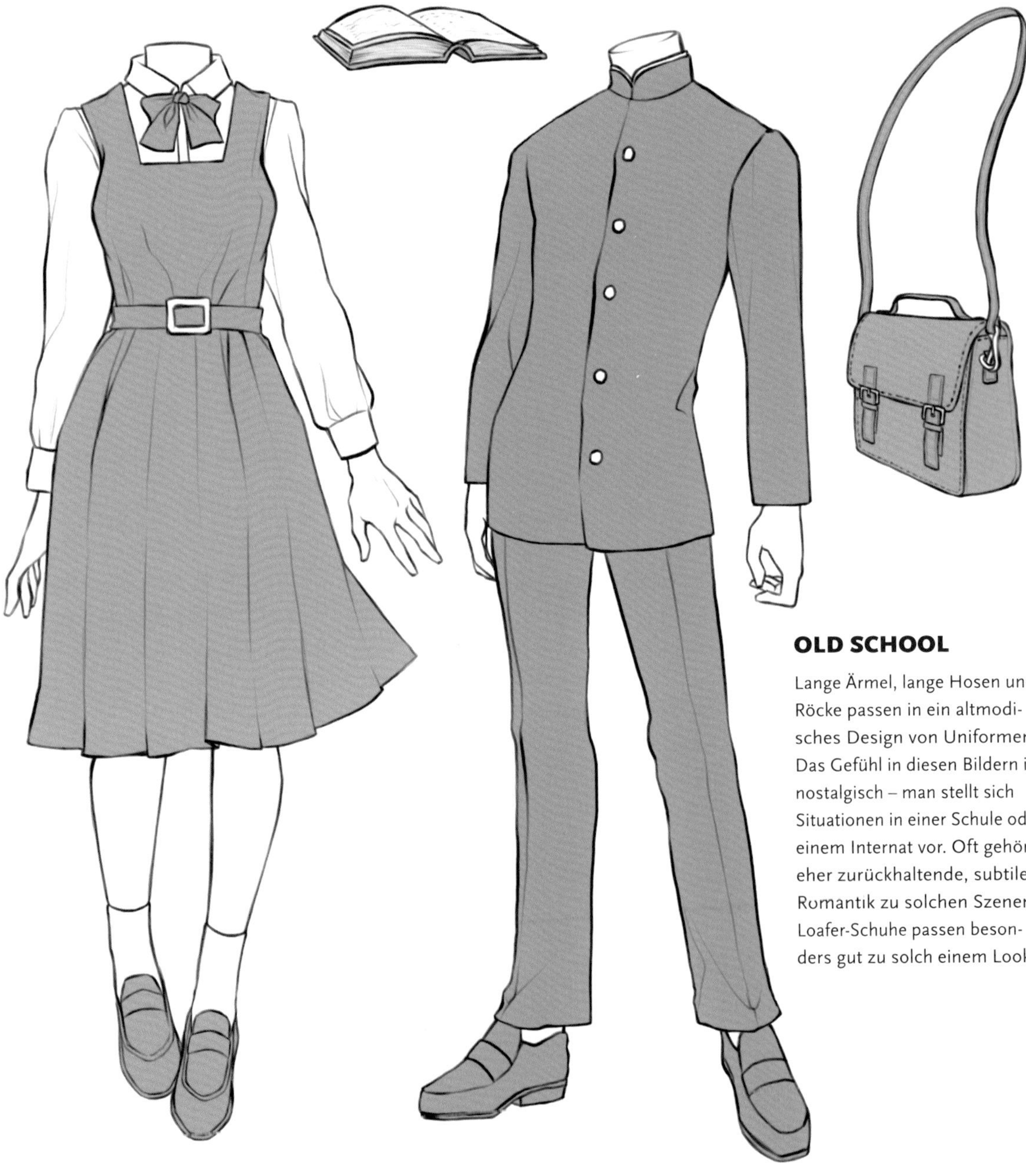

OLD SCHOOL

Lange Ärmel, lange Hosen und Röcke passen in ein altmodisches Design von Uniformen. Das Gefühl in diesen Bildern ist nostalgisch – man stellt sich Situationen in einer Schule oder einem Internat vor. Oft gehört eher zurückhaltende, subtile Romantik zu solchen Szenen. Loafer-Schuhe passen besonders gut zu solch einem Look.

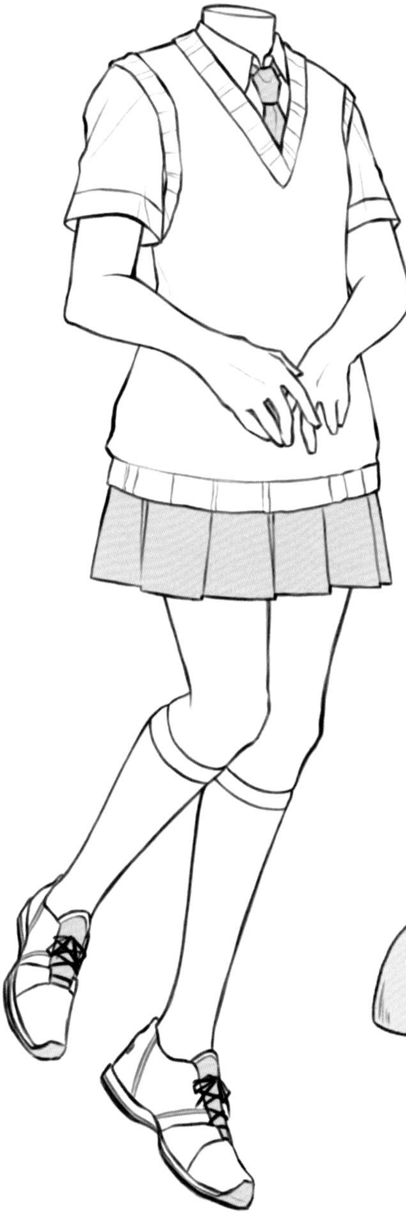

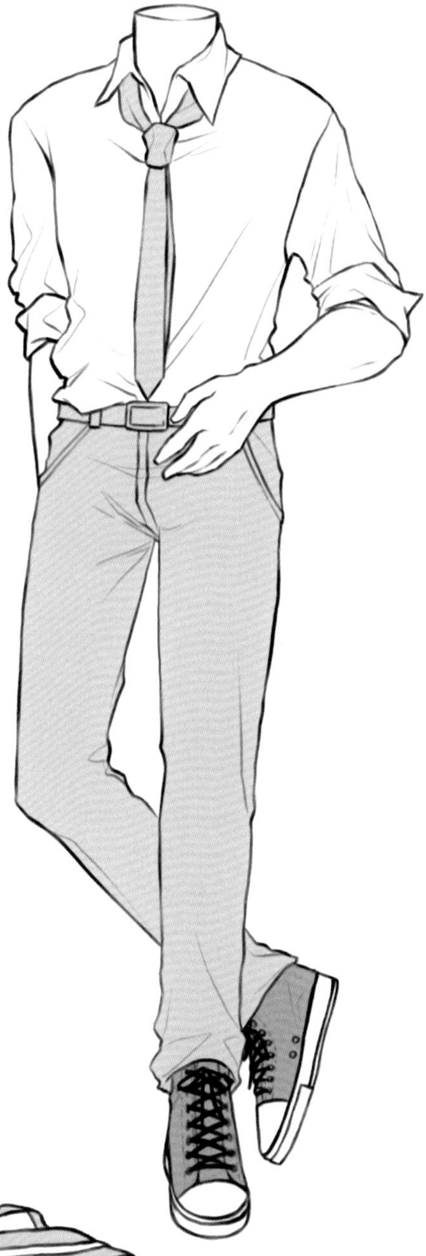

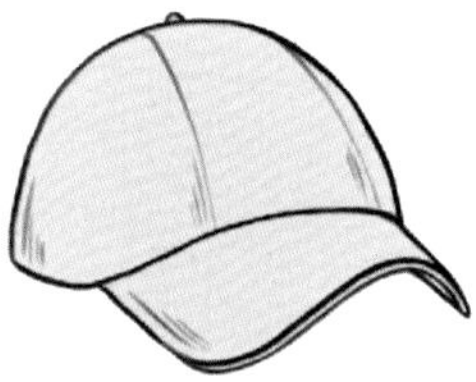

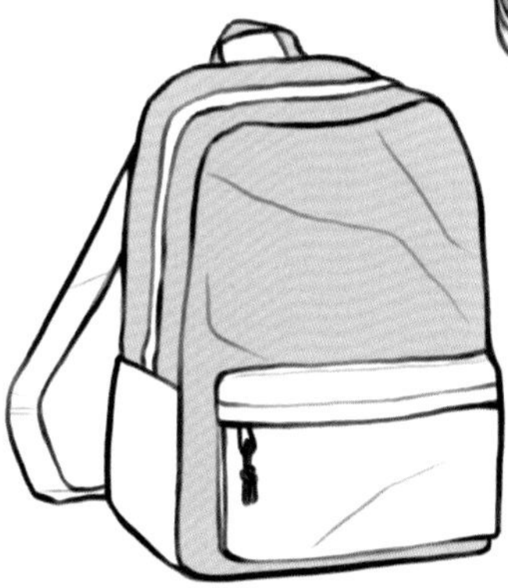

NEW SCHOOL

Eine zeitgemäße Interpretation von modernen Schuluniformen enthält einige individuelle Merkmale. Meistens sorgen Turnschuhe für Bequemlichkeit im langen Schulalltag. Die Hemden können offen, geschlossen oder gekrempelt sein, je nachdem, wie lässig du einen Charakter darstellen möchtest.

Verliebt ♡ Verlobt ♡ Verheiratet

Feierliche, eindrucksvolle und prächtige Outfits verkörpern Romantik wie kaum etwas anderes. Diese können zu einer Party mit Freunden und Familie passen oder zu einer Hochzeit. Die Zusammengehörigkeit der Kleidung drückt feste Partnerschaft aus.

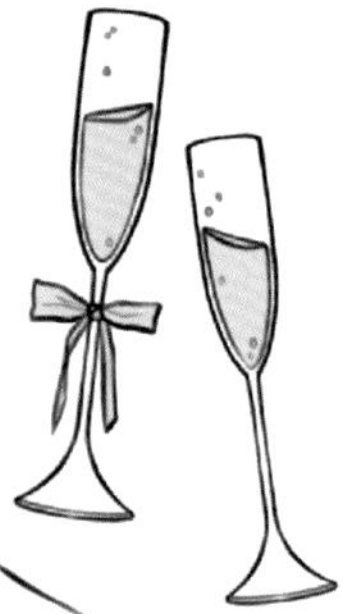

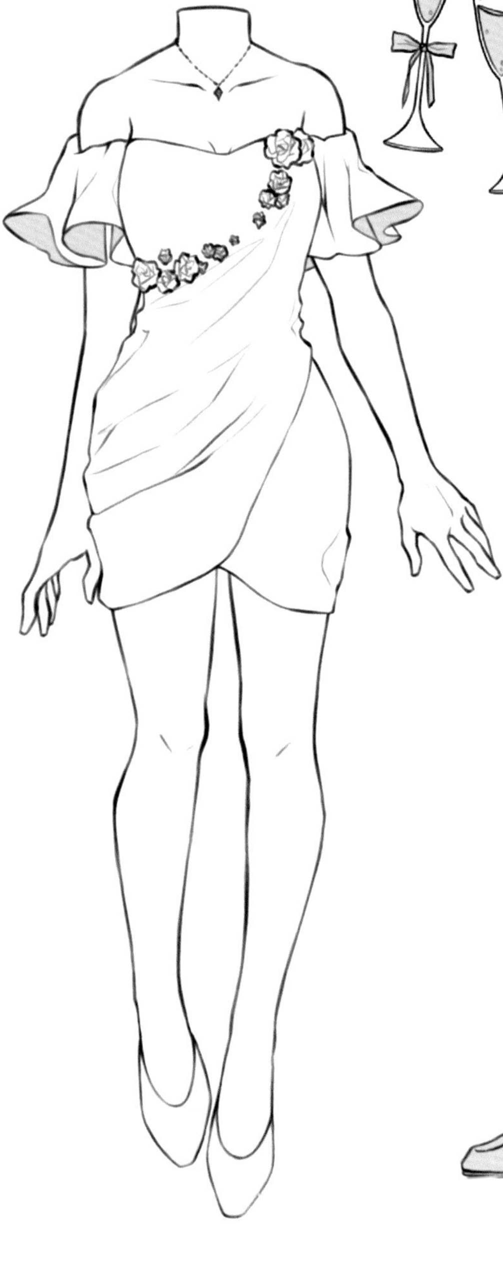

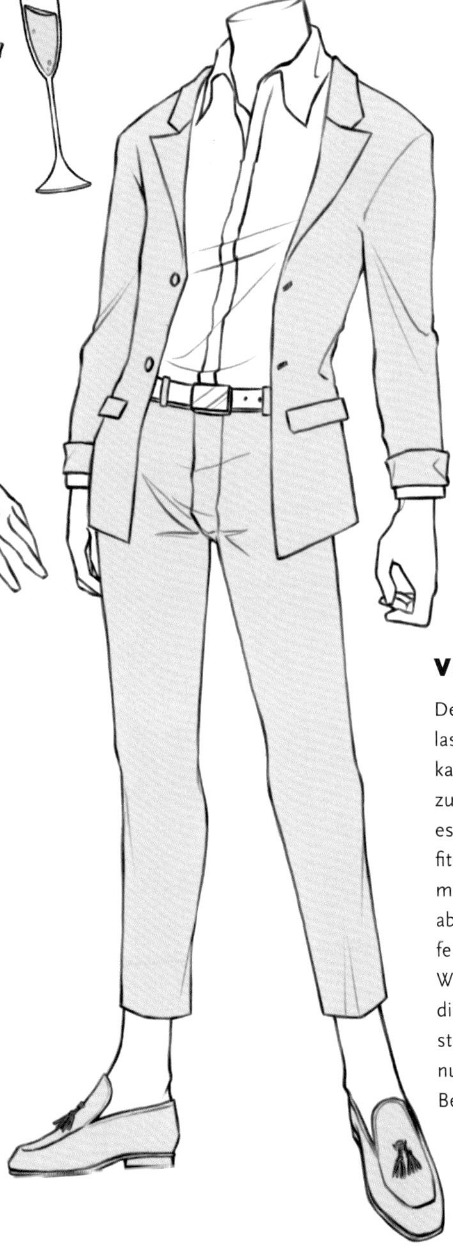

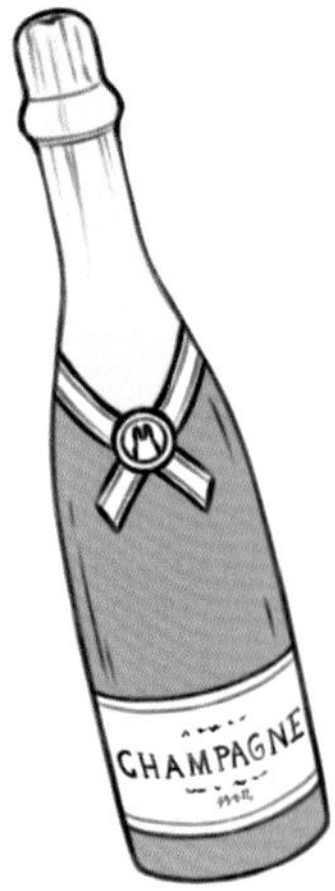

VERLOBUNGSPARTY

Der Titel sagt es schon – der Anlass für eine romantische Szene kann eine Verlobungsparty sein, zu der man eingeladen ist. Oder es ist sogar die eigene! Die Outfits sind eher sommerlich, weil man mehr Haut sieht. Wenn du aber im gleichen Stil längere Stoffe zeichnest, passt es auch zum Winter. Da sich die Kleider über die Körperrundungen ziehen, entsteht an manchen Stellen Spannung in den Stoffen, in anderen Bereichen bilden sich Falten.

HOCHZEITSFEIER

Eine Hochzeit inspiriert viele Menschen dazu, romantische Bilder zu erschaffen. Natürlich hat jede/r ganz eigene Vorstellungen von der perfekten Hochzeitskleidung. Ich hoffe, dass diese Kleidungsdesigns für dich wie eine schöne Sammlung sind, aus der du dir Elemente herauspicken und zeichnen kannst. Die Kleider in diesem Beispiel sind hell und reich verziert.

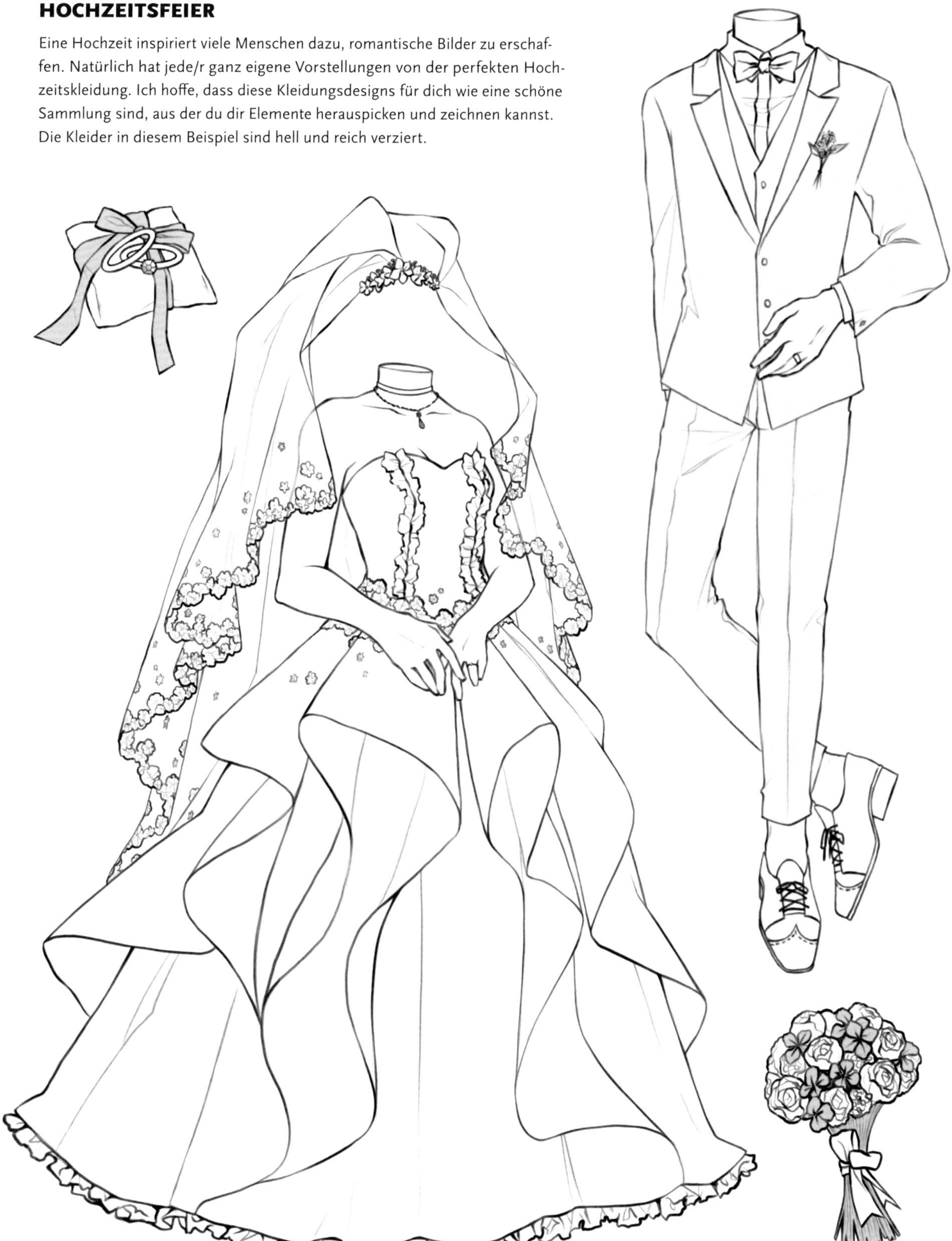

どきどき
どきどき
どきどき
どきどき
どきどき
どきどき
どきどき

5. Hintergründe & Dekorationen

Zur Abrundung eines Motivs ist es schön, im Hintergrund verzierende Elemente einzubauen. Man kann den Hintergrund ganz schlicht schraffieren oder sich mit vielen Komponenten richtig austoben. Die Hintergrundgestaltung kann die Atmosphäre einer Szene aufgreifen und die Stimmungen der gezeichneten Charaktere ausdrücken. Dadurch können subtile Facetten von Emotionen ausgedrückt werden, auch wenn man manche Hintergründe wie Texturen nur unterschwellig wahrnimmt.

Himmelselemente

Der Himmel lädt zum Träumen ein, etwa wenn Wolken über uns hinwegziehen oder Nebel sich über eine Landschaft legt. Solche ruhigen, ästhetischen Anblicke passen gut mit romantischen Gefühlen zusammen. Auf der anderen Seite kann der Gedanke über die Weite des Weltalls überwältigend sein. Wie wahrscheinlich ist es, dass sich die Charaktere in dieser großen Welt treffen und verlieben? Schicksal ist in romantischen Geschichten ein wichtiges Thema, das oft auch mit Astrologie, der esoterischen Deutung von Himmelskörpern, in Verbindung gebracht wird. Insgesamt haben Himmelselemente als Dekoration somit auch eine tiefgründige Stimmung.

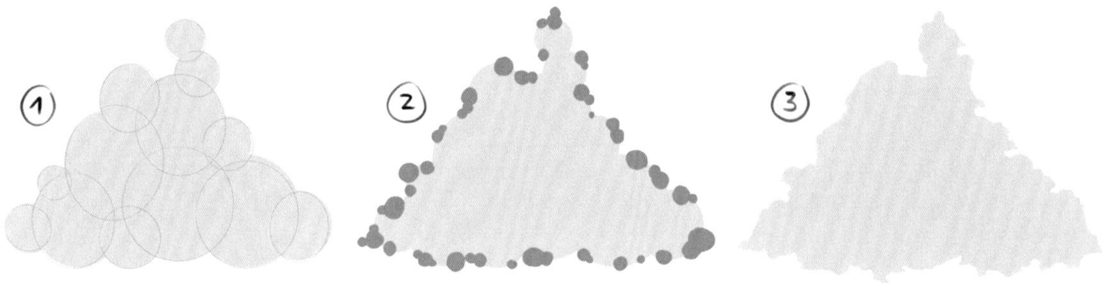

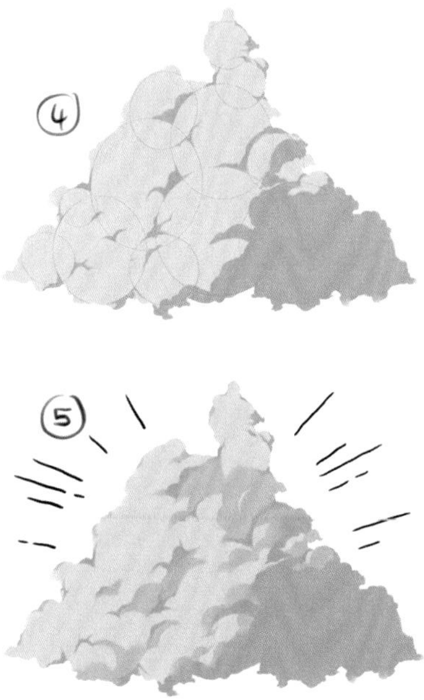

WOLKEN Wenn du Wolken in einem realistischen Stil zeichnen möchtest, kannst du zunächst Kreise als Hilfe für die Formenfindung und Schattensetzung benutzen. Denk daran, Form und Größe nicht nebeneinander zu wiederholen, weil Wolken in der Natur nicht symmetrisch sind. **1** Für die Basis der gesamten Form kannst du verschiedene Kreise und Ovale so platzieren, dass sie sich überschneiden und die gewünschte Form ergeben. Die Kreise kannst du direkt als gefüllte Flächen mit oder ohne Umrisse zeichnen. **2** Um die Form weiter auszuarbeiten, füge weitere kleinere runde Formen hinzu; diese müssen nicht sauber oder gerade sein. Je kleinteiliger, desto detaillierter wird die Form. **3** Mit dem Verwischen-Werkzeug digital oder mit einem Radiergummi analog kannst du die Ränder verwischen und unnatürliche Kanten ausbessern. **4** Entscheide, aus welcher Richtung Licht auf die Wolke fällt, und setze dann von der anderen Seite ausgehend kreis- und bogenartige Schatten. Hier helfen dir die Kreis-Hilfslinien aus dem 1. Schritt. **5** Mit einer helleren Schattenfarbe kann man diesen Prozess an den Übergangen wiederholen und die Form damit noch plastischer machen.

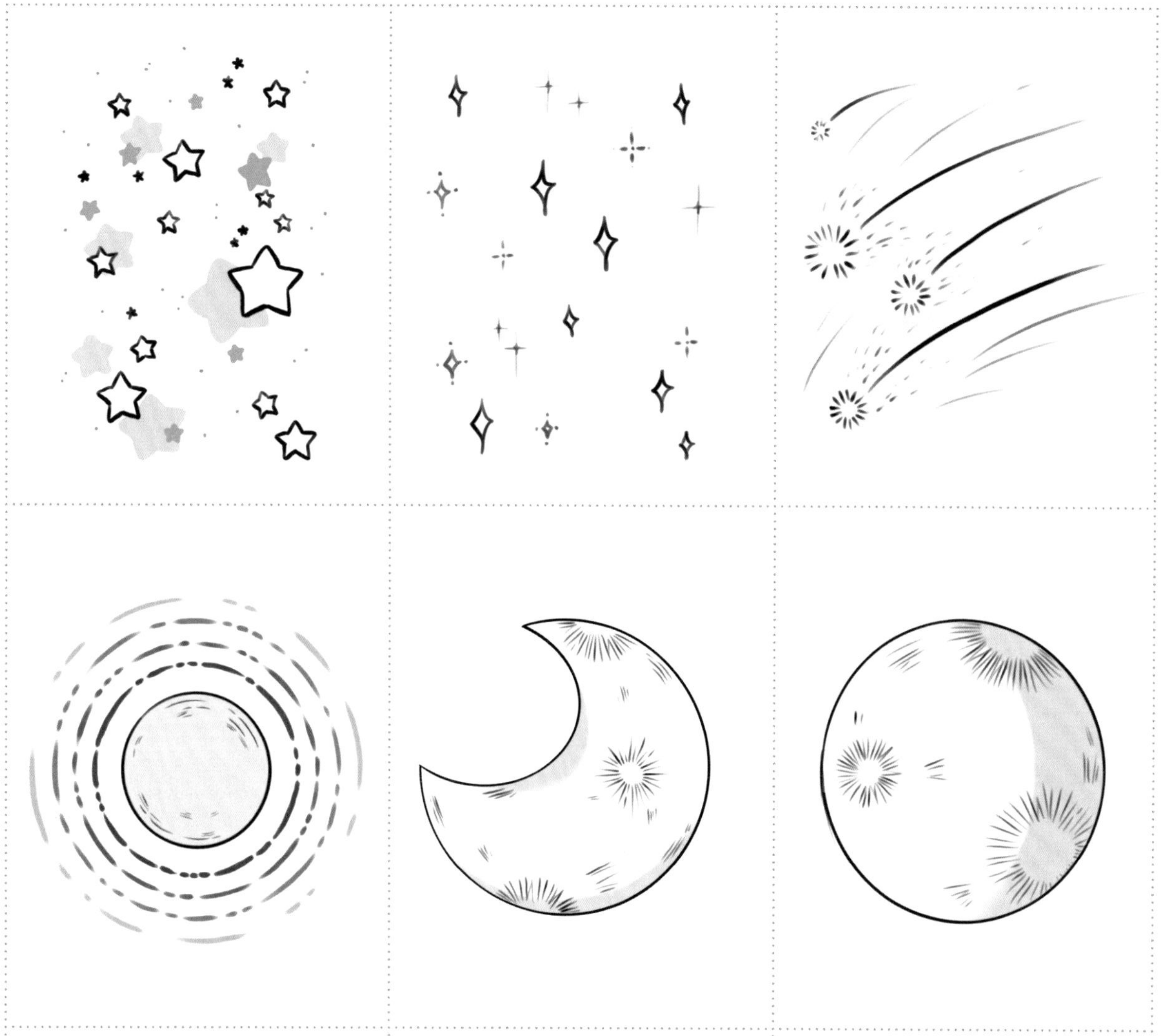

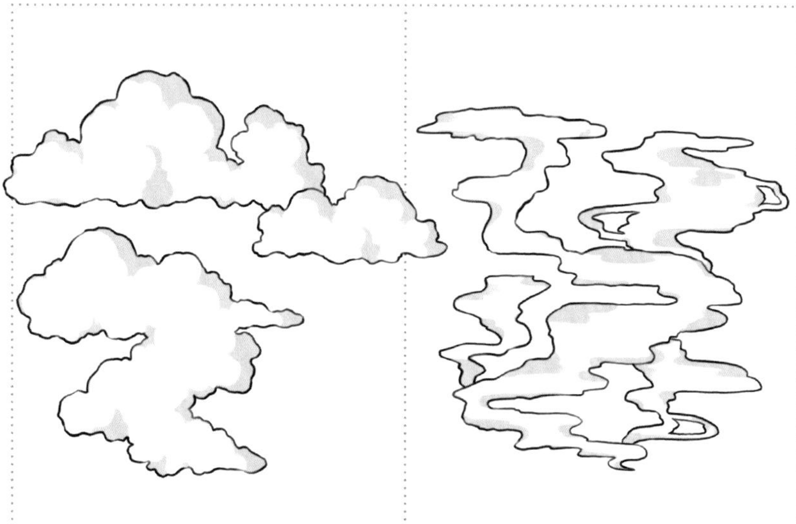

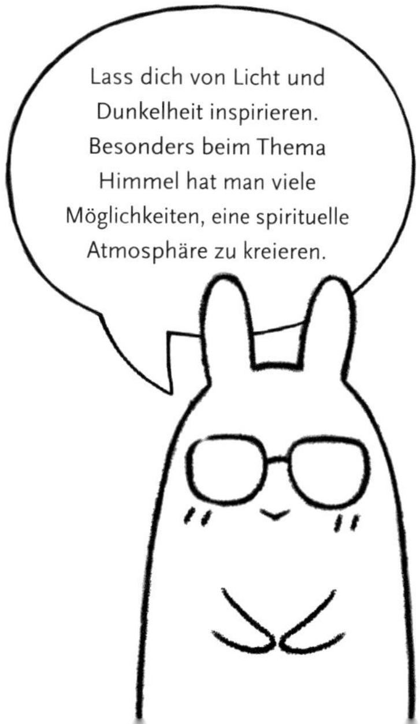
Lass dich von Licht und Dunkelheit inspirieren. Besonders beim Thema Himmel hat man viele Möglichkeiten, eine spirituelle Atmosphäre zu kreieren.

Pflanzen & Blumen

Die Natur wird als Ursprung und Kreislauf des Lebens oft mit Poesie verbunden. Sie stellt einen Gegenpol zur industrialisierten Welt dar, in der man schnell das Wesentliche aus den Augen verlieren kann. Umgeben von Natur wird man achtsamer und empfänglicher für romantische Gefühle. Viele Blumen haben eine symbolische Bedeutung, durch Blumengeschenke können romantische Empfindungen deshalb ganz ohne Worte mitgeteilt werden. Aber so tiefgründig muss es nicht immer sein – wenn man zum Beispiel eine Erdbeere zeichnet, soll es manchmal einfach nur süß aussehen!

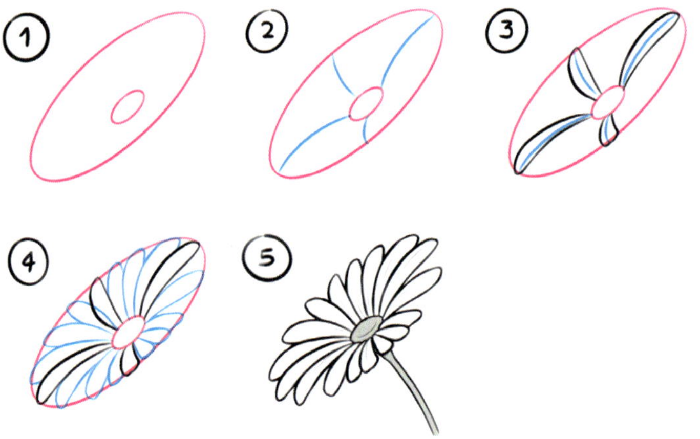

GEÖFFNET Beim Zeichnen kann man Blumen in geöffnete und geschlossene Formen unterteilen. **1** Um die Perspektive der gesamten Blume richtig einzuschätzen, kannst du dafür zwei Kreise skizzieren. **2** Die Blütenmitte bildet die Ausgangsform, aus der die Blütenblätter herauswachsen. **3** Als nächstes legst du die Form der Blütenblätter fest. **4** Nun kannst du alle Blütenblätter entlang der Hilfslinien ausarbeiten, so werden sie schön gleichmäßig. **5** Der Stängel sitzt immer in der Blütenmitte und ist etwas gebogen.

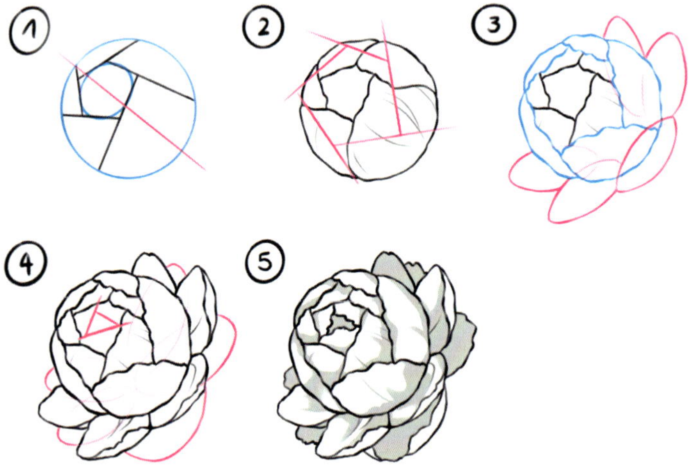

GESCHLOSSEN Eine geschlossene oder gefüllte Blume ist etwas komplexer, weil sich die Blätter überlappen und dadurch viele Perspektiven entstehen. **1** Lege zuerst durch einen Kreis und ein Fünfeck (oder andere geometrische Formen) die Grundform der Blüte fest. **2** Die nächste Blütenblätterschicht wird mithilfe der Fünfeckform gezeichnet, die zuvor aber gedreht und vergrößert wurde. **3** Ein paar lockere Blätter stehen außen von der Hauptform ab. **4** Arbeite nun das Zentrum und seitliche Blätter aus. **5** Die Schatten kannst du je nach Lichteinfall setzen.

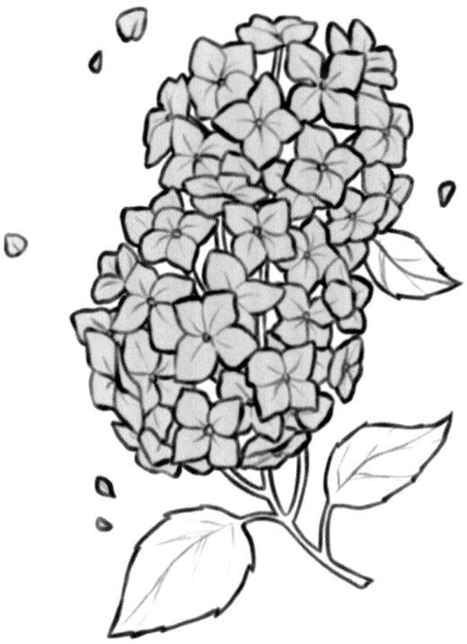
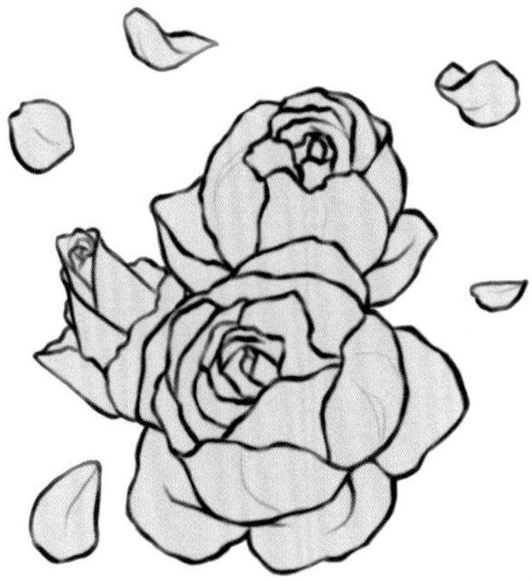
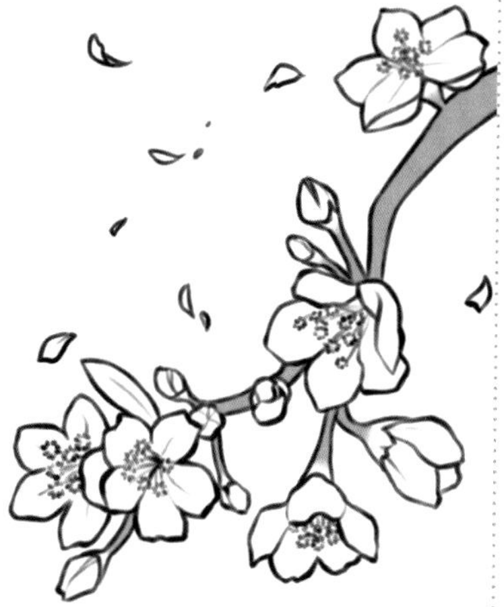
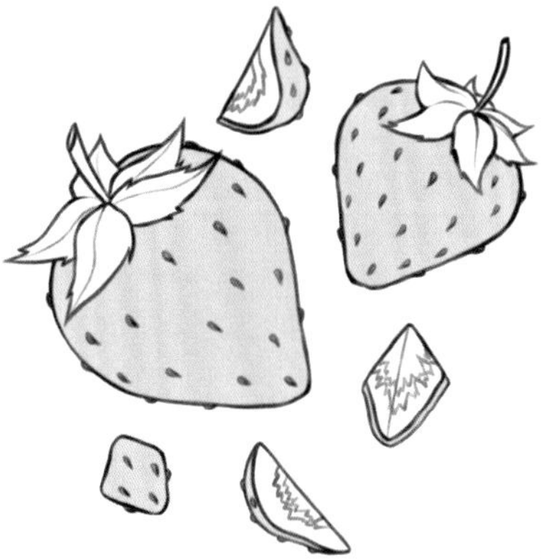
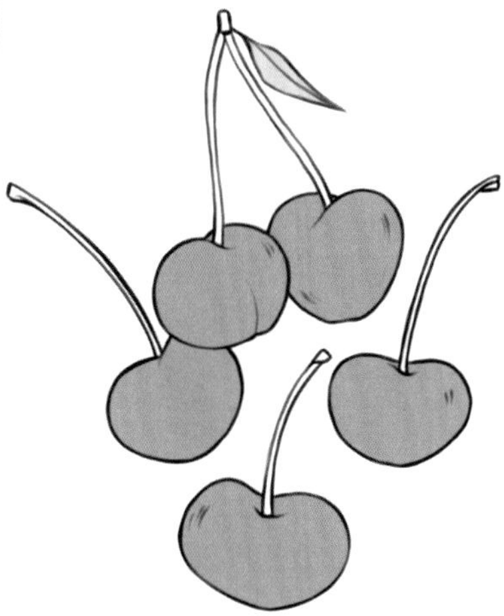
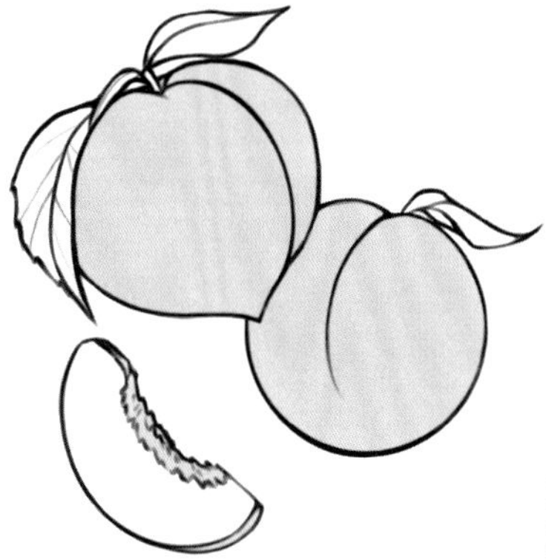
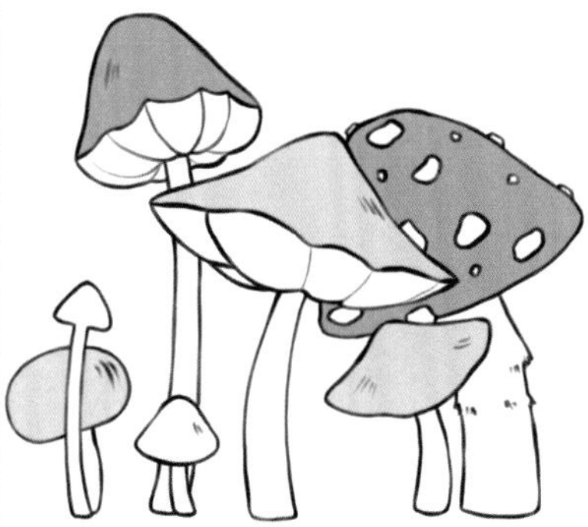
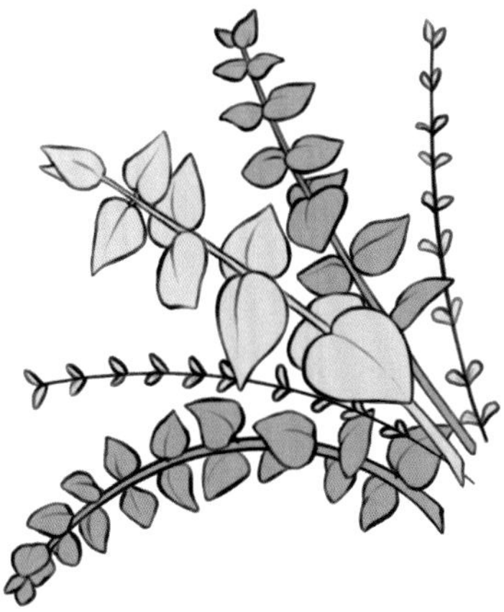
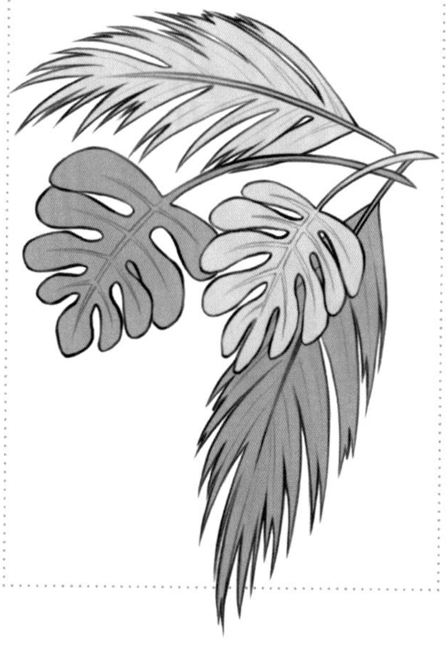

Feierliches & Süßes

Zu einem fröhlichen und niedlichen Romance Bild gehören feierliche Dekorationen und Süßigkeiten. Bei besonderen Anlässen oder Feiern sind Luftballons, Girlanden und Snacks nicht wegzudenken, um die gemeinsame Zeit der Charaktere umso schöner zu gestalten. Diese Extras verleihen eine bedeutsame Stimmung, die sich vom normalen Alltag abhebt. Dekorationen kann man auch als gute Omen und Glücksbringer sehen, die positive Energie für die Zukunft bringen, zum Beispiel ein reich gedeckter Geburtstagstisch.

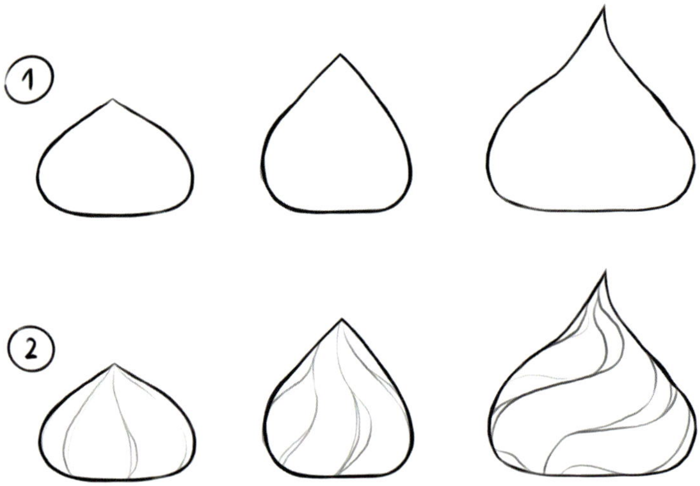

SAHNEHÄUBCHEN GRUNDFORM
1 Am besten zeichnest du zuerst die Basisform. Dabei kannst du die Form, Höhe und Breite beliebig anpassen. Hauptsache, das Häubchen wird nach unten hin breiter und nach oben hin schmal – wie die Form eines Wassertropfens, aber unten mit einer flachen Linie, wo die Sahne aufliegt. **2** Die geschwungenen Linien machen das Häubchen erst zum Häubchen. Je kurviger die Linien, desto mehr ist die Creme eingedreht. Ähnlich wie beim Zeichnen von Haaren gibt es keine scharfen Kanten.

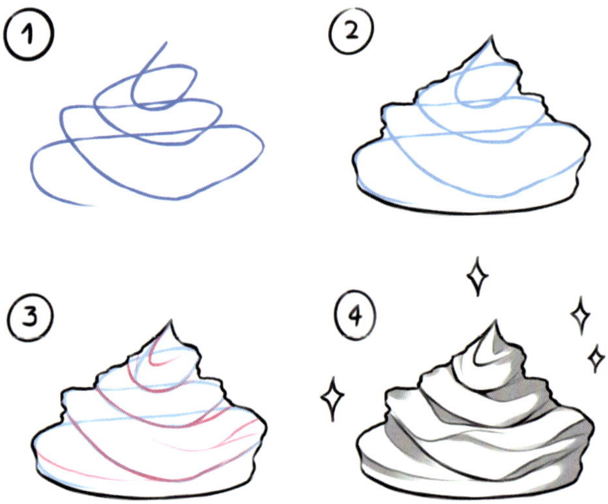

SAHNEHÄUBCHEN KOMPLEXER Wenn dein Sahnehäubchen detailreicher werden soll, etwa als Teil eines aufwendigen Cupcakes, kannst du auch anders vorgehen: **1** Beginne diesmal mit einer Spirale als Grundform, sie verdeutlicht, auf welche Art die Sahne eingedreht ist. **2** Zeichne nun den äußeren Umriss entlang der Grundform nach. Die Linien müssen nicht perfekt gerade sein, weil cremige Substanzen von Natur aus Dellen haben. **3** Als nächstes sind die inneren Linien für den "Wirbel" hinzuzufügen. Die Spirale dient dabei als Orientierung. **4** Zum Schluss noch weitere feinere Linien entlang des Strudels ergänzen und die Schatten setzen. Vertraue dabei auf den Zeichenprozess – auch wenn das Häubchen am Anfang noch nicht ganz so vorzüglich aussieht ;)

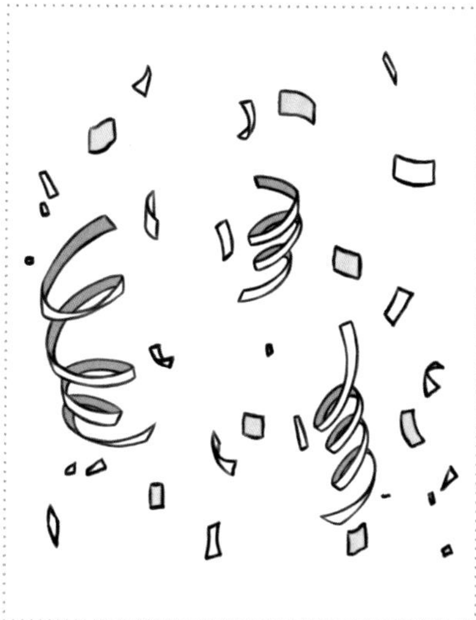
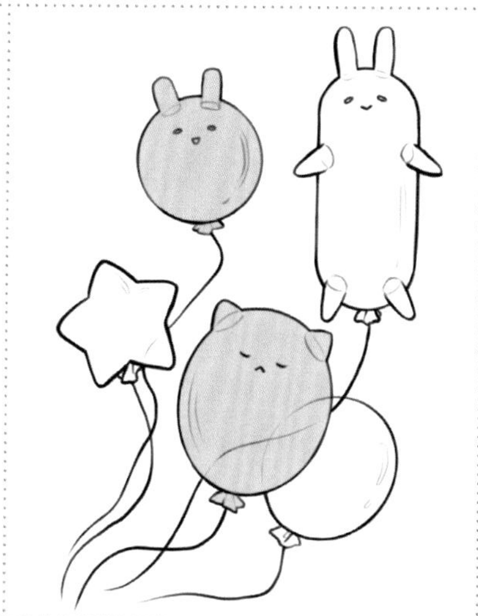
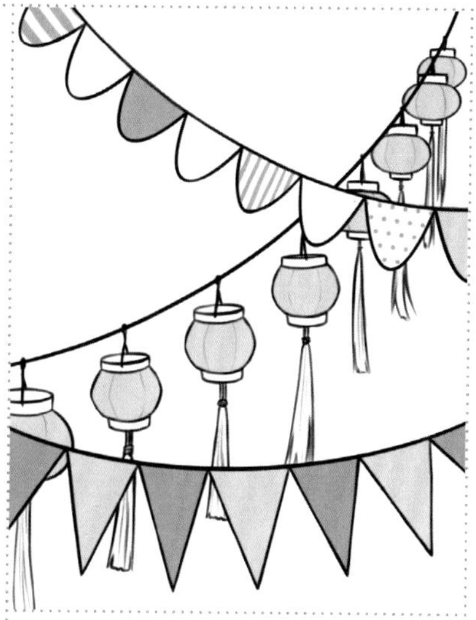
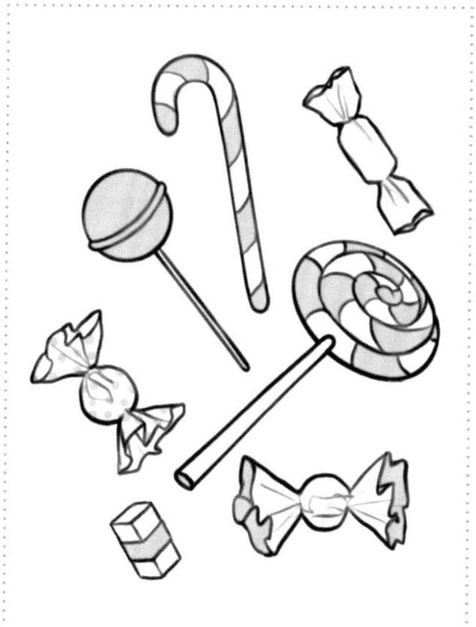
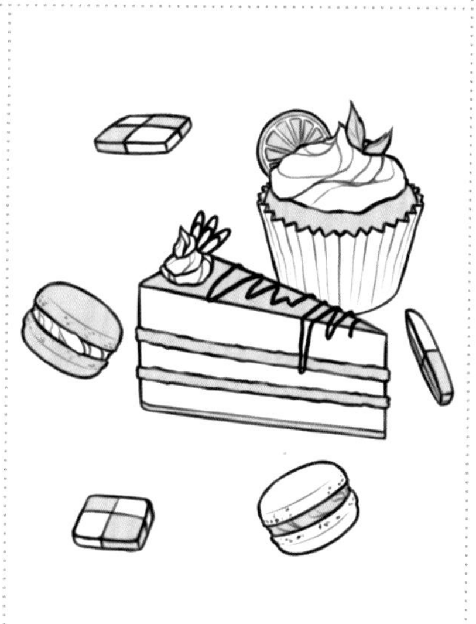
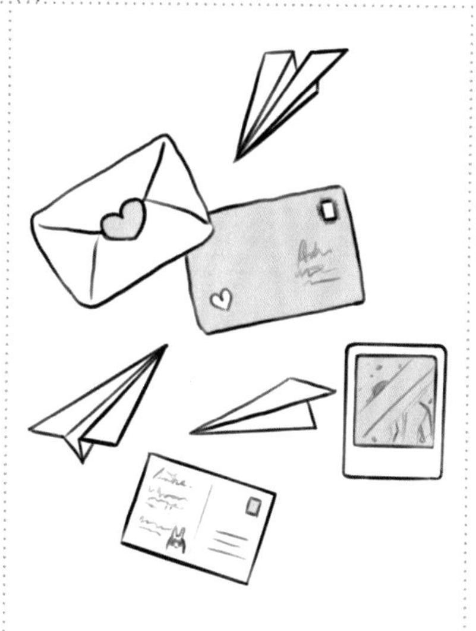
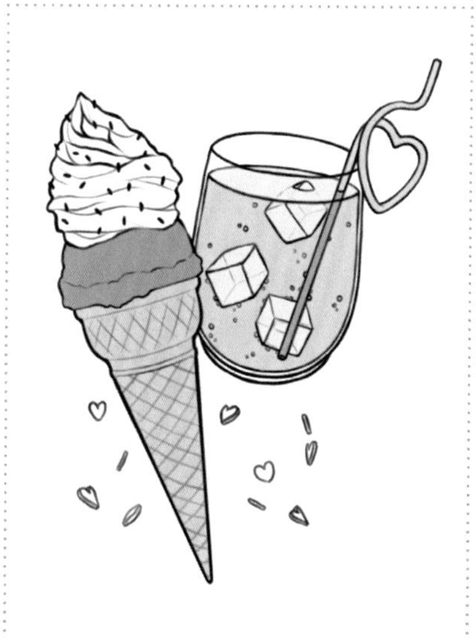
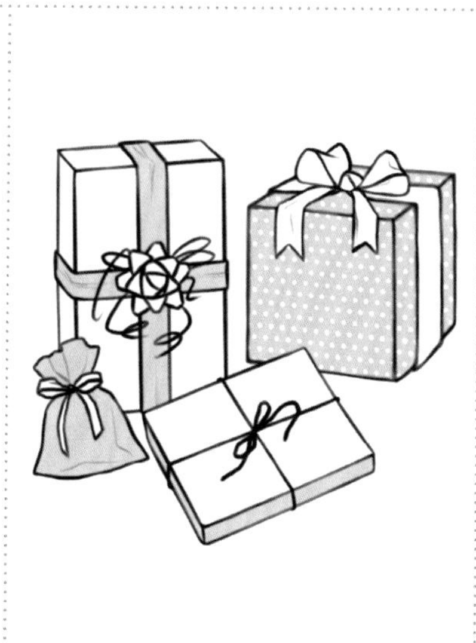
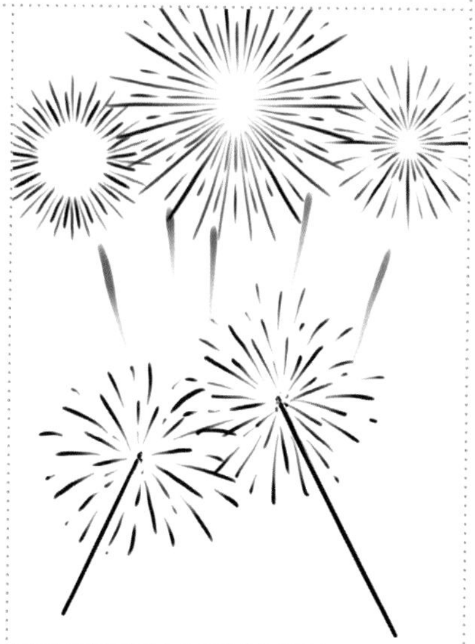

Tierische Begleiter

In vielen Mangas gibt es tierische Begleiter, die oft gleichzeitig Maskottchen für die Geschichte sind. Sie begleiten die Charaktere und strahlen positive Energie aus. Im Romance Stil sind insbesondere niedliche Tiere beliebt, weil sie beim Betrachten wohlige Zuneigung auslösen. Auch Redewendungen wie "Schmetterlinge im Bauch" und "Turteltäubchen" beziehen sich konkret auf romantische Gefühle und verstärken somit diese Wirkung. Man kann neben den hier vorgestellten Tieren auch viele andere Wesen beim Zeichnen auf eigene Weise ästhetisch gestalten.

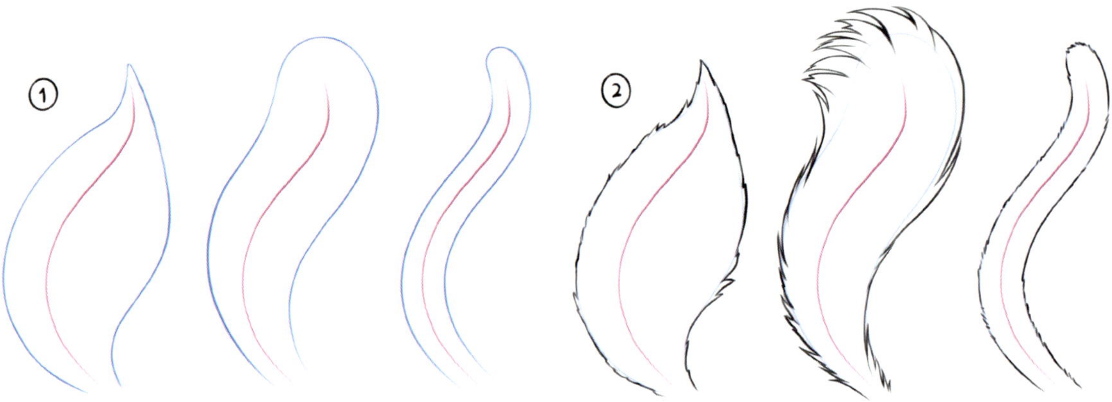

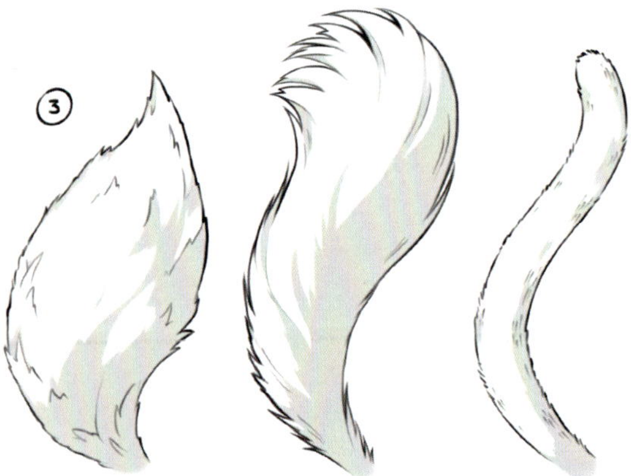

FELLSTRUKTUREN Es gibt verschiedene Arten von tierischen Fellstrukturen. Die Haarlänge und -optik kann man beim Zeichnen mit ein paar Tricks vereinfachen. Hier habe ich einige Techniken anhand drei verschiedener Fellbeschaffenheiten bei Tierschwänzen erstellt: **1** Zunächst solltest du eine Hilfslinie für die Knochenwirbel im Schwanz einzeichnen. Diese Linie gibt die Haltung des Schweifes vor – meistens ist die Gesamtform gebogen. Mit einer zweiten Hilfslinie kannst du die Form des Fellvolumens festlegen. **2** Der Umriss wird mit ungleichmäßig gezackten Linien eingezeichnet. Je größer und tiefer die Zacken sind, desto länger wirkt das Fell. Bei kürzerem Fell wechseln sich die Zacken mit durchgehenden, mehr oder weniger krisseligen Linien ab. **3** Zuletzt wird die Fläche mit Schatten gefüllt, die ähnliche Linienschwünge wie der Fellumriss haben.

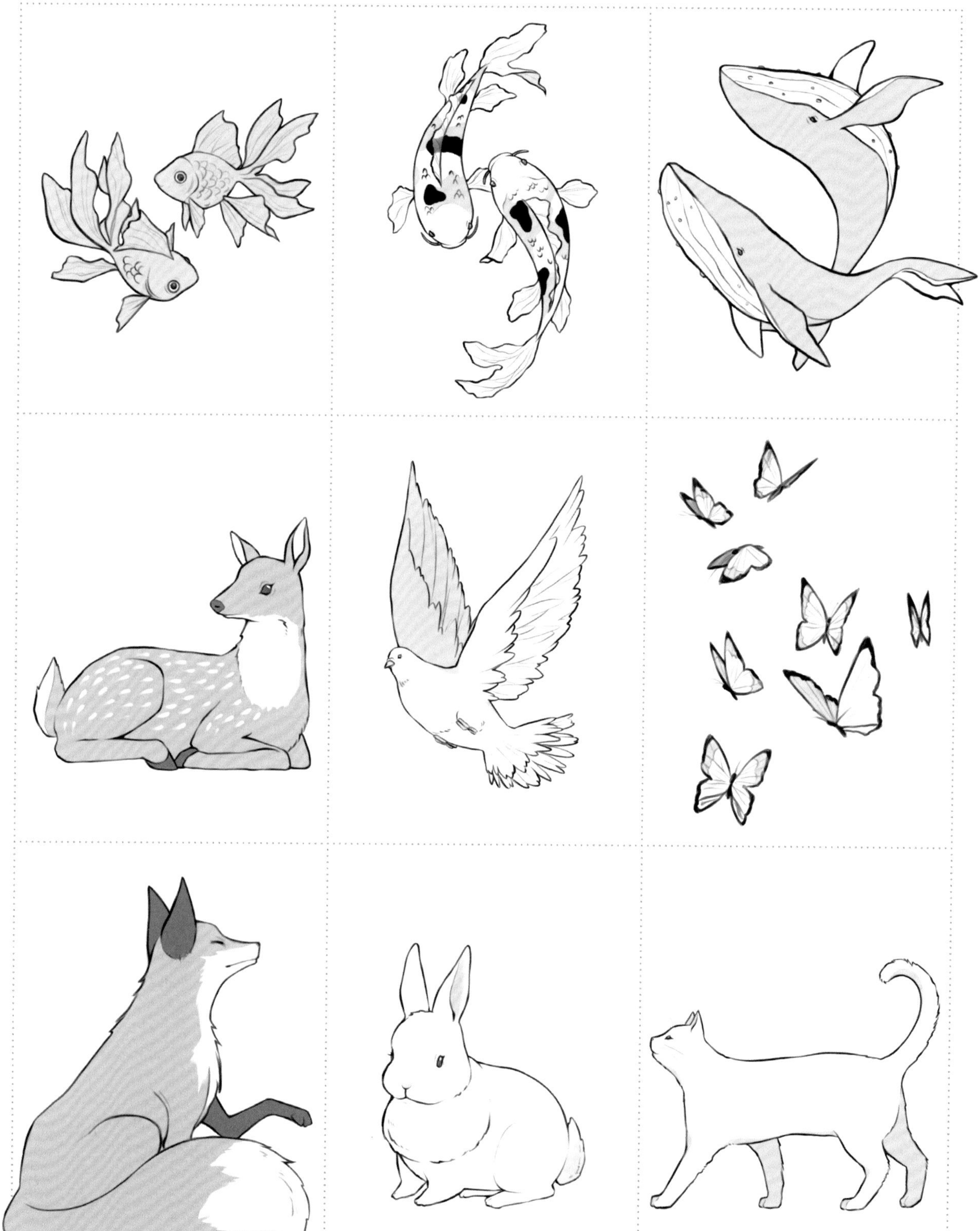

Typografie

Wörter sind ein konkretes Mittel, um den Sinn eines Bildes zu verstärken bzw. um erzählerische Aspekte einzubringen. Typografie, also die künstlerische Gestaltung von Wörtern und Buchstaben, kann aber auch außerhalb von Sprechblasen eingesetzt werden. Dieses vielfältige, in Mangas fest verankerte Stilmittel, wird auch als Klangmalerei oder Wortmalerei bezeichnet. Im Folgenden zeige ich dir Schlüsselausdrücke, die immer wieder in romantischen Geschichten eingebracht werden. Fürs Auge sind die in Mangas oft repräsentativen japanischen Zeichen sehr ästhetisch; daher zeige ich dir neben den deutschen Wörtern auch einige der typischen japanischen Wörter, die oft in Romance Mangas auftauchen.

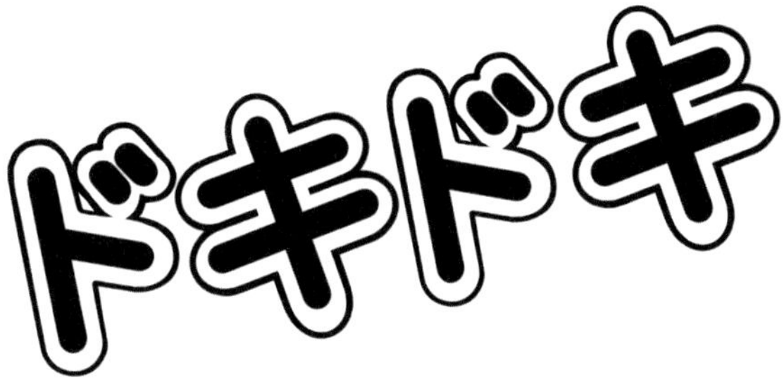

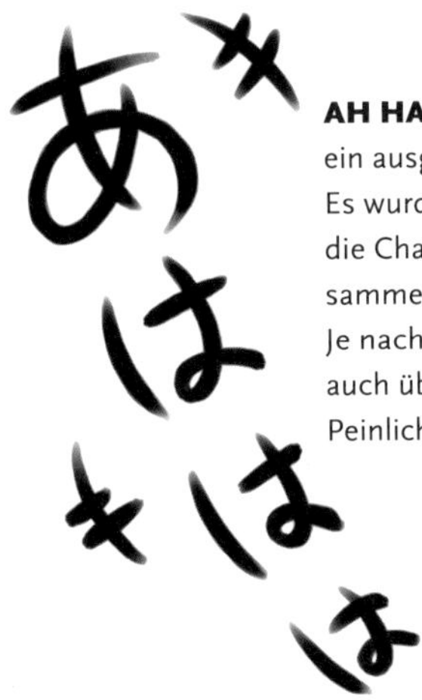

AH HAHAHA (あははは) – Das ist ganz klar ein ausgelassenes Lachen oder Gelächter. Es wurde zum Beispiel ein Witz erzählt oder die Charaktere amüsieren sich einfach zusammen bei einer Unternehmung.
Je nach Situation lacht man vielleicht auch über sich selbst, wenn man etwas Peinliches gemacht hat.

DOKI DOKI (ドキドキ) – Dies ist der Klang eines Herzens, wenn es klopft. In Situationen von Aufgeregtheit kann man diese Zeichen in den Hintergrund eines Bilds einfügen. Zum Beispiel, wenn verliebte Charaktere unter sich sind.

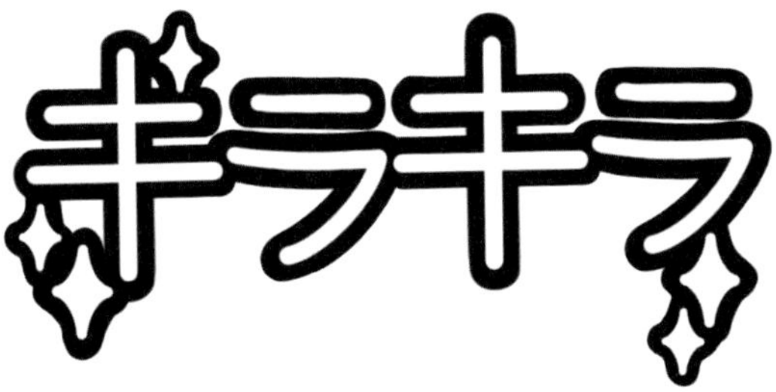

KIRA KIRA (キラキラ) – Das Funkeln einer Person im übertragenen Sinne wird durch diesen Laut dargestellt. Es glitzert eine Aura, wenn die Person beispielsweise besonders schön oder freundlich ist.

KYA (キャ) – Auf japanisch ist dieser Ton das Wort für entweder einen lauten Aufschrei von unheimlicher Freude oder vor Angst. Generell folgt dieser Ausruf auf plötzliche und überraschende Geschehnisse. Der Strich am Ende verdeutlicht einen langgezogenen Laut.

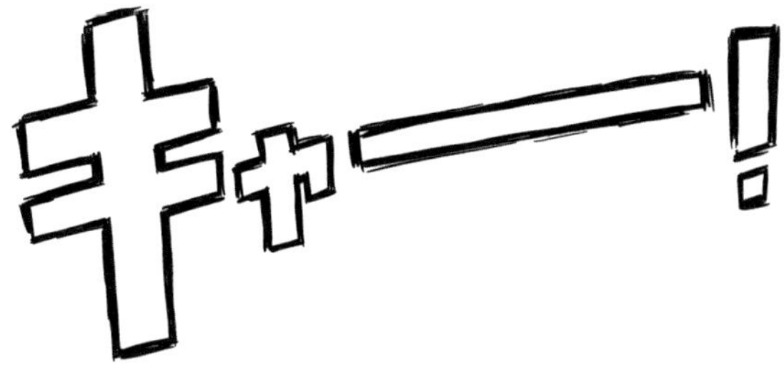

Herzklopfen

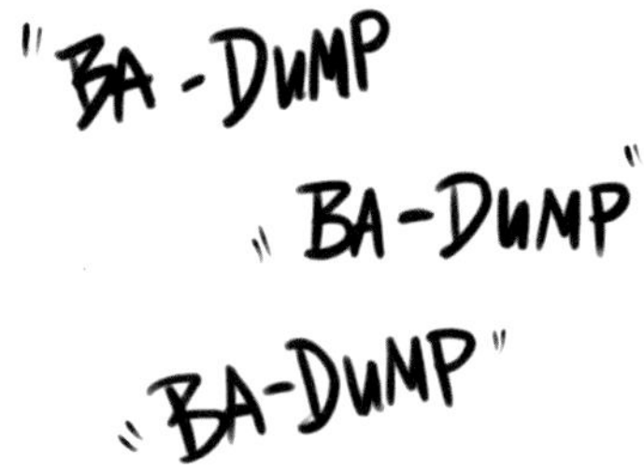

erröt

Das Gesicht errötet, wenn man aus der Fassung oder in Verlegenheit gebracht wird.

poch

Das Herz macht unerwartet einen Satz nach vorne. So wird überraschendes und besonders intensives Herzklopfen beschrieben.

BA-DUMP / bodoom

Starkes Rauschen von Blut durchs Herz, was somit heftiges Klopfen auslöst.

Spaß

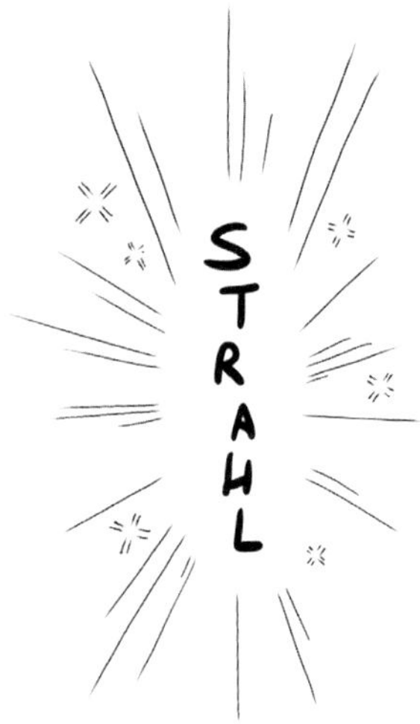

Strahl

Ein Charakter strahlt vor Freude bzw. Zufriedenheit mit einem Lächeln oder Lachen.

?#+%//3§?!+ [Kauderwelsch]

Ein ausgestoßener Laut, wenn man nicht weiß, was machen oder sagen soll – drückt also Überforderung aus.

happ / hamm / nomm / mampf

Vergnügte Geräusche beim Essen oder Abbeißen.

Natur

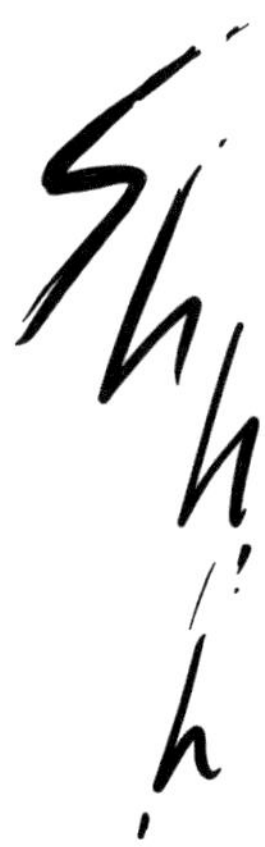

Shhh / Woosh

Windböen und Blätterrauschen in Bäumen oder auch Szenarien, wo die Haare schwingen.

Zwitscher / Tschiip tschip

Vogelgezwitscher, zum Beispiel bei einem Spaziergang oder Picknick.

Ziiirp zirp

Geräusch von Zikaden, die man im Sommer draußen hört. Typisch für Settings in Japan.

Texturen

Mit Texturen kannst du Bildern eine besondere Atmosphäre verleihen, statt den Hintergrund einfach weiß zu lassen. Da Texturen größtenteils neutral sind, können sie vielseitig eingesetzt werden. Ich verwende gerne schlichtere Texturen als Hintergrundelemente, weil so das Hauptmotiv besser hervorgehoben wird. In digitalen Zeichenprogrammen gibt es viele verschiedene Brushes (Stift-Vorlagen), was das Einfügen von Texturen mittlerweile sehr einfach macht. Aber auch wenn du traditionell auf Papier zeichnest, sind die nachfolgend vorgestellten Texturen im Vergleich zu komplexeren Hintergründen leicht umzusetzen. Gerade für Einsteiger sind Texturen eine gute Möglichkeit, um den Hintergrund zu gestalten. Simpel, aber mit großer Wirkung!

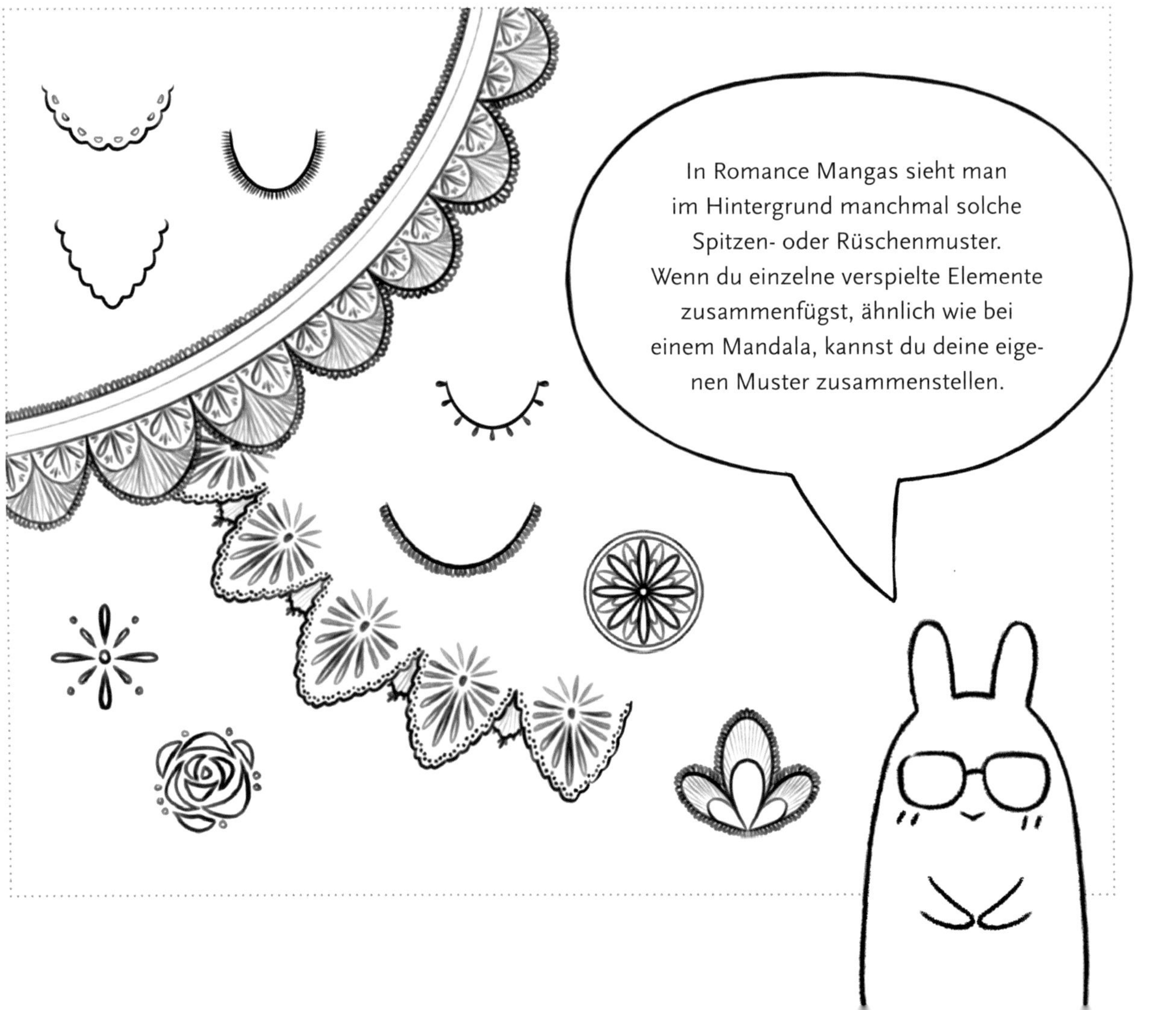

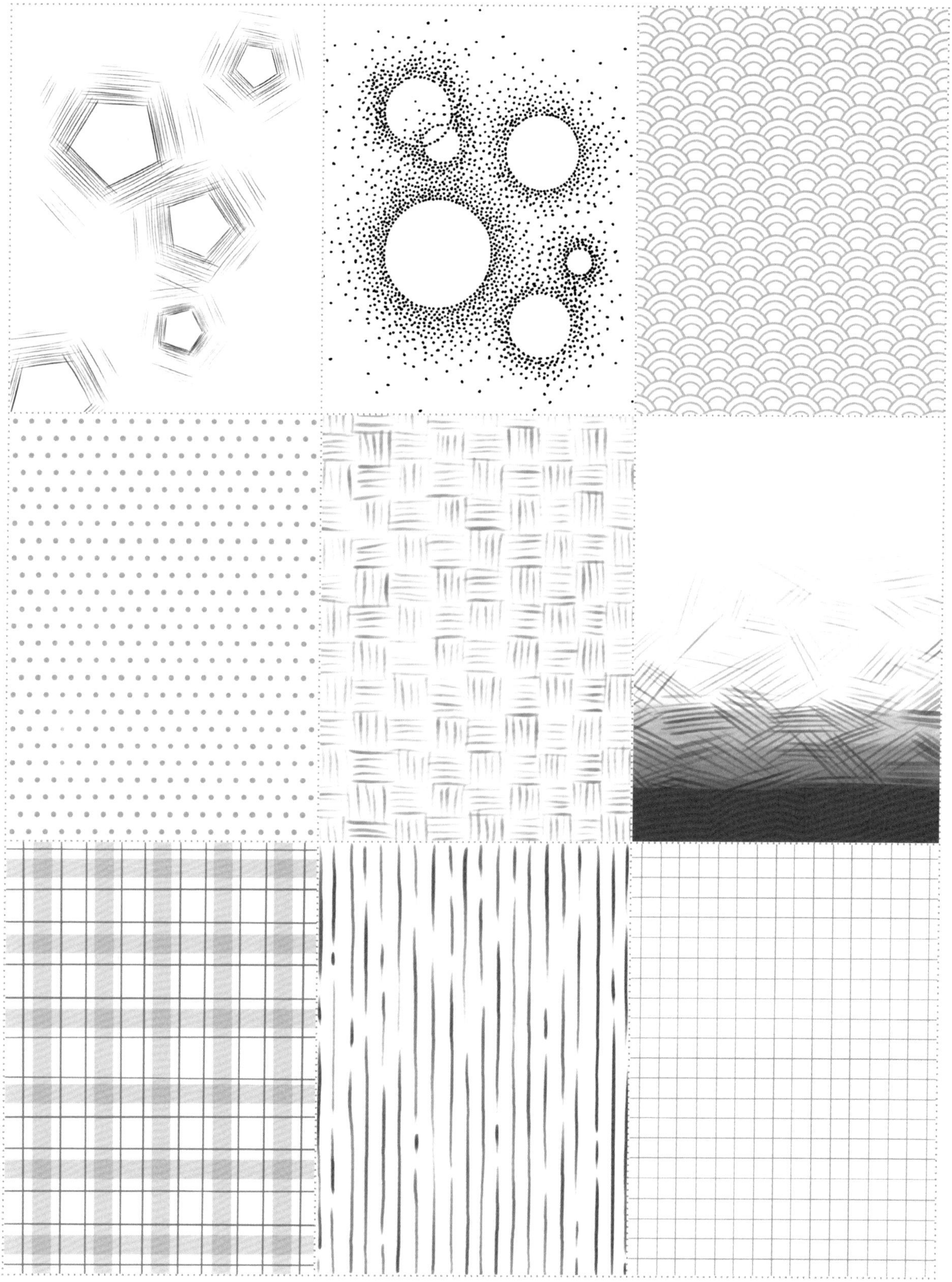

Formensprache

Was im Manga-Stil so gut wie nie fehlt, ist die Formensprache – auch Bildsprache genannt. Neben Symbolen und kleinen Bildern gibt es viele charakteristische Darstellungen für bestimmte Emotionen, zum Beispiel die Strudel in den Augen, welche für Überforderung oder Schwindel stehen. Man kann diese Ausdrücke als eine Art von Emojis sehen, mit denen eine Reihe von verschiedenen Gefühlen vermittelt werden können. Die Eigenschaften einer Bildsprache kannst du im Gesicht oder am Körper eines Charakters platzieren, aber auch im Hintergrund des Motivs. Ich stelle dir einige Emotionen vor, die oft bei Interaktionen verwendet werden. Es gibt jedoch noch viele mehr; achte einfach mal beim Manga lesen darauf und lass dich inspirieren.

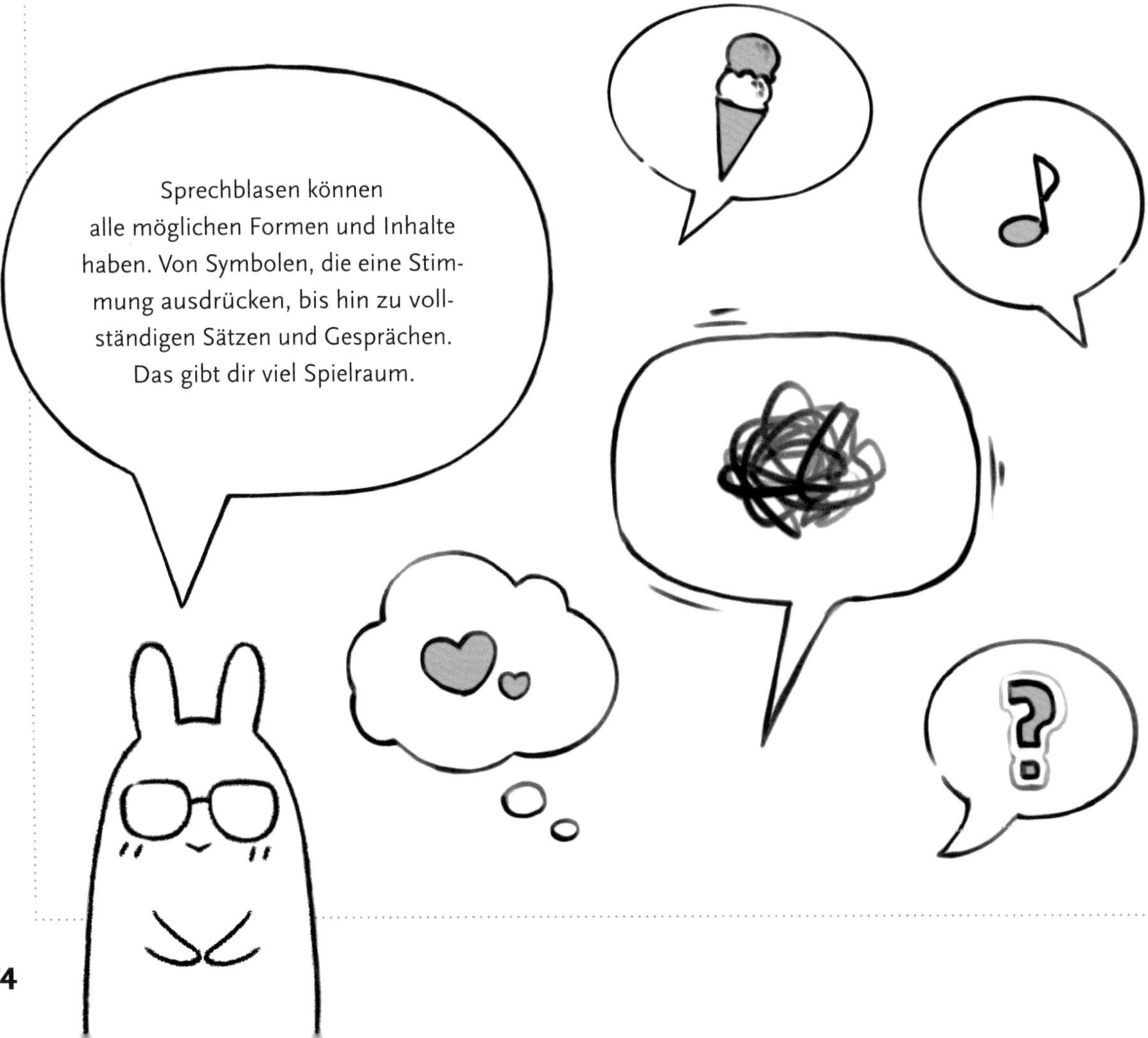

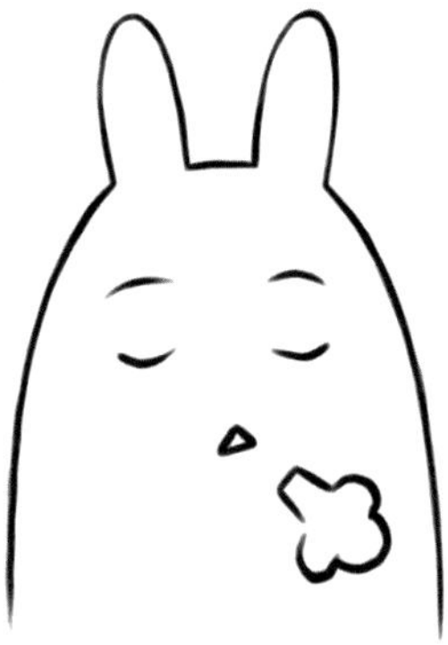

Seufzen

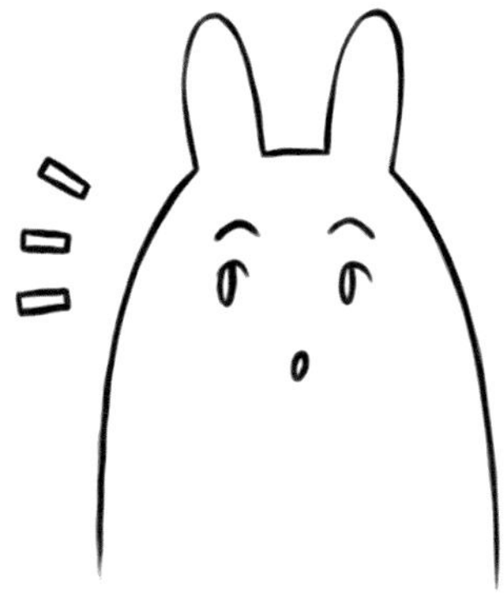

Aufmerksamkeit

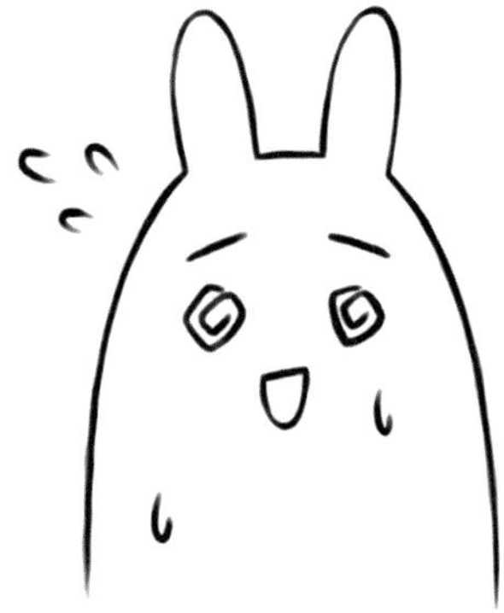

Überforderung

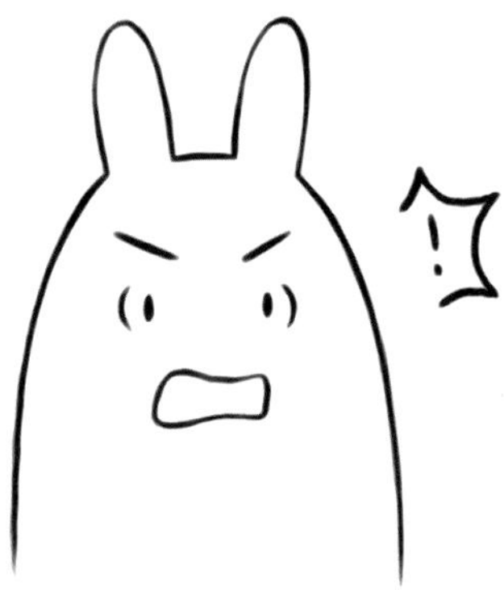

Schock

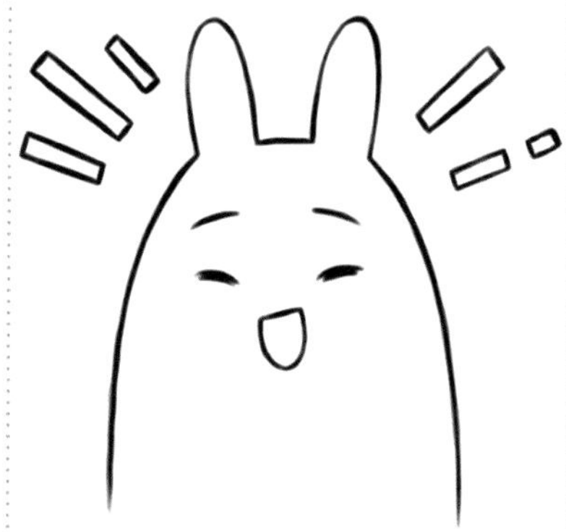

Lachen

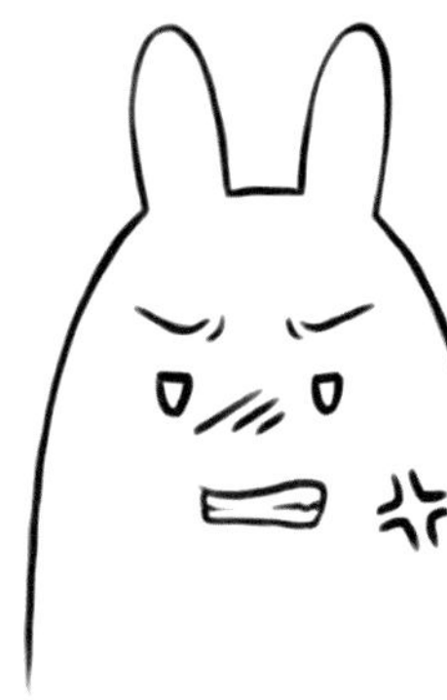

Ärger

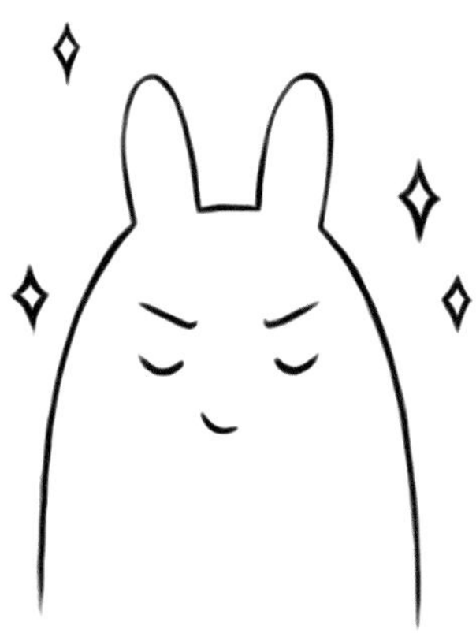

Selbstzufriedenheit

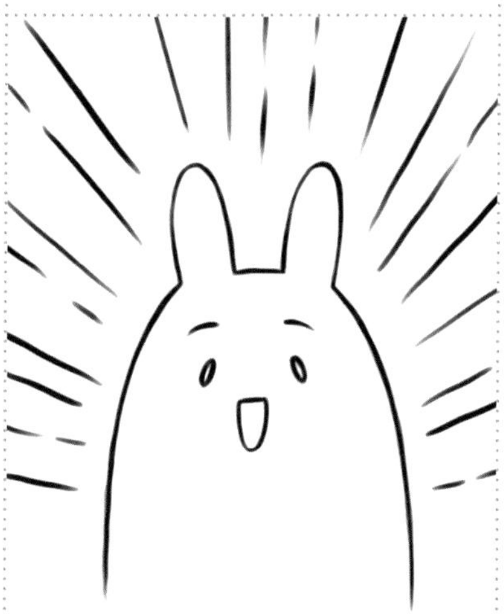

Freude

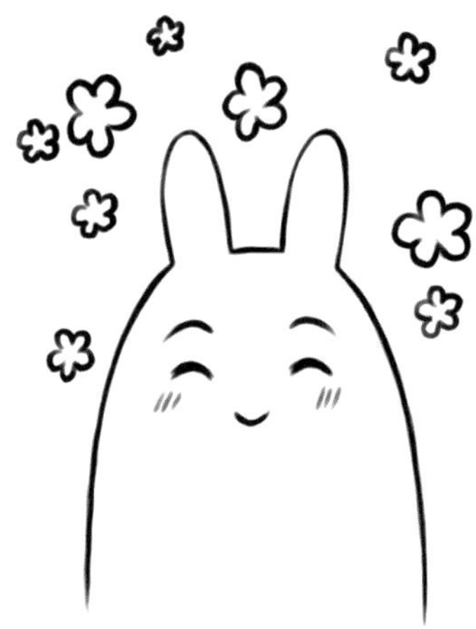

Glückseligkeit

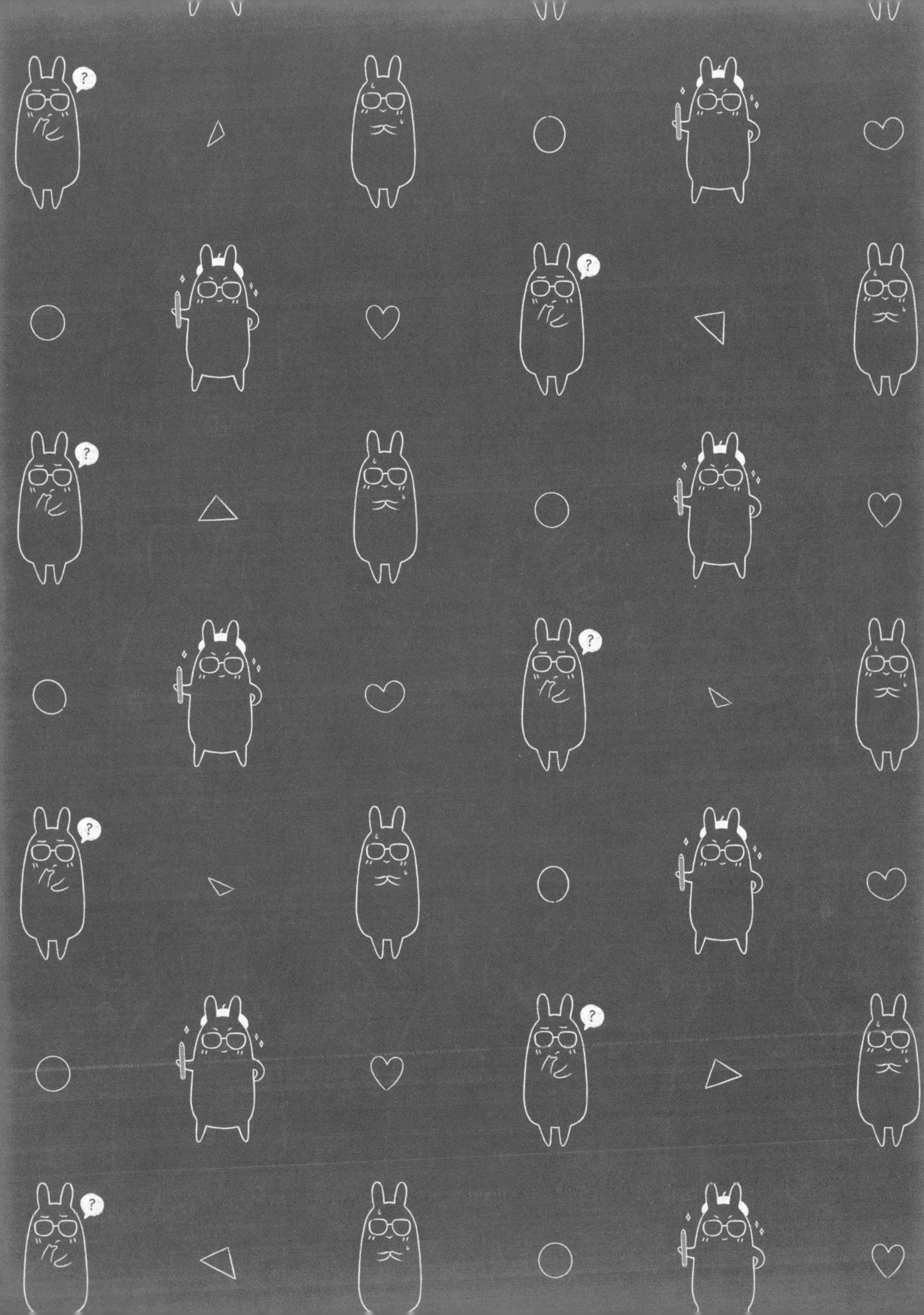

6. Kolorierung

Die Kolorierung eines Bildes ist eine Kunst für sich und kann mit vielen verschiedenen Medien umgesetzt werden. Dabei ist die Vorgehensweise – man arbeitet mit Flächen und Schichten – unabhängig von den verwendeten Materialien sehr ähnlich. Je nach eingesetzten Farben kann ein Motiv grundlegend anders interpretiert werden. Knallige, bunte Farben sind sehr energisch, während blasse, gedeckte Farben ruhiger wirken. Licht und Schatten spielen eine wichtige Rolle bei der Darstellung von Tageszeiten oder Räumlichkeiten.

Haut

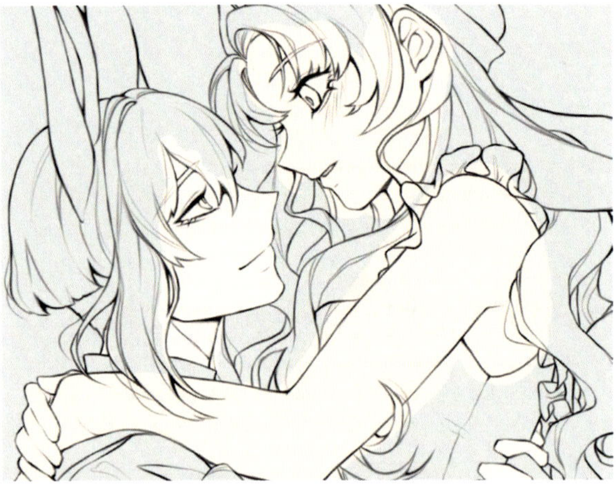

GRUNDIERUNG Als erstes suche ich mir einen passenden Hautton als Grundfarbe aus. Für einen realistischen menschlichen Ton kann dies alles im gelb/orange/rot/braun Spektrum sein, von blass bis dunkel. Für Fantasie-Lebewesen kannst du jedoch alle möglichen Farben verwenden. Da später noch Schatten über den Grundton gelegt werden, sollte der erste Farbton tendenziell heller sein als das geplante Ergebnis. Beim digitalen Zeichnen benutze ich als Basis immer einen deckenden Brush. Die Hautebenen liegen dabei ganz unten, sodass ich auch über die Linien hinaus malen kann, da sie später von den darüberliegenden Ebenen überdeckt werden. Beim analogen Zeichnen muss hingegen sorgfältiger gearbeitet werden.

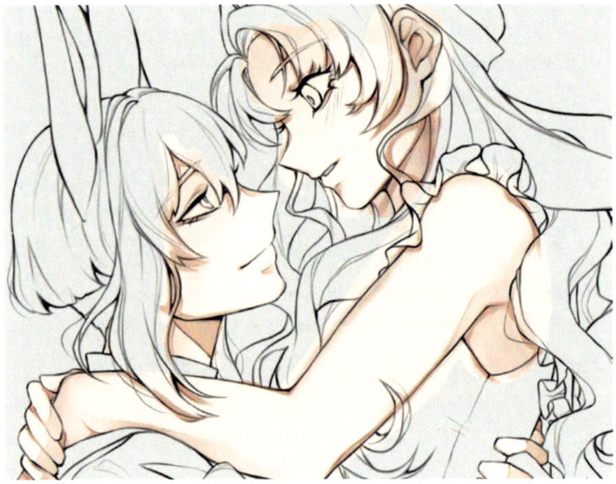

SCHATTEN Um die Farbtöne der Schatten für die Haut zu bestimmen, mache ich beim digitalen Zeichnen von der ersten Hautgrundlage eine neue Ebene als Clipping-Maske und stelle diese auf ‚Multiplizieren'. Dann nutze ich denselben Farbton der Basis, welcher nun durch den Ebenenmodus ‚Multiplizieren' dunkler ist. Von diesem Farbton ausgehend suche ich mir weitere dunklere Töne aus. Die Farben sollten in etwa alle vom selben Farbstich sein und miteinander harmonieren. Anschließend baue ich die Schatten Schicht für Schicht auf. Beim analogen Zeichnen musst du ohne Ebenen auskommen, ansonsten ist der Vorgang derselbe. Grundsätzlich gilt: Je weniger Licht an eine Stelle kommt, desto dunkler ist der Schatten.

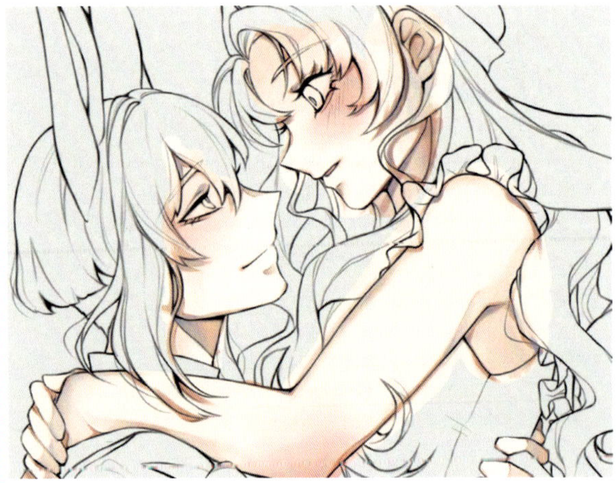

AKZENTE Um das Ganze abzurunden, kannst du noch hier und da zusätzliche Farben hinzufügen. Sanfte Rötungen (Blush) mag ich bei der Kolorierung besonders. Du kannst sie digital relativ simpel mit einem weichen Airbrush setzen oder das Wischwerkzeug nutzen, aber auch analog sind sie nicht schwer hinzuzufügen. Ich finde, die Hautrötungen hauchen der Zeichnung Leben ein und können auch auf Schultern, Knien usw. gesetzt werden. Zusätzlich mische ich auch gerne noch Blau- und Grüntöne an einigen Schattenstellen der Haut ein; das deutet das Durchscheinen von Adern und Venen an und gibt dem Ganzen noch etwas mehr Tiefe. Wenn du Lust hast, kannst du an Stellen, an denen sich Haut rundet – zum Beispiel auf der Schulter – noch weiße Highlights setzen.

Augen

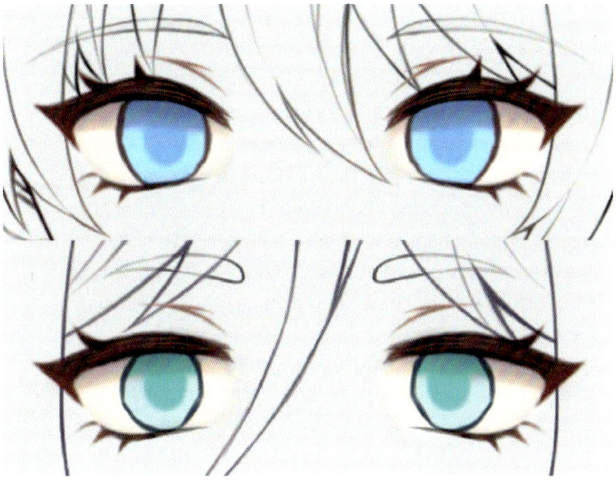

GRUNDIERUNG Das besondere an Augen im Manga-Stil ist, dass sie viele Dimensionen haben: Ebenen, Farbreflexe und Schatten. Das Weiß der Augen muss nicht immer 100% weiß sein. Ich nehme hierfür gerne eine sehr helle Farbe mit dem Farbstich der Haut für einen abgestimmten Übergang. Die gewünschte Blickrichtung bestimmt, wo ich in der Iris eine dunklere, ovale Fläche einfüge. Die Ovale haben weich auslaufende Ränder und oben wegen des Wimpernkranzes einen ausgeweiteten Schatten. Beim digitalen Zeichnen lege ich anschließend eine multiplizierte Ebene über alle anderen Ebenen, auf der ich die Schatten im Augenweiß hinzufüge. Zusätzlich zum grauen Schatten bringe ich noch einen leichten Beigeton ins Bild.

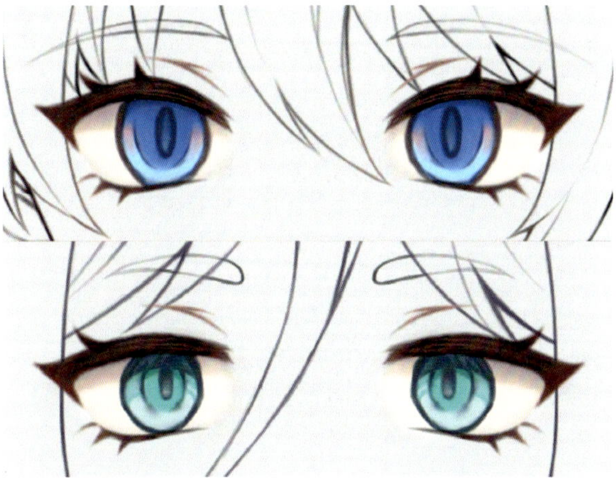

INNENLEBEN Beim Innenleben der Iris fange ich immer zuerst mit der Platzierung der Pupille an und arbeite dann die Schatten darum aus. Hier sind unabhängig von der Augenfarbe auch andere Farben erlaubt. Die Ausarbeitung von Augen kann sehr vielseitig sein und je nach Stil variieren. Beim digitalen Zeichnen kannst du interessante Effekte dank der vielen verschiedenen Ebenenmodi ausprobieren. Falls du dir Arbeit ersparen willst, kannst du in der Frontalansicht die digitale Zeichenhilfe des Symmetrie-Tools verwenden. Das bedeutet: wenn du ein linkes Auge zeichnest, wird das rechte wie von Zauberhand mitgezeichnet. Die Augen sind dann auf jeden Fall gleichmäßig und du bist schneller fertig.

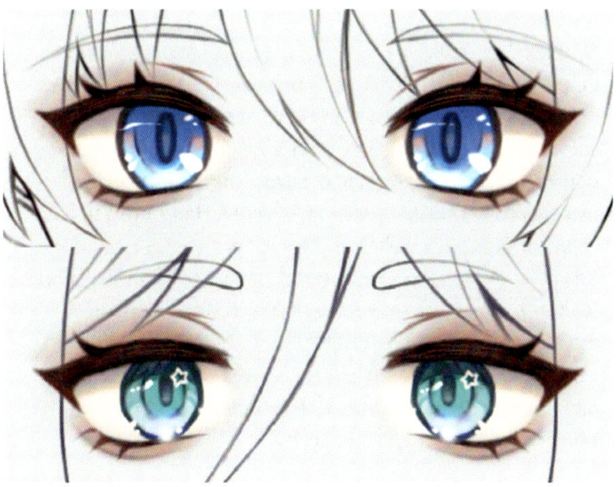

LICHTREFLEXE Das typische Funkeln gehört bei Manga-Augen eigentlich immer dazu. Allerdings lohnt sich das nur bei Bildausschnitten einer dichteren "Nahaufnahme" der Augen, bei einem Ganzkörpermotiv sind die Augen zu klein für viele Details. Den unteren Rand der Iris helle ich beim digitalen Zeichnen mit einer hellen Farbe/weiß im Overlay-Modus auf. Zusätzliche Lichtreflexe kannst du überall im Auge verteilen, vor allem an den Rändern der Iris, aber auch auf den Wimpern. Diese können auch die unterschiedlichsten Formen annehmen, von Punkten und Kreisen bis hin zu Herzchen und Blumen. Die Pupillen können mit einem Farbverlauf gefüllt oder freigelassen werden.

Haare

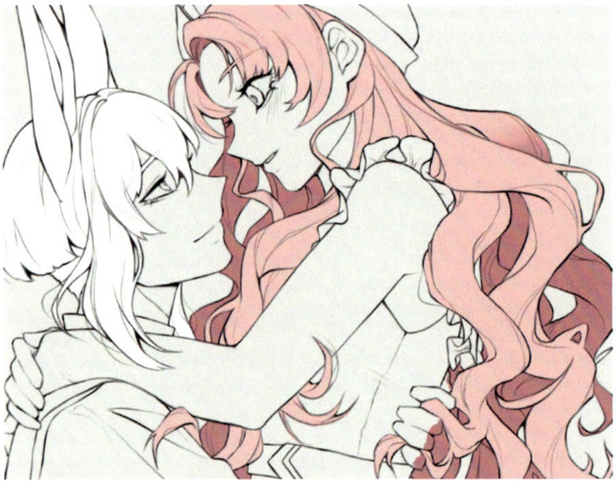

GRUNDIERUNG Auch hier suche ich mir zuerst die Grundfarbe aus. Je nach Frisur und was für einen Effekt du erzielen möchtest, kannst du die Haare in eine "Vordergrund-Farbe" und eine "Hintergrund-Farbe" einteilen. Die Haare, die weiter vorne sind, sind heller und die hinteren dementsprechend dunkler. Die geschwungenen Linien auf der Haaroberfläche wirken natürlicher, wenn sie sich dem Farbton der Haare anpassen, hier zum Beispiel dunkelrosa anstatt schwarz.

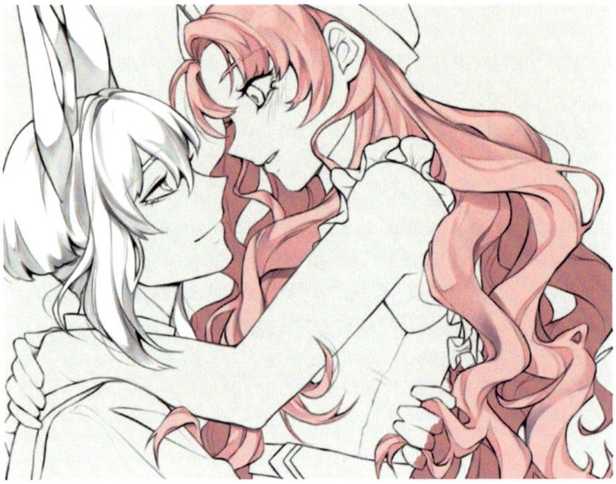

SCHATTEN Zum Erschaffen von Schatten benutze ich digital gerne einen weicheren Pinsel, der nicht 100% bei jedem Pinselstrich deckt, sondern die Opazität verdichtet, je öfter man über dieselbe Stelle malt. Dadurch kann man mehrere Schichten und unterschiedliche Nuancen ausarbeiten. Wie bei der Haut suche ich mir erstmal durch eine kopierte und multiplizierte Ebene einen dunkleren Ton und bewege mich in einem ähnlichen Farbbereich für weitere Schattentöne. Bei den Haaren erweitere ich gerne die Schattenfarben auf im Farbspektrum benachbarte Farbtöne, hier zum Beispiel auch eine Abstufung von Lila. Das macht die Haare lebhafter und kontrastreicher.

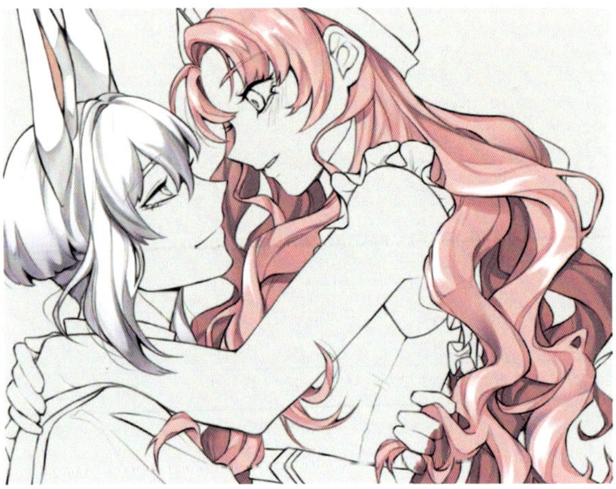

GLANZ Um Haaren schönen Glanz zu verleihen, kannst du Lichtreflexe hinzufügen. Es gibt sicher viele verschiedene Methoden, um einen Strahl-Effekt zu erzeugen; ich benutze weiß oder eine helle, zu der Haarfarbe passende Farbe und trage sie mit einem präzisen Brush auf. Alternativ benutze ich auch das Auswahl-Werkzeug für das Festlegen von Bereichen, die glänzen sollen. Die Glanzflächen sind zackig und folgen dem Fluss des Haars. Danach benutze ich das Wisch-Werkzeug und lasse einige, aber nicht alle, harte Kanten in die Haarfarbe übergehen. Die Balance zwischen harten und weichen Kanten macht diese Optik aus. Wenn man traditionell zeichnet, setzt man Glanzakzente meistens mit einem weißen Gelroller.

Kleidung

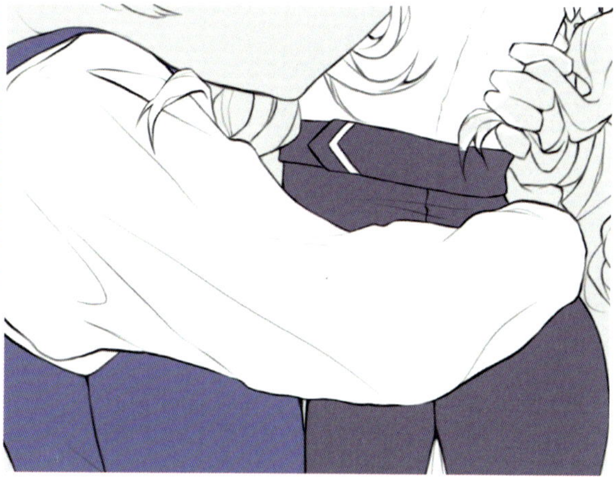

GRUNDIERUNG Wenn ich bei der digitalen Kolorierung von Kleidung weiß oder sehr helle Farben benutze, stelle ich die Hintergrundfarbe temporär auf grau um, damit ich die Grundfarbe an den Umrissen sauber ausfüllen kann und die Basisebene keine Lücken aufweist. Bei der Auswahl von Farben solltest du beachten, dass eine Farbe je nach Zusammenstellung aller anderen Farben ganz verschieden auf das Auge wirken kann. Der Vorteil am digitalen Zeichnen ist, dass man alles im Nachhinein anpassen kann. Wenn du also merkst, dass bei der Kombination ein Farbton nicht stimmt, ändere diesen ruhig.

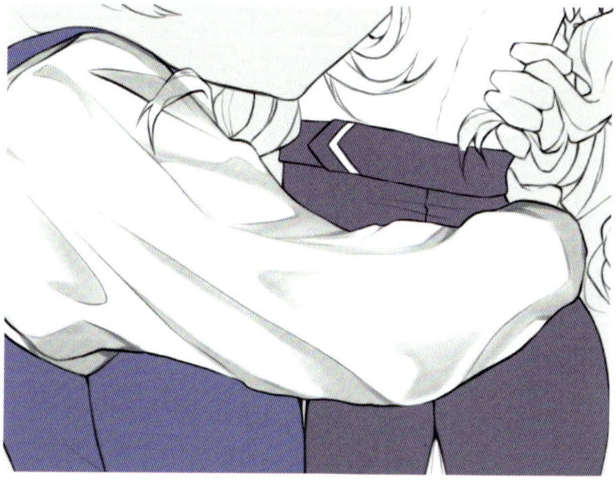

SCHATTEN Eine Möglichkeit, um digital Farbabstufungen auszuarbeiten, ist die Ebenen zu kopieren und die Helligkeit einfach hoch- und runterzudrehen. Auch beim Kolorieren der Kleidung nutze ich ähnlich wie bei Haut und Haaren gerne einen weicheren Pinsel. Zuerst kannst du mit großflächigeren Schatten anfangen und diese dann um kleinere Schatten erweitern. Um die Schatten mehr auszuarbeiten, ziehe ich gerne eine leichte Kontur an den Kanten der Schattenflächen – nicht für die gesamte Form, sondern nur stellenweise. Je dunkler die Schatten sind, desto tiefer wirkt eine Falte im Stoff.

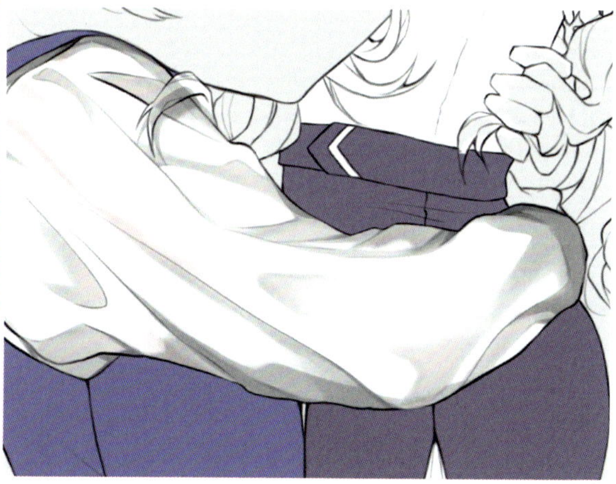

AKZENTE Zur Verfeinerung der Optik nutze ich gerne einen ganz leichten Rosaton (oder andere Farben) auf den Schatten, um dem Stoff mehr Dimension zu verleihen. Diese Akzente können Farben aus der Umgebung widerspiegeln – zum Beispiel ein Orange, wenn im Hintergrund ein Sonnenuntergang zu sehen ist oder ein Blau bei einer Szene am Meer. Man kann Farbakzente in der Kleidung auch benutzen, um Haut durch die Kleidung durchscheinen zu lassen. Außerdem gibt es für digitale Programme online sogenannte Rasterfolien, die du beispielsweise für Linien-, Karomuster oder andere Texturen verwenden kannst.

Tipps & Feinschliff

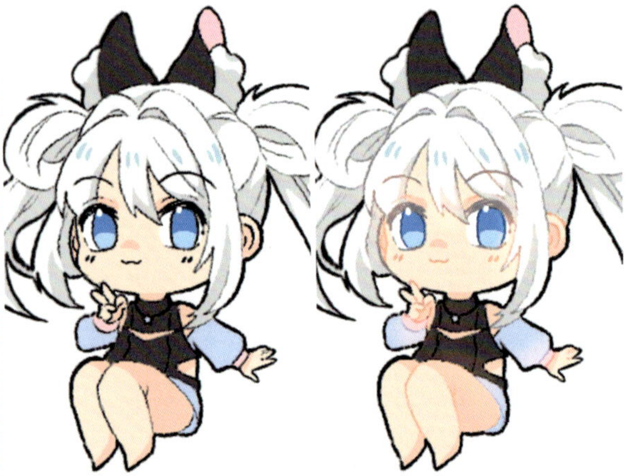

LINIEN Um dein Bild noch interessanter zu gestalten, kannst du die Linien farblich anpassen. Je nach Stil erzielen die Linien in unterschiedlichen Farben eine andere Wirkung. Ich schwäche gerne schwarze Linien in einigen Bereichen wie Gesicht und Haaren etwas ab, damit sie zwischen helleren Farben nicht so hart hervorstechen. Allgemein lasse ich die Linien bei der äußeren Kontur eher dunkel und passe sie nur im "inneren" des Motivs an; die dunkle Außenkontur gibt dem Motiv nämlich visuellen Halt. Beim traditionellen Zeichnen muss man für diesen Effekt die Linien mit einer helleren Farbe ziehen und an einigen Stellen mit einer dunkleren Farbe Akzente setzen.

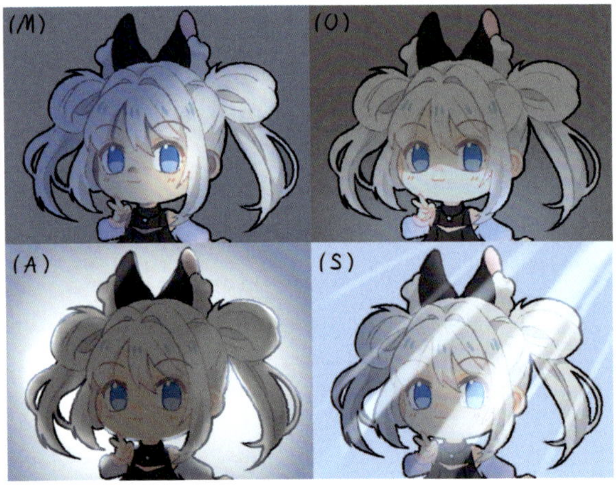

EBENENMODI & STRUKTUR Du kannst beim digitalen Zeichnen verschiedene Ebenenmodi ausprobieren, um deiner Kolorierung schöne Effekte zu verleihen. Meine meistbenutzten sind: Multiplizieren (M), Ineinanderkopieren (O), Hinzufügen (A) und Negativ Multiplizieren (S). Die Abkürzungen werden im Programm mit den auf Englisch dazugehörigen Buchstabenkürzeln angegeben. Hier kannst du sehen, wie ich die Figur mit diesen Modi unterschiedlich in Szene gesetzt habe. Probiere einfach mal verschiedene aus! In einem digitalen Zeichenprogramm ist es zudem stets sinnvoll, mit einer geordneten Ebenenstruktur zu arbeiten – für eine bessere Übersicht und um zeitaufwendiges Suchen zu ersparen. Leg entweder verschiedene Flächen in getrennten Ordnern an – also ‚Haut', ‚Augen', ‚Haare' etc. – oder du gehst nach der Aufteilung ‚Grundierungen', ‚Schatten', ‚Akzente' vor.

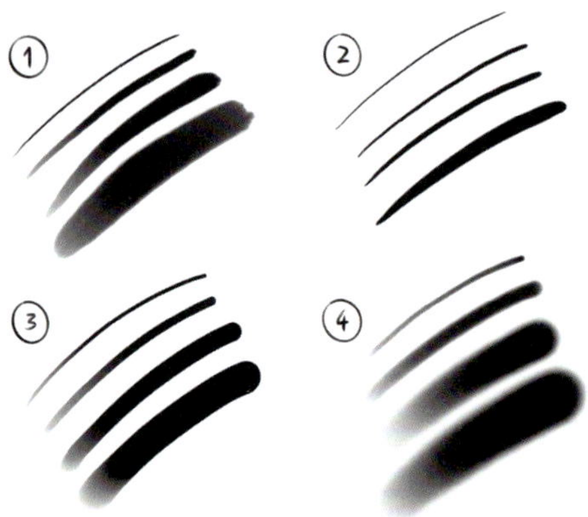

BRUSHES Zur Veranschaulichung stelle ich dir vier ausgewählte Brushes vor, die ich für so ziemlich alles benutze. **1. Sketch 1 Soft by Akemi (free download, procreate.brushes.work)** benutze ich sowohl für Linien als auch für Kolorierung; läuft an den Enden weich aus und hat eine natürliche Optik und Textur. **2. Künstlertusche (default)** ist ein harter Pinsel. Diesen benutze ich gerne beim Zeichnen von Kanten, z.B. bei feinen Schatten oder Details. **3. Rundpinsel (default)** verwende ich für die Kolorierung von größeren Flächen. Er schafft eine schöne Basistextur, die man weiter ausarbeiten kann. **4. Mittlerer Pinsel Airbrush (default)** ist super für Verläufe oder leichte und weiche Farbauftragung, wie Blush oder Lichteinfälle.

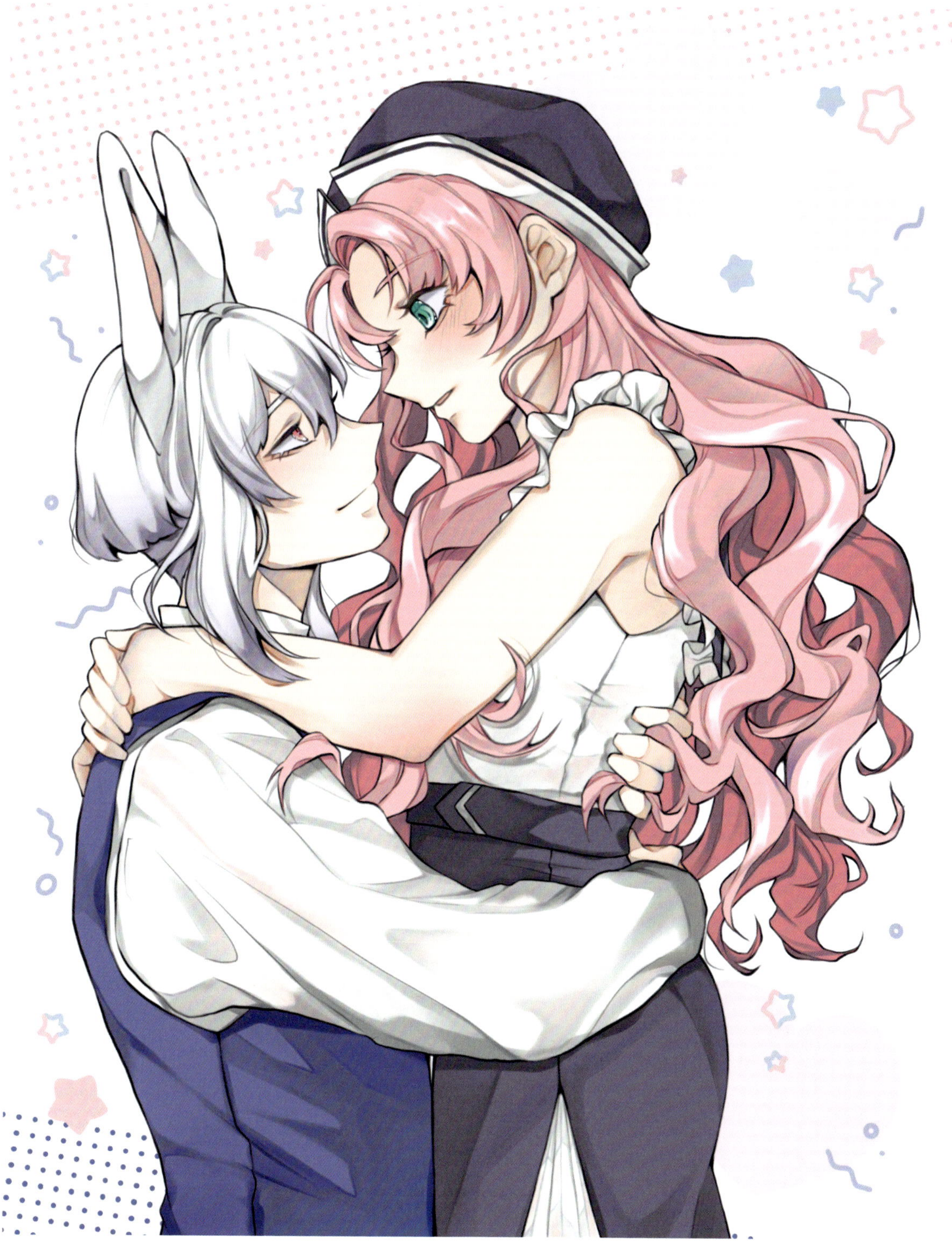

Dies ist das Artwork meiner Charaktere Rhea und Tokki, das ich für das Cover erstellt habe. Daher habe ich mir für die Kolorierung besonders viel Zeit genommen. Wie du im nächsten Kapitel der Paarposen siehst, kann man aber auch mit simpleren Schattierungen sehr atmosphärische Bilder erschaffen.

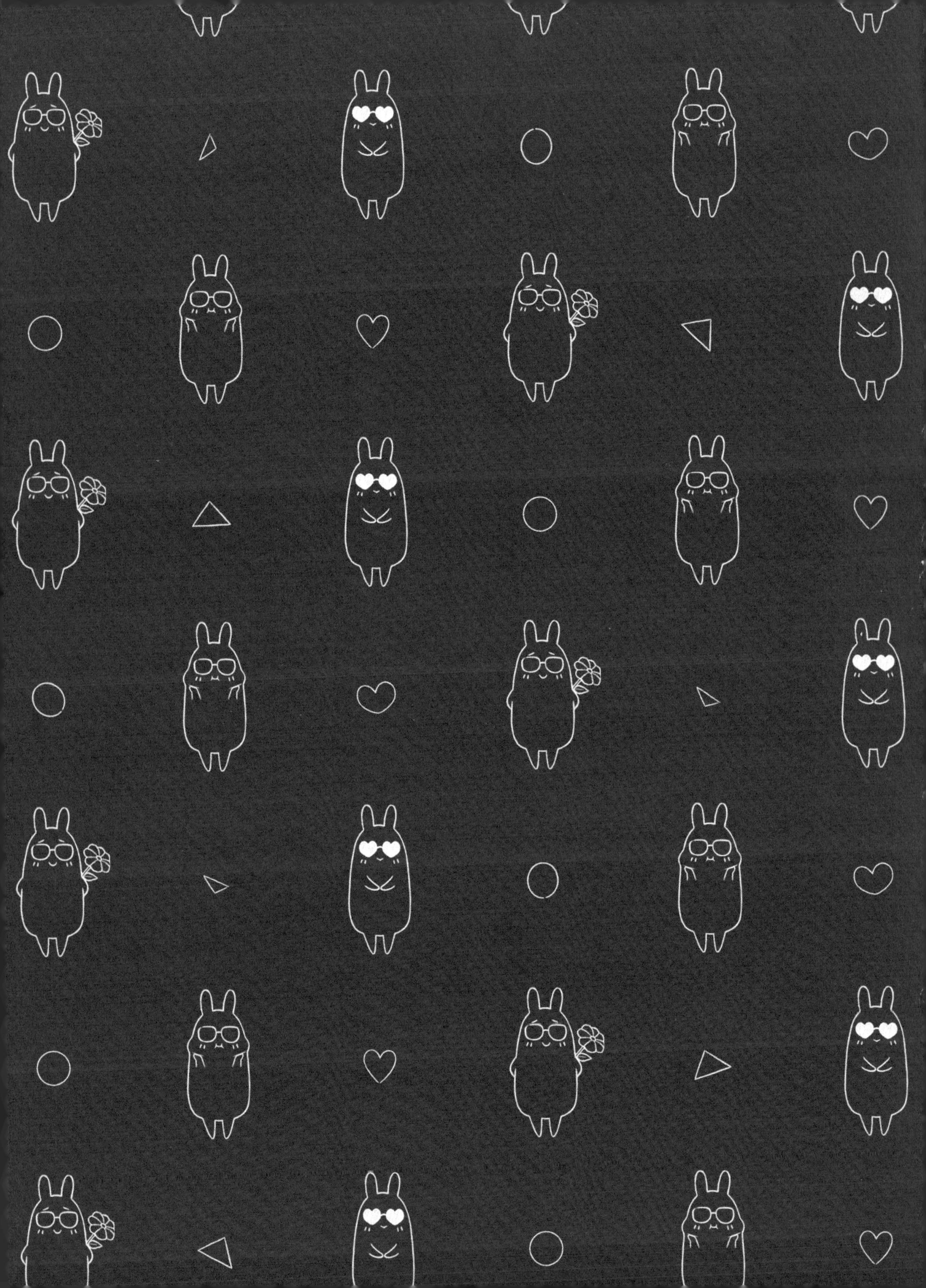

7. Paarposen in Szene

Bei der Erstellung von romantischen Posen und Szenen bringe ich die Aspekte aus den vorigen Kapiteln zusammen: Mimik, Gestik, Frisuren, Kleidung, Hintergrundelemente, Dekorationen und die Kolorierung. Die Ideenfindung für interessante Interaktionen zwischen Charakteren basiert meist auf Referenzen: Das können Bilder aus dem echten Leben sein, aus deiner Fantasie oder Inspiration aus der Kunst anderer. Nach einer kurzen Einführung stelle ich dir jeweils in vier Schritten den Entwurf verschiedener romantischer Konzepte bis zum fertigen Bild vor.

Körper

Anatomische Grundlagen sind beim Zeichnen von menschlichen Charakteren hilfreich. Ein Körper bildet sich aus dem Verhältnis zwischen Knochen, Muskeln und anderem Gewebe. Es gibt generell Unterschiede zwischen einem weiblichen und einem männlichen Körperaufbau, auch wenn die im Folgenden vorgestellten Merkmale nur allgemeine Anhaltspunkte sind, da Körper natürlich auch alle möglichen Formen annehmen können.

FEMININ

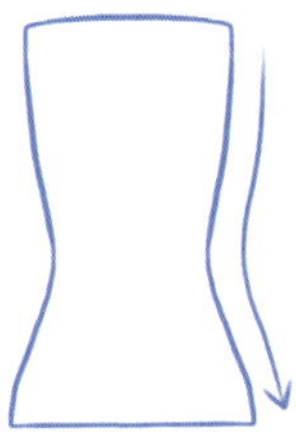

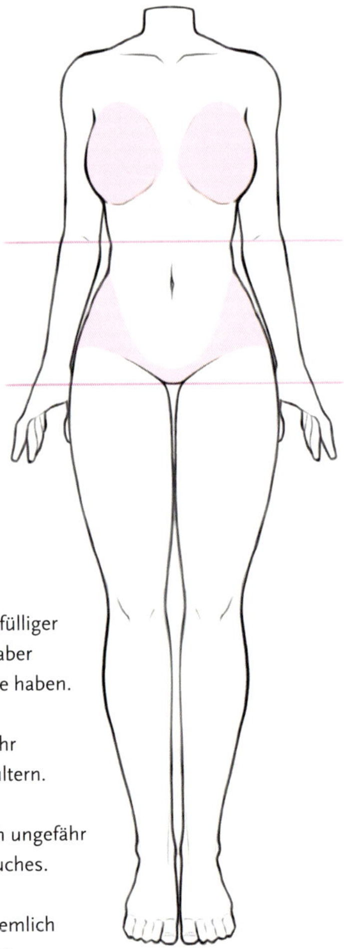

MASKULIN

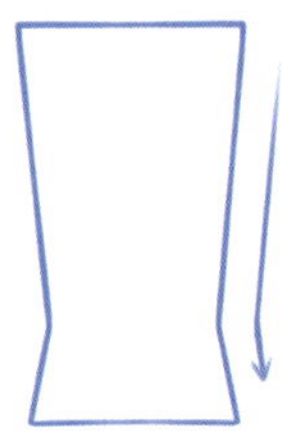

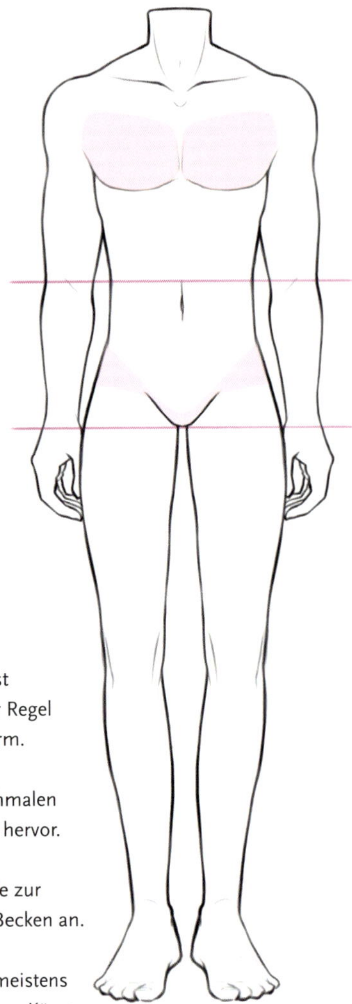

- Die Brüste sind hier fülliger gezeichnet, können aber jede Form und Größe haben.
- Die Hüfte ist ungefähr so breit wie die Schultern.
- Die Taille rundet sich ungefähr ab der Mitte des Bauches.
- Ellenbogen liegen ziemlich genau an der Taille an.
- Ein femininer Körper muss nicht immer eine "Sanduhrenfigur" haben. Solange man die grundlegenden Merkmale mit einbringt, kann die Fülle der Formen beliebig abweichen.

- Eine maskuline Brust ist eher fest und hat in der Regel eine flache, robuste Form.
- Die Muskeln an der schmalen Hüfte treten deutlicher hervor.
- Der Übergang von Taille zur Hüfte fängt erst beim Becken an.
- Hände und Arme sind meistens breiter als beim femininen Körper.
- Ein maskuliner Körper ist im Vergleich oft größer, hat breitere Schultern, Knie und Füße. Das sind Details, die das Gesamtbild abrunden, wenn du sie beachtest.

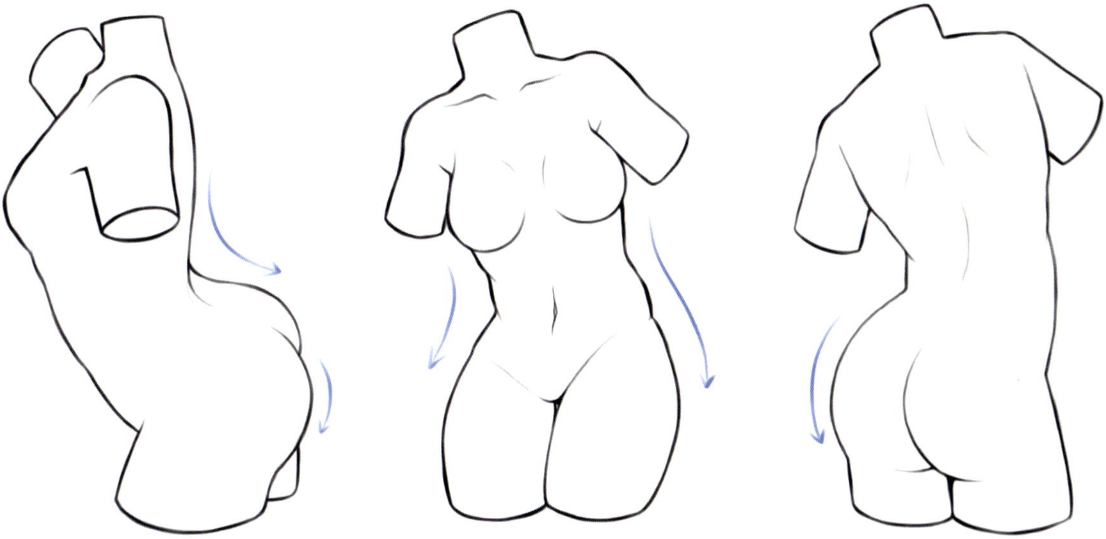

TIPPS FÜR FEMININE KÖRPER Bei femininen Körpern gibt es insgesamt viele Rundungen, weil der Anteil des Fettgewebes vergleichsweise größer ist als beim maskulinen Erscheinungsbild. Das macht die Oberschenkel dicker, die Schultern abgerundeter und den Bauch nicht so straff, sondern weich mit Pölsterchen. Die Kurven kannst du besonders schön in Szene setzen, wenn du Posen in drehenden oder gebeugten Bewegungen zeichnest. Zeichnest du Körper aus verschiedenen Winkeln, bekommst du mit der Zeit ein gutes Gefühl dafür, wie die Formen und Proportionen gestaltet werden können.

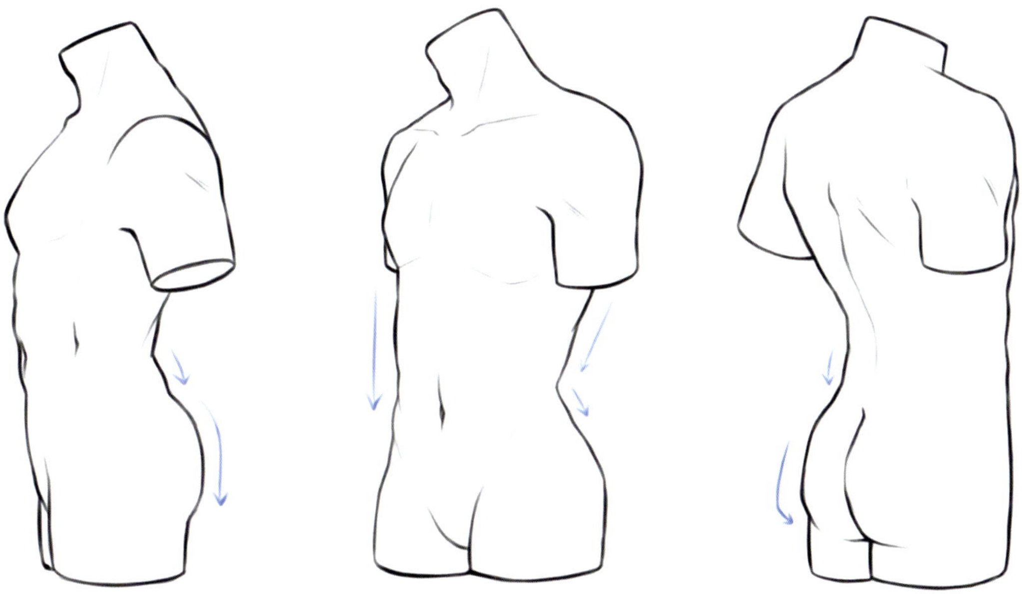

TIPPS FÜR MASKULINE KÖRPER Maskulinere Figuren haben unter anderem eine stärker ausgeprägte Schulter-, Hals- und Nackenmuskulatur, die durch Linien und Schattierungen hervorgehoben werden kann. Auch das Gesäß ist in dieser Darstellung wegen der Muskeln weniger rund. Unter der Kleidung sind die einzelnen Bestandteile zwar nicht immer sichtbar, aber im Gesamtbild helfen dir Anatomieskizzen, die gewünschten Proportionen zu erschaffen.

1. Geständnis

Ein Geständnis ist ein häufiges Szenario in Mangas und Animes. Es wirkt frisch und wird mit den ersten Erfahrungen in der Liebe und jungen Charakteren verbunden. Die Figuren spüren Aufregung, ob die Zuneigung (hoffentlich) auf Gegenseitigkeit beruht. Aber manchmal sind sie sich selbst auch noch nicht ganz im Klaren über ihre Gefühle und brauchen Zeit zum Nachdenken.

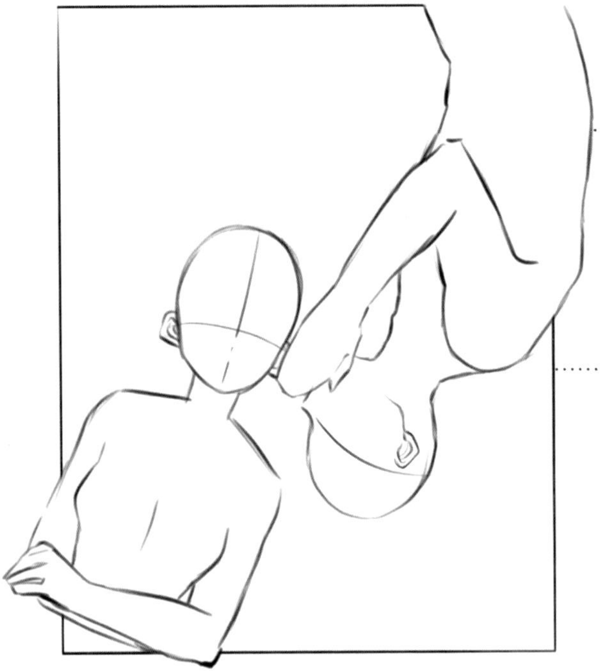

1 Es muss nicht immer eine Frontalansicht sein: Eine interessante Idee für Posen ist, Körper kopfüber oder aus anderen Winkeln zu zeichnen. Im ersten Schritt skizziere ich die Umrisse ohne Kleidung, Gesichter oder Haare. So ist es am übersichtlichsten, eine Komposition zu entwerfen. Wenn du analog zeichnest, solltest du diesen Entwurf erst einmal mit Bleistift zeichnen.

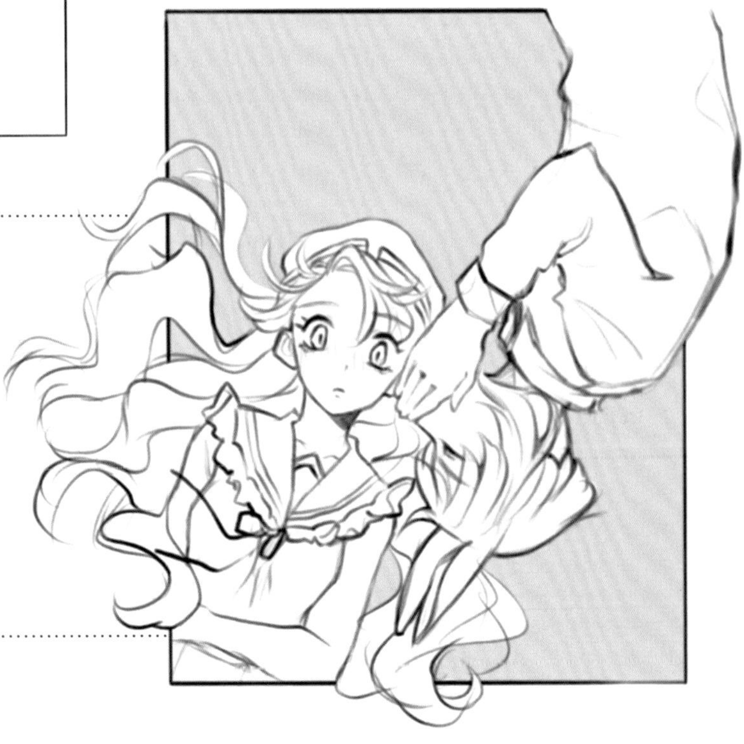

2 Die Komposition soll einer lebhaften „Momentaufnahme" entsprechen, daher habe ich versucht, das Gefühl eines Geständnisses durch Windelemente und wehende Haare darzustellen. Der Ausdruck ist verlegene Überraschung und eine vorgehaltene Hand zum Flüstern. Digital zeichne ich in einer neuen Ebene eine grobe Skizze aller Details und blende dann die vorige Umrissskizze aus, analog kann man die ersten Umrisse einfach wegradieren.

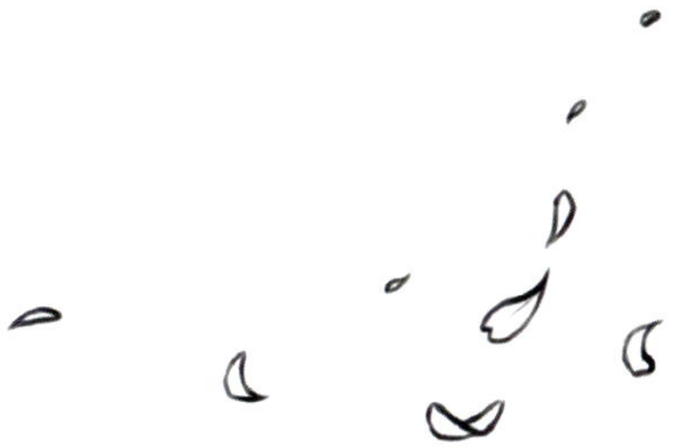

3 Die frühlingshaften Kirschblütenblätter (in Japan heißen sie Sakura) sind ein beliebtes Element in Romance Mangas und stehen symbolisch für einen Neuanfang. Wenn man die Form zeichnet, kann man an geschwungene Chips denken, aber ohne harte Kanten.

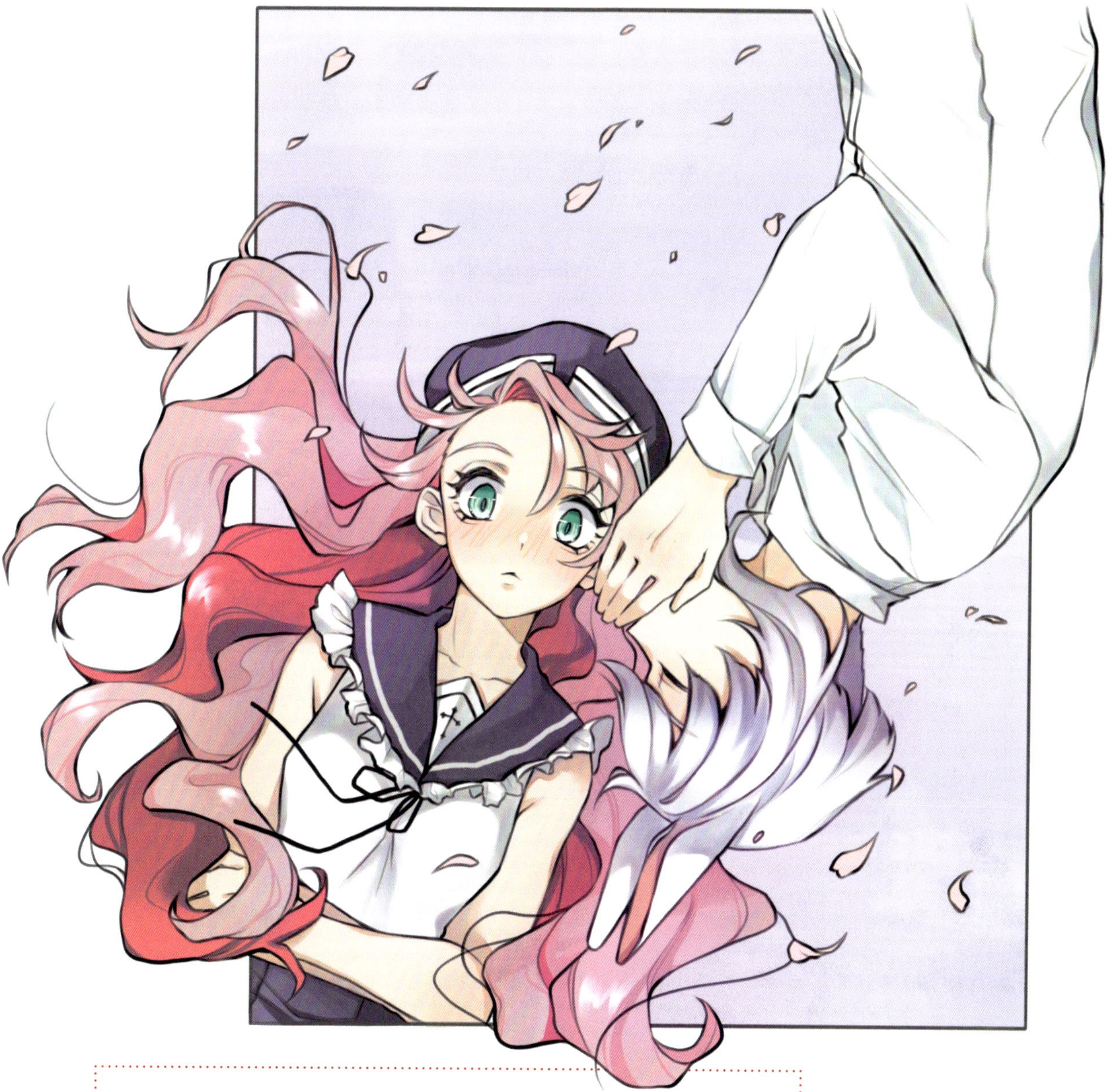

4 Bei der Kolorierung habe ich den Fokus auf den Blush im Gesicht gesetzt. Die Haarfarben meiner Charaktere Rhea und Tokki sind passend zum Gefühl des Bilds Rosa und Flieder, aber andere Farben würden hier auch gut ins Konzept passen!

2. Date

Wenn man sich auf ein Date vorbereitet, spürt man Vorfreude, aber vielleicht auch Nervosität. Die Charaktere möchten sich von der besten Seite zeigen und eine schöne Zeit zusammen verbringen. Ob durchgeplant oder ganz spontan – wer etwas gemeinsam unternimmt, ist wie in einer eigenen kleinen Welt, wo sich alles nur um die beiden Charaktere dreht.

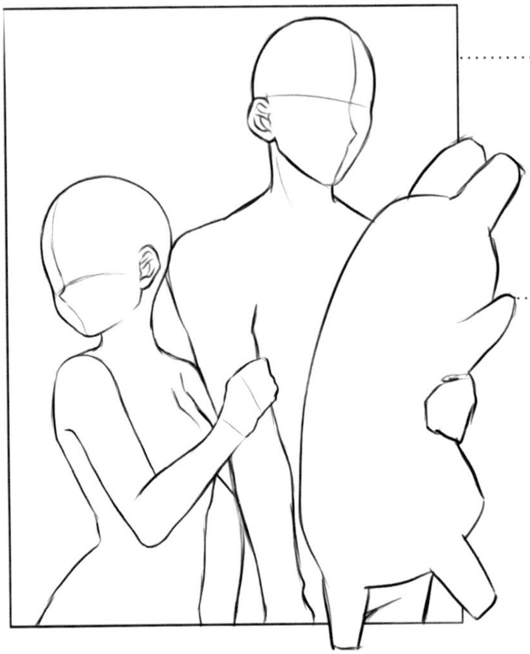

1 Um eine Verabredung darzustellen, gibt es ganz unterschiedliche Konzepte, etwa Charaktere beim Händchenhalten oder mit den Armen eingehakt. Ich habe mich für eine Pose entschieden, in der eine Figur die andere am Arm hält und ein großes Stofftier hinzugefügt, das die beiden möglicherweise auf dem Jahrmarkt gewonnen haben oder das als Geschenk gekauft wurde.

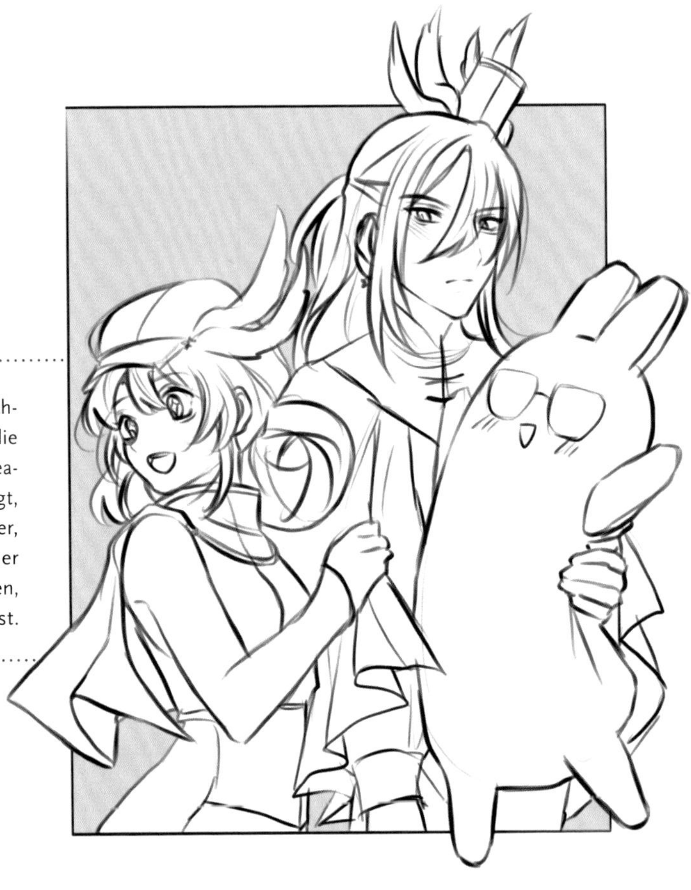

2 Mithilfe der Mimik kannst du die Persönlichkeit der Figuren zum Ausdruck bringen, die in diesem Fall verschieden auf die Situation reagieren. Die linke Figur ist freudig und aufgeregt, die rechte Figur eher ein zurückhaltender, verlegener Beobachter. Die Dynamik in einer Beziehung lässt sich interessanter darstellen, wenn du gemischte Reaktionen zeigst.

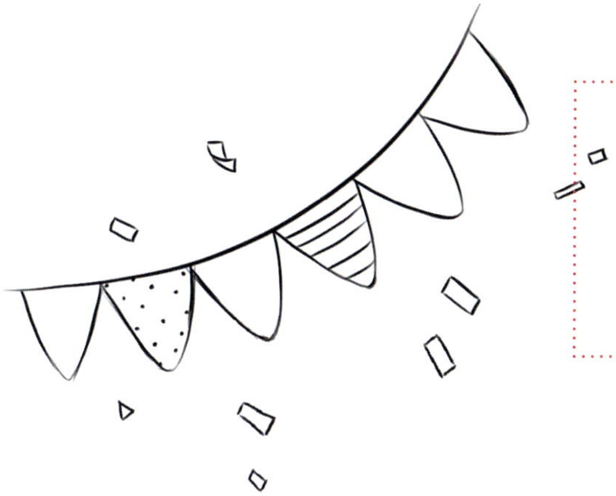

3 Zur Situation passend habe ich Dekorationen mit Konfetti und Girlanden eingefügt, die an einen Rummel oder Freizeitpark erinnern. Du brauchst nicht immer aufwendige Hintergründe mit Gebäuden zeichnen – ein paar Schlüsselelemente genügen oft, um eine Stimmung oder Umgebung zu vermitteln.

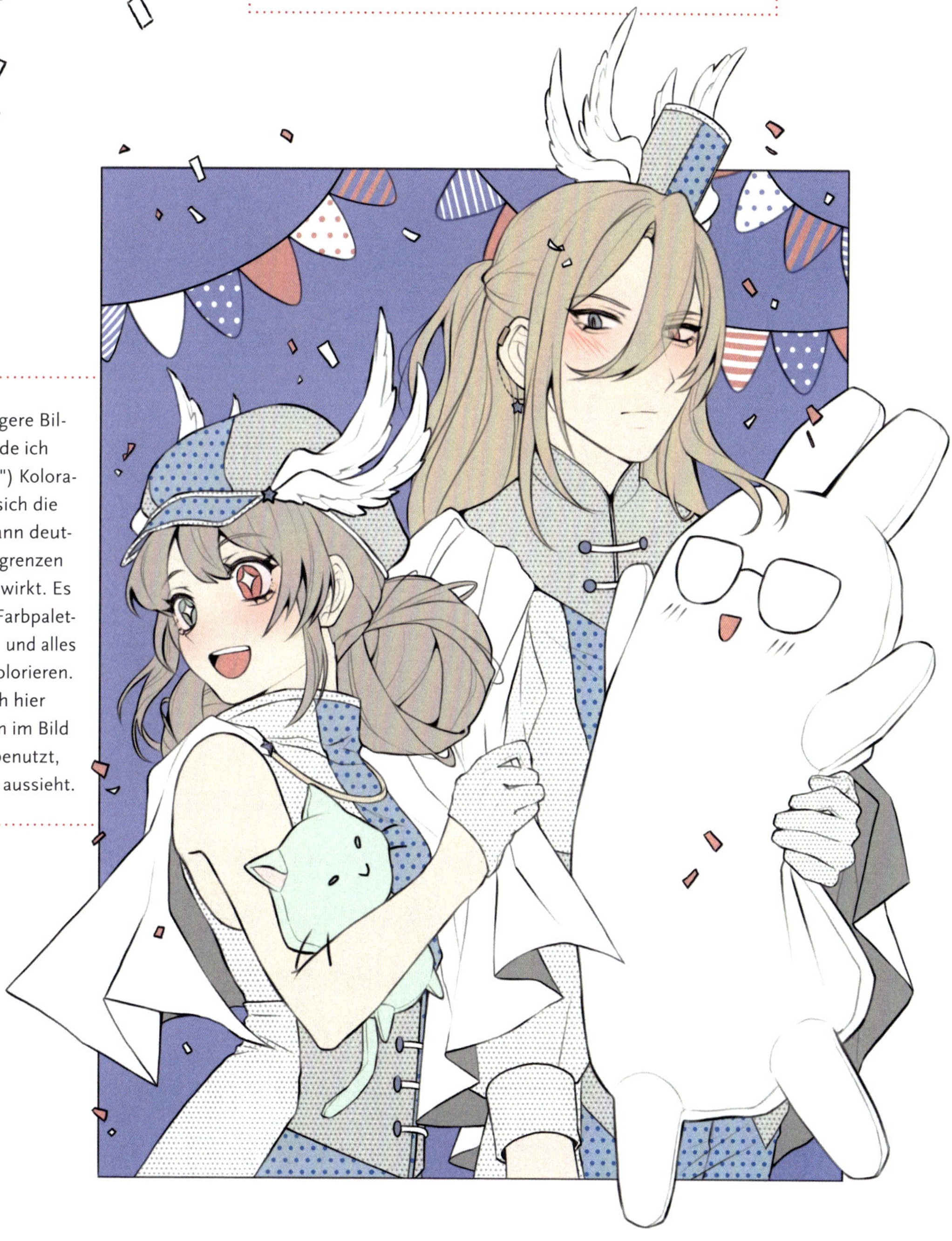

4 Wenn ich kleinteiligere Bilder zeichne, dann finde ich einschichtige ("flache") Kolorationen schöner, weil sich die jeweiligen Flächen dann deutlicher voneinander abgrenzen und es aufgeräumter wirkt. Es hilft, sich eine kleine Farbpalette zusammenzustellen und alles in diesen Farben zu kolorieren. Zum Beispiel habe ich hier bei allen roten Flächen im Bild den gleichen Rotton benutzt, damit es einheitlicher aussieht.

3. Feuerwerk

Eine klassische romantische Szene ist ein abendliches Straßenfest, in Japan oft von einem Feuerwerk begleitet. Die farbenfrohen Explosionen des Feuerwerks sind eine Metapher für die Gefühle der Liebe. In dieser geselligen Umgebung bieten sich gute Gelegenheiten, einander näherzukommen.

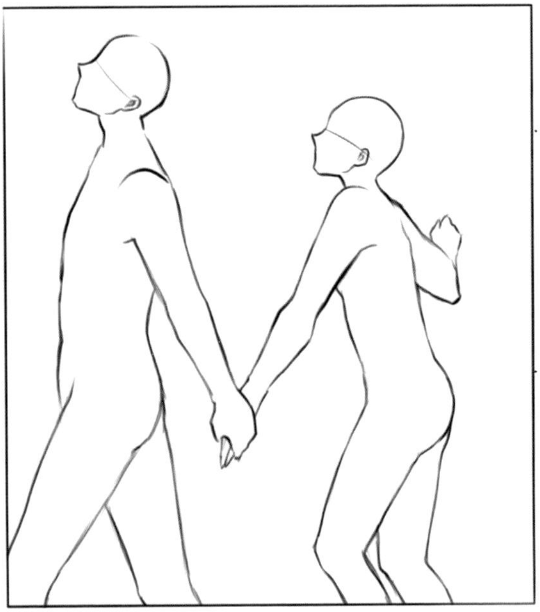

1 Das Thema der "Handziehpose" ist ein Klassiker bei romantischen Szenen in Mangas. Die Idee in dieser Situation ist, dass man sich gegenseitig in der Menschenmasse nicht verlieren möchte. Das ist eine typische Geste ohne Worte. Den hinteren Charakter habe ich etwas nach vorne gebeugt und leicht stolpernd skizziert.

2 In dieser Komposition siehst du fast die kompletten Körper, die Köpfe sind vergleichsweise klein. Daher sind die Gesichtsausdrücke auch etwas vereinfacht gezeichnet. Im Manga-Stil kann man die Augen auch mal weglassen – das ist ein Stilmittel, um versteckte Emotionen auszudrücken. Bei der linken Figur werden die Augen vom Haar verdeckt, das Gesicht ist errötet, das drückt Zurückhaltung und Verlegenheit aus. Der Ausdruck der rechten Figur zeigt durch weit geöffnete Augen und einen leicht geöffneten Mund Verwunderung.

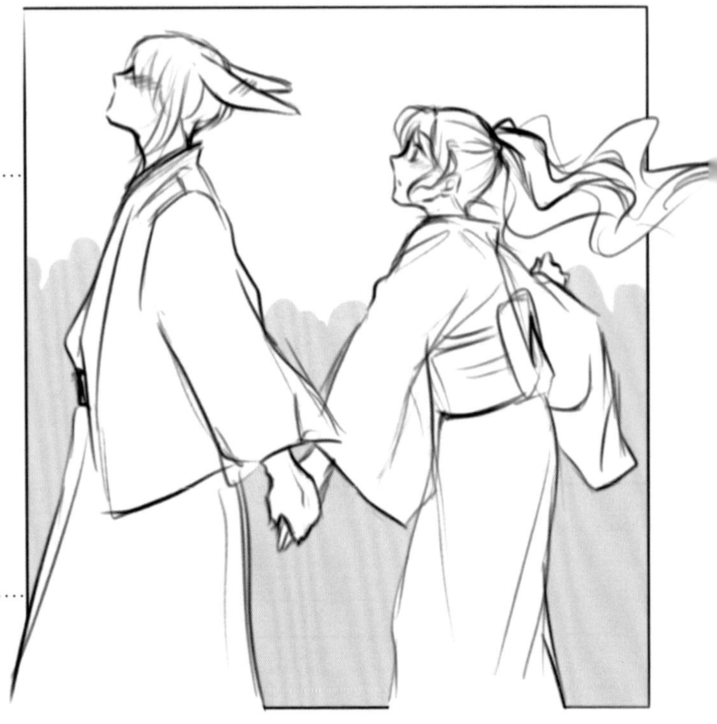

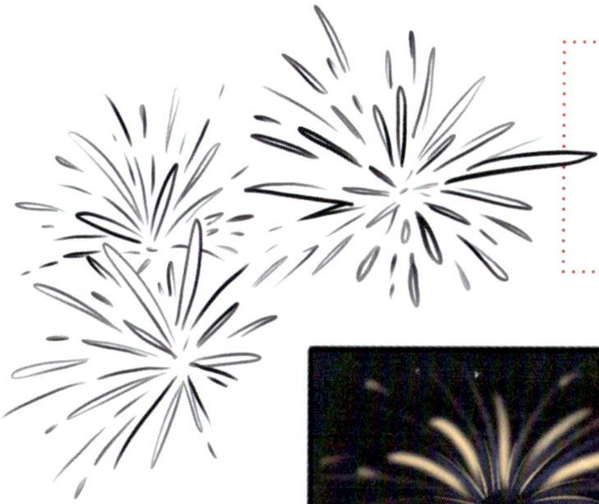

3 Als Hintergrundelement habe ich eine eher feierliche Stimmung gewählt. Feuerwerk kann man mit allen möglichen bunten Farben darstellen – die Linien kommen aus der Mitte wie eine Blume und biegen sich leicht nach unten.

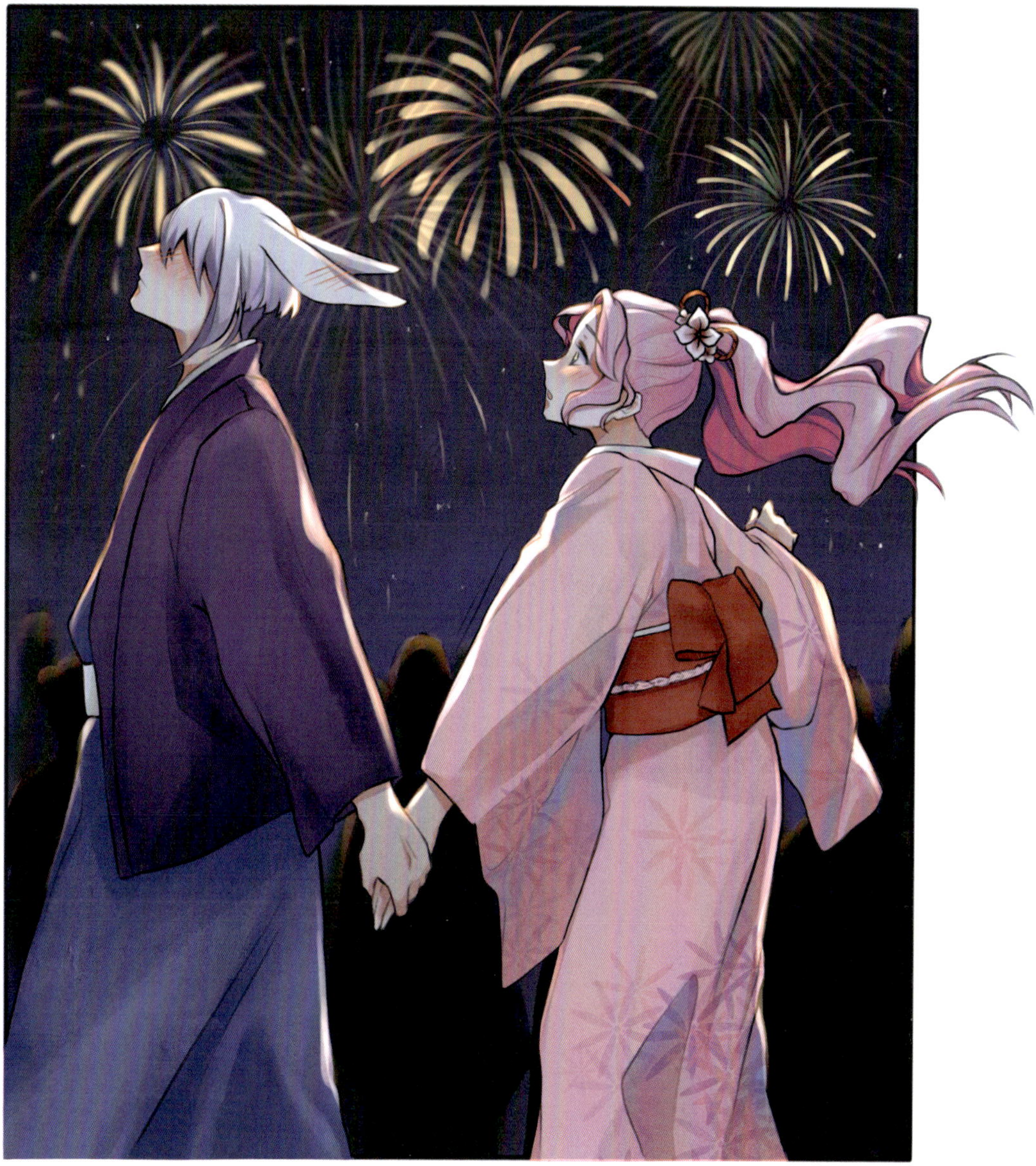

4 Wenn die Lichtquelle von hinten kommt, kannst du besondere Lichtakzente an den Rändern der Figuren setzen. Für eine Verstärkung dieses Effekts bietet es sich an, ein eher dunkel koloriertes Motiv zu zeichnen. Eine andere Farbgebung könnte die Atmosphäre komplett verändern, je nachdem, welches Gefühl du ausdrücken möchtest.

4. Erster Kuss

Das Szenario des ersten Kusses wird in Romance Mangas oft sanft und voller Herzklopfen dargestellt. Meist lässt man sich erst auf einen Kuss ein, wenn man sich vertraut und sicher fühlt. Die Charaktere haben noch keine Erfahrung, sind also vorsichtig, sehr aufgeregt und vielleicht auch neugierig. Es herrscht eine ähnliche Stimmung wie beim Geständnis, nur noch intensiver.

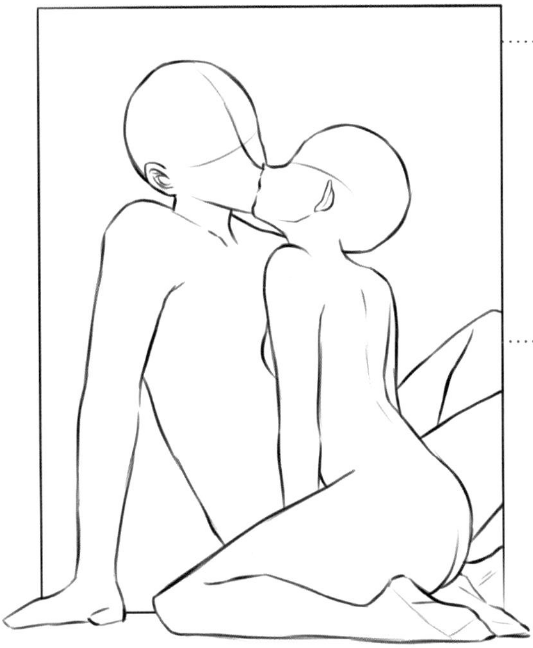

1 Um eine gute Paarpose zu finden, gibt es keinen Zaubertrick – es hilft aber oft, sich von Referenzbildern inspirieren zu lassen. Bei dieser Pose habe ich überlegt, die Charaktere etwas unbeholfen und nicht zu leidenschaftlich darzustellen, weil das am besten zum Thema erster Kuss passt. Bei der Komposition zeichne ich gerne Elemente der Figuren über den "Hintergrundkasten" hinaus – das hebt das Motiv noch besser hervor.

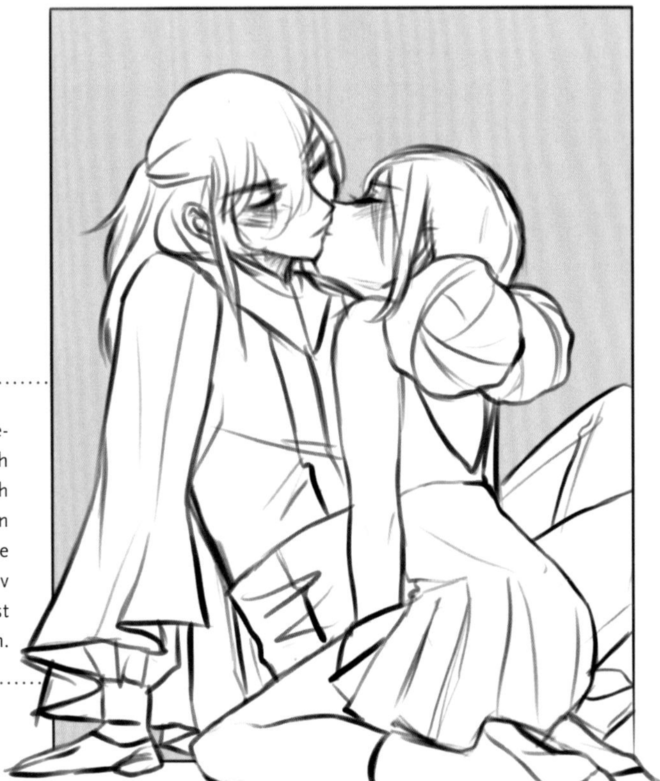

2 Die Augen beider Figuren sind geschlossen, weil sie verlegen sind und sich auf das Gefühl konzentrieren. Zusätzlich kannst du hier viel Blush auf den Wangen und sogar auf die Ohren zeichnen. Die Köpfe sind entweder seitlich oder relativ frontal zu sehen, damit man möglichst viel von der Mimik zeigen kann.

ドキドキ

3 Zur Unterstützung der Wirkung des Motivs habe ich die japanischen Zeichen für das Wort "Doki" eingezeichnet. Das bedeutet lautmalerisch das Pochen (des Herzens), das quasi den Raum erfüllt.

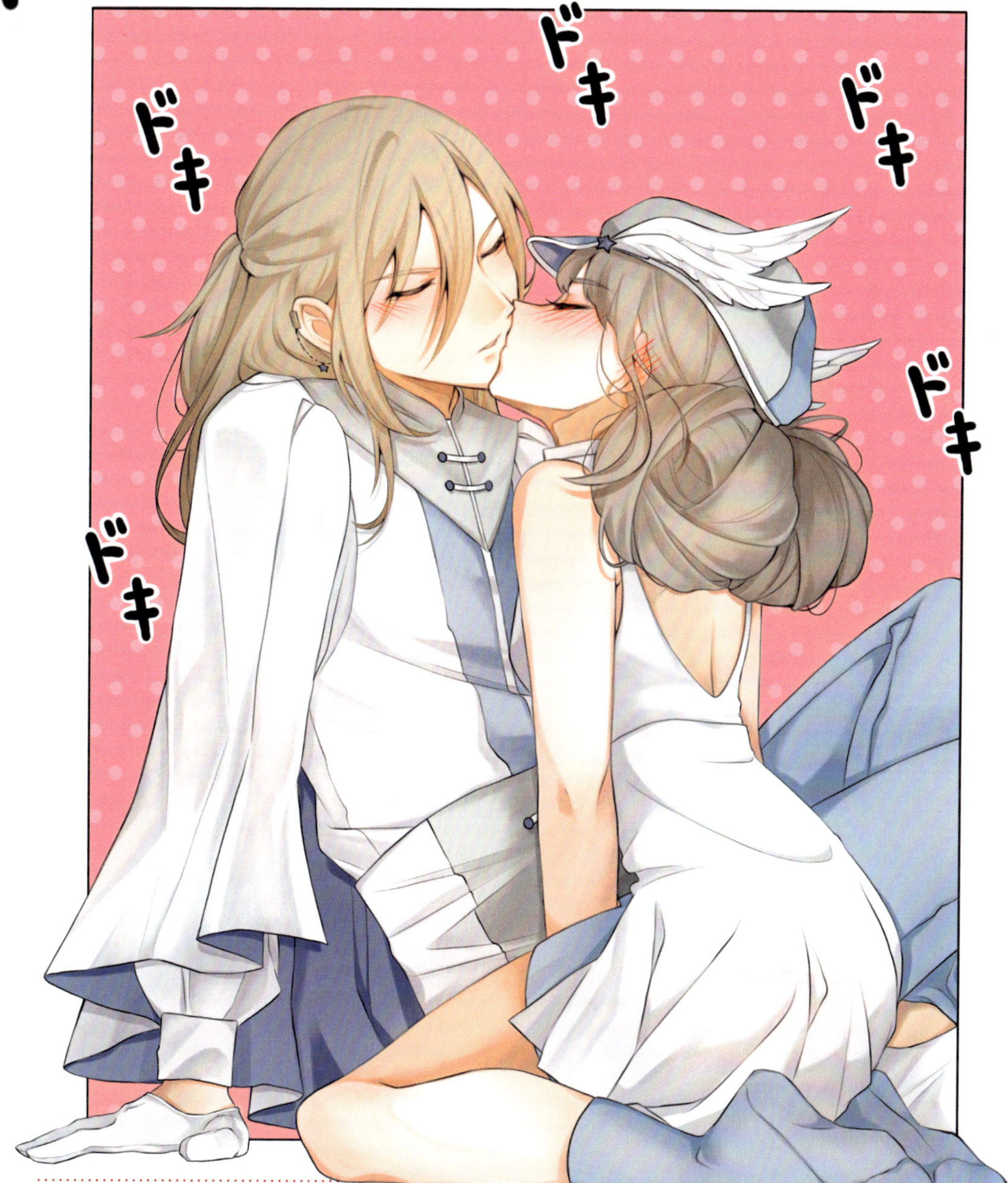

4 Damit der Hintergrund gut zum Motiv passt, habe ich einen sanften Farbton ausgesucht und Punktmuster erstellt, damit die Typografie auch gut lesbar ist. Die hellen Farben der Kleidung passen gut zu Stimmung und Hintergrund.

5. Angelehnt

Neben Dates und Unternehmungen gibt es natürlich auch Momente, in denen man sich einfach nur anlehnt und vielleicht döst. Romantik kann auf diese Weise eine ruhige Stimmung haben, die von Fürsorge und Geborgenheit geprägt ist. Schließt man die Augen, ist das ein Zeichen dafür, dass man der anderen Person vertraut. Diese gemeinsame Zeit schweißt zusammen.

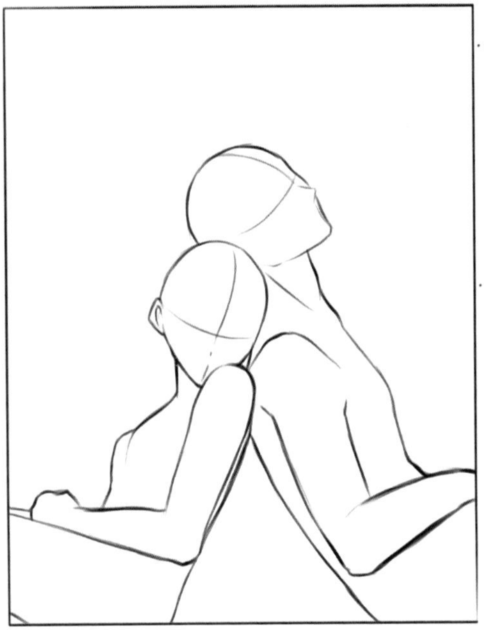

1 Manchmal achte ich bei der Posenfindung auch auf Symmetrie, weil das ein einfacher Weg ist, damit die Komposition stilvoll aussieht – es erinnert an ein Gemälde. Die Körper sind angeschnitten und lehnen sich in der Mitte des Bildes gegeneinander. Die Szene vermittelt dadurch ein Gefühl des Zusammenhalts. Die seitliche Perspektive bringt mehr Tiefe ins Bild, als die beiden Körper frontal zu zeigen.

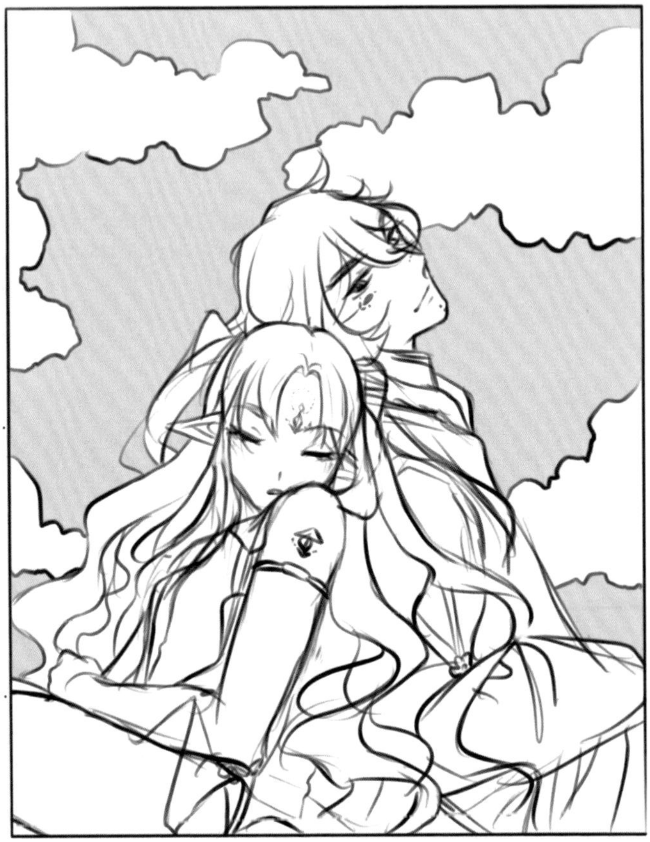

2 Da es sich um eine unbewegliche Pose anstatt einer dynamischen prägnanten handelt, ist es wichtig, die Interaktion durch Mimik einzufangen. Die Gesichtsausdrücke sind sehr subtil – schlafend mit geschlossenen Augen und liebevoll schaucnd. Die sanfte Mimik verstärkt die Ruhe in dem Bild noch.

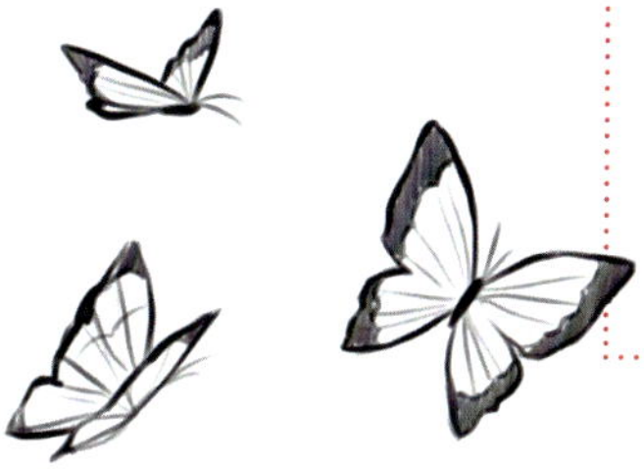

3 Schmetterlinge erzeugen eine verträumte und leise Atmosphäre, deshalb passen sie wunderbar in diese Szene. Möglicherweise erinnern dich diese Tiere auch an verzauberte Welten. Als Dekorationen für den Hintergrund kannst du auch Fabelwesen zeichnen, um eine fantastische Stimmung zu vermitteln.

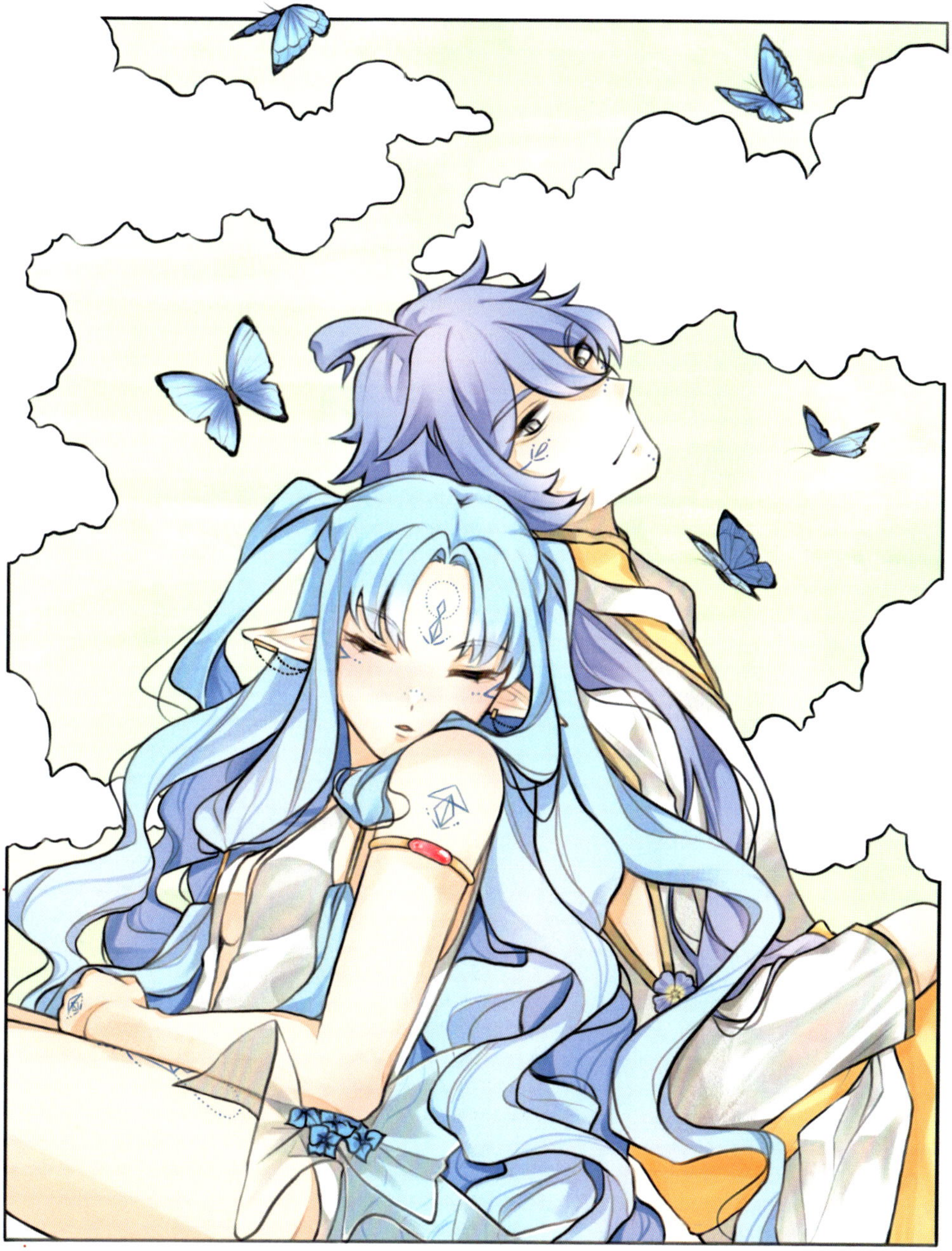

4 Zur Einrahmung des Motivs habe ich noch Wolkenschleier gezeichnet. Die Hintergrundfarbe muss nicht immer ein blauer Himmel sein – zur Darstellung des träumerischen Effekts kannst du jede beliebige Farbe aussuchen!

6. Beschenken

Jemanden zu beschenken, kann eine sehr romantische Geste sein. Wenn man nicht weiß, wie man etwas sagen soll, kann man die Emotion stattdessen in Form eines Geschenks ausdrücken. Je nachdem, was man schenkt, kann es ganz verschiedene Bedeutungen haben. Durch ein Geschenk drückt man insbesondere Wertschätzung aus.

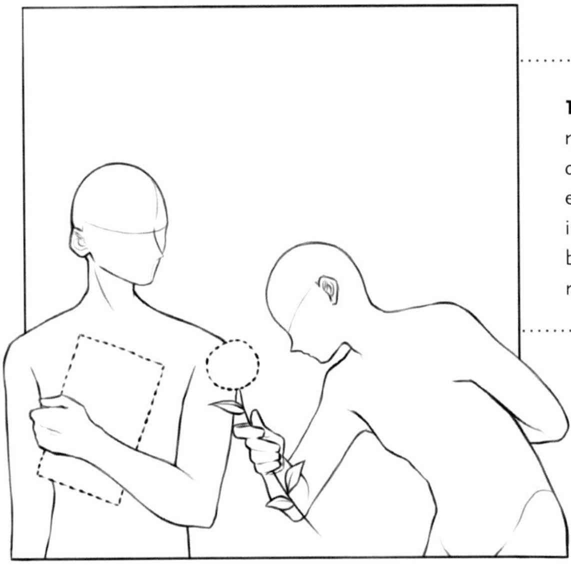

1 Um eine romantische Atmosphäre zu kreieren, braucht es nicht unbedingt eine Berührung. Bei diesem Konzept habe ich die Berührung weggelassen. Der Fokus liegt auf der Geste, etwas zu überreichen. Um die Pose interessanter zu machen, ist das Ausstrecken des Arms zusätzlich noch mit einer Verbeugung verbunden. Wenn du dynamische Gesten zeichnen möchtest, versuche mehrere Körperteile in Bewegung zu bringen.

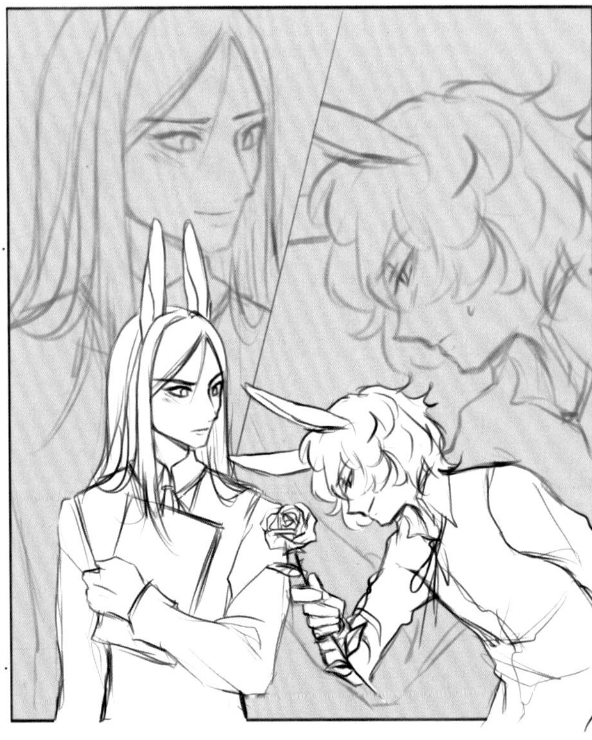

2 Ein Stilmittel, das gelegentlich in Mangas verwendet wird, ist das Motiv quasi zu kopieren und im Hintergrund einen vergrößerten Ausschnitt zu zeigen, diesen aber leicht abzuwandeln. Damit kann man das Geschehen in einer zeitlichen Abfolge schildern. Hier füge ich die Köpfe in den Hintergrund ein und verändere die Gesichtsausdrücke, um ein kleines Szenario zu kreieren. Ich fand es interessant, dass die Ausdrücke sozusagen wechseln: Erst ist die eine Figur verlegen und die andere erfreut, dann andersherum.

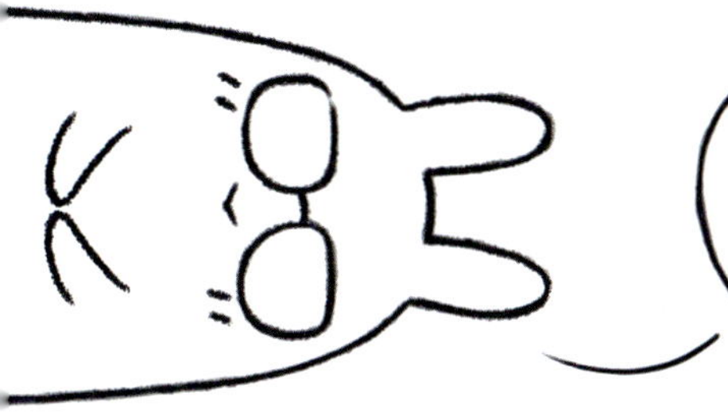

3 Diesmal habe ich keine einzelnen Hintergrundelemente verwendet, weil ich den Hintergrund durch die Storytelling-Ausschnitte gestaltet habe. Wenn es sich nicht anbietet, musst du auch nicht unbedingt zusätzliche Dekorationen zeichnen.

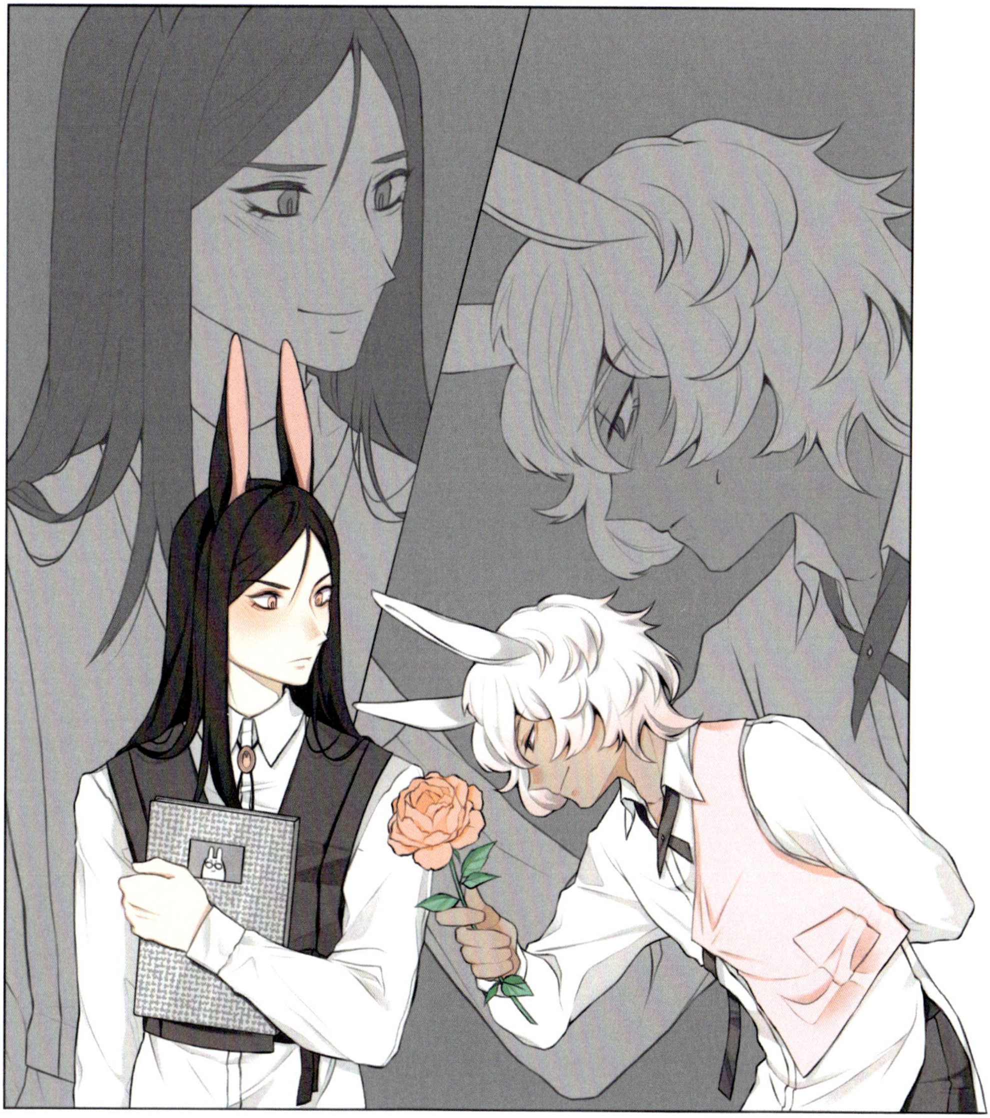

4 Für einen Kontrast von Hauptmotiv im Verhältnis zum Hintergrund habe ich diesen schwarz/weiß bzw. in Grauabstufungen koloriert. Das ist meine Präferenz, aber wenn du das Bild mit anderen Farben füllen möchtest, gibt es auch die Möglichkeit, eine weiße Kontur um die vorderen Figuren zu legen, damit eine Abgrenzung zum Hintergrund entsteht.

7. Necken

Was sich liebt, das neckt sich! Diesen Spruch kennt fast jeder. Sobald ein Charakter also anfängt, den anderen zu ärgern, hat diese Art von Aufmerksamkeit vielleicht einen romantischen Ursprung. Dieser Tatsache sind sich die Figuren in Mangas aber häufig noch gar nicht bewusst. Oder sie können ihre Gefühle nicht anders ausdrücken.

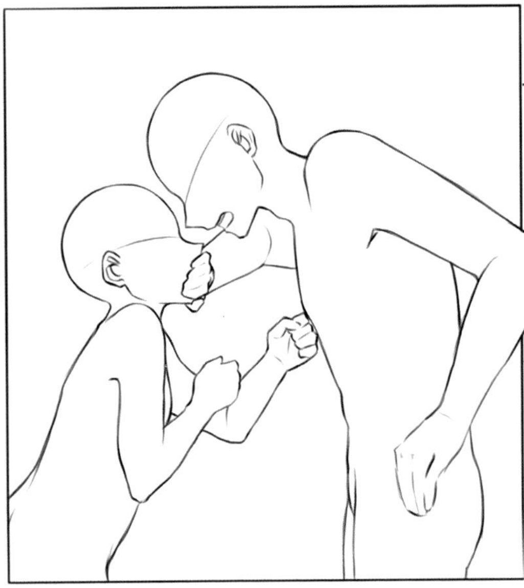

1 Bei diesem Szenario fand ich es schön, einen Größenunterschied hervorzuheben, damit die Dynamik noch deutlicher wird. Also habe ich die Charaktere stehend und von der Seite gezeichnet. Hier drückt die Pose der beiden "gib endlich Ruhe" aus, aber weitere typische Szenarien in Mangas sind auch jemandem die Haare zu verwuscheln, jemanden in den Schwitzkasten zu nehmen oder jemandem das Essen wegzunehmen.

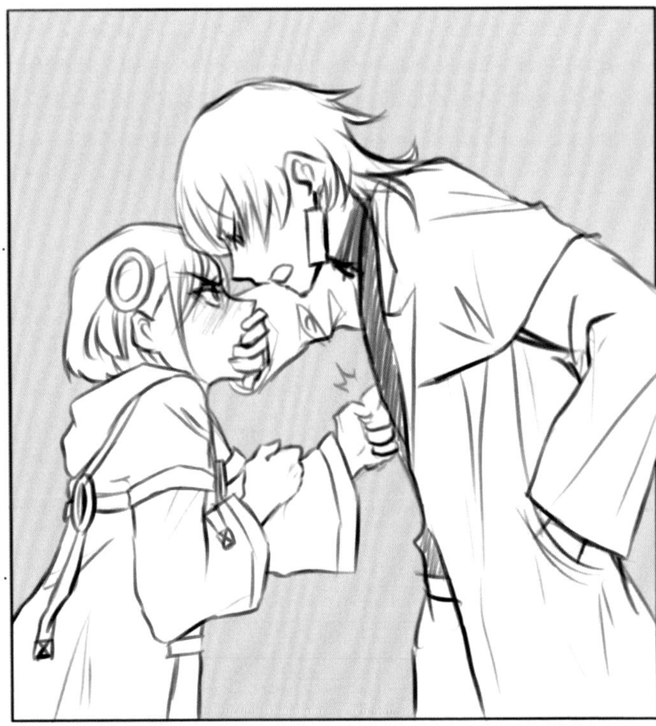

2 Im Profil kann man beide Gesichtsausdrücke gut erkennen und dabei auch die Gestik der trommelnden Fäuste zeigen. Je nach Persönlichkeit reagieren die Charaktere anders, wenn sie sich ärgern. Angespannte Augenbrauen, die wie ein V nach unten kommen, drücken Verärgerung aus – mit Rötung im Gesicht ist man vielleicht zusätzlich peinlich berührt oder verlegen.

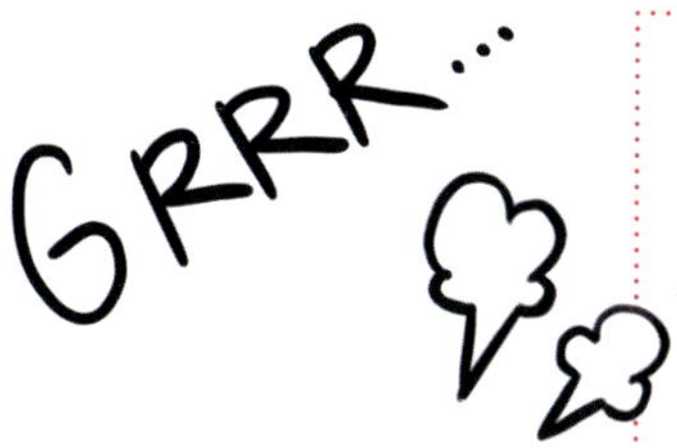

3 Oft kannst du einfach eine Typografie in den Hintergrund zeichnen, die zur Situation passt. Hier drückt das "GRRRR" Ärger aus. Du kannst Buchstaben oder Zeichen jeder möglichen Sprache verwenden, das ist deiner Kreativität überlassen. Kombiniert habe ich die Typografie mit den Wölkchen für "Wutdampf", eine Formensprache, die oft in Mangas vorkommt und symbolisiert, dass jemand buchstäblich vor Wut kocht.

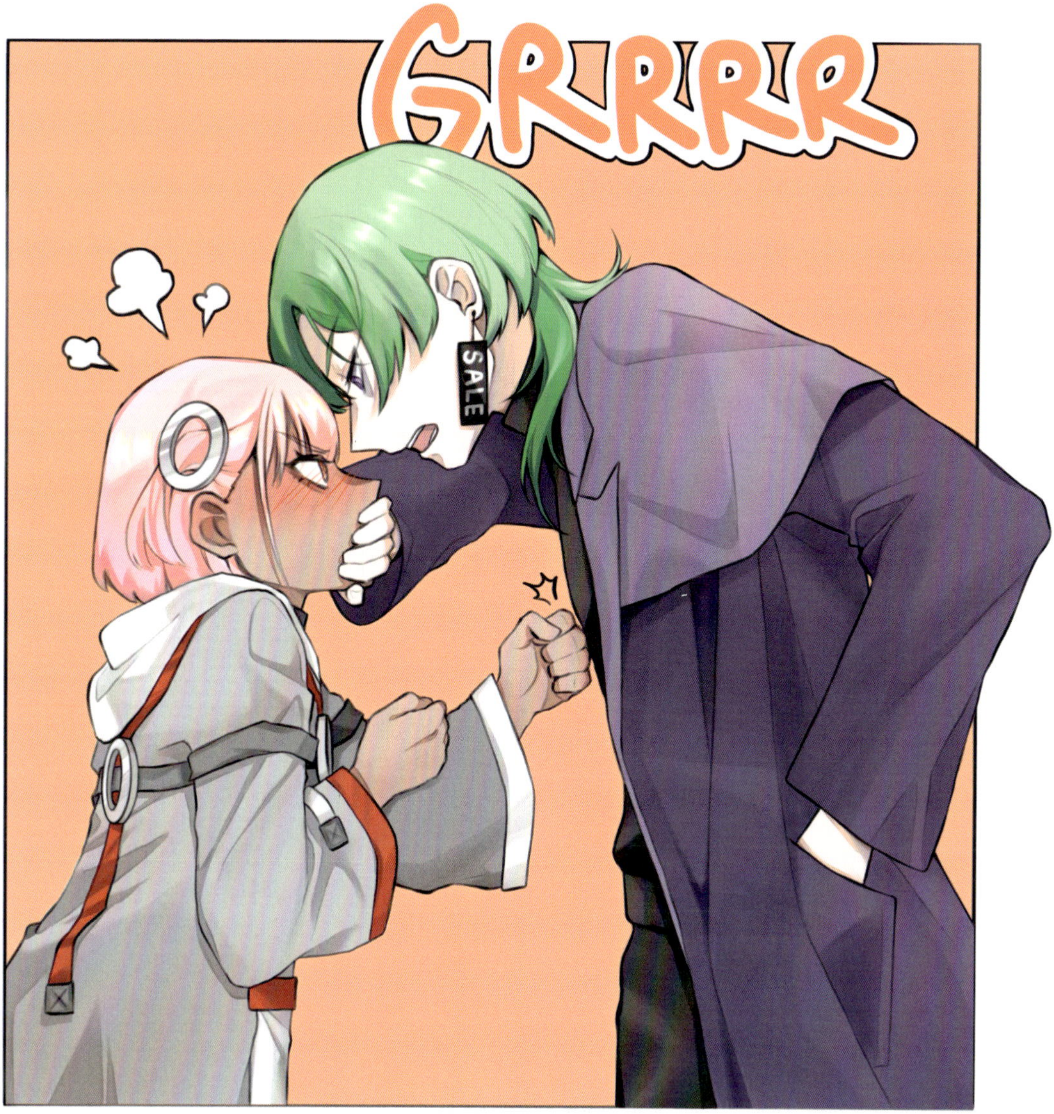

4 Meine Charaktere habe ich in einem bunten Design entworfen, deswegen wollte ich den Hintergrund in einer flachen Farbe halten, damit das Motiv der beiden besser zur Geltung kommt. Durch ihre Bewegungen bilden sich dunkler schattierte Falten im Stoff der Kleidung, wo sich das Material über die Körperrundungen zieht.

8. Regenschirm

Ein weiteres typisches Szenario ist die Nähe unter einem Schirm. Zum Beispiel können die Charaktere gezwungenermaßen zusammen Zuflucht vor dem Regen suchen. In Mangas werden die Gefühle in solchen Situationen eher mit Monologen dargestellt, weil die Figuren dann Gelegenheit haben, sich Gedanken über ihre Gefühle zu machen.

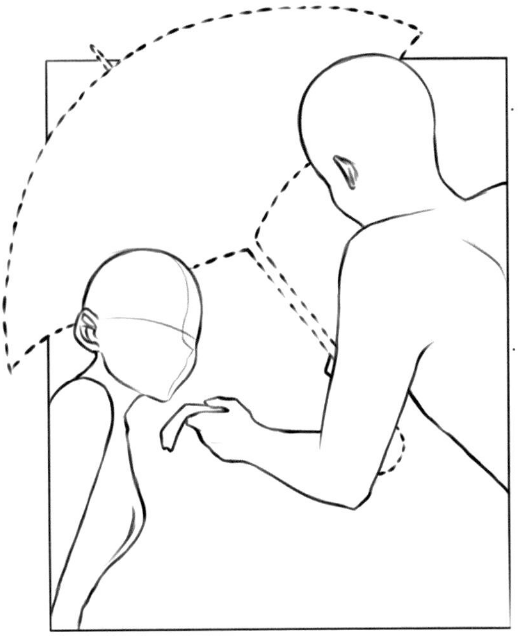

1 Es gibt viele klassische Szenen in Romance Mangas, bei denen sich zwei Figuren einen Regenschirm teilen. Du kannst sie nebeneinander hergehen lassen, bei diesem Motiv bietet man jemandem Unterschlupf unter dem Schirm an. Diese Komposition wirkt dynamisch, da die Charaktere durch den Rahmen des Bildes angeschnitten und in einem seitlichen Winkel gezeichnet werden.

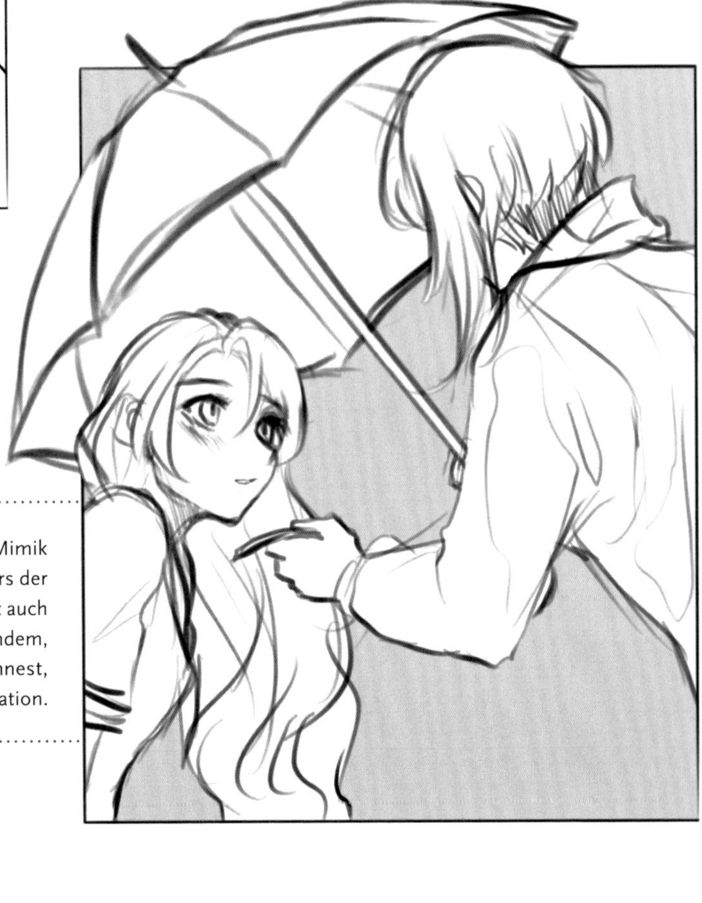

2 Posen von hinten sind spannend, weil die Mimik nicht zu sehen ist und die Gefühle des Charakters der eigenen Vorstellung überlassen werden. Das sorgt auch zwischen den Charakteren für Dynamik: Je nachdem, wie du den Ausdruck der anderen Person zeichnest, ändert sich die Interpretation der gesamten Situation.

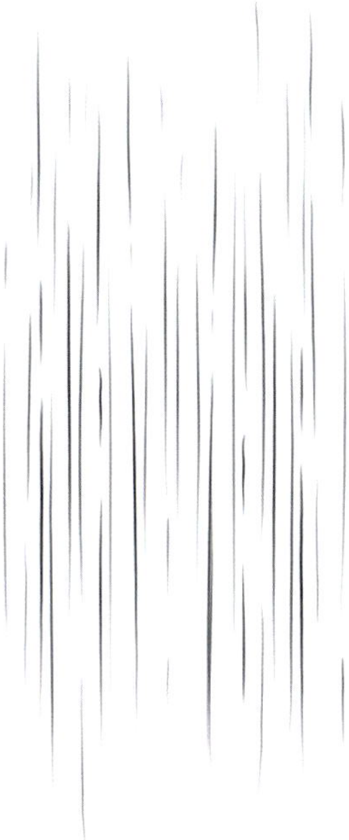

3 In der Regel gibt es in digitalen Zeichenprogrammen den sogenannten Gaußschen Weichzeichner. Das ist eine Art Filter, mit dem ich die Schraffur der senkrechten Linien im Hintergrund unscharf gemacht habe, damit es aussieht wie Regen.

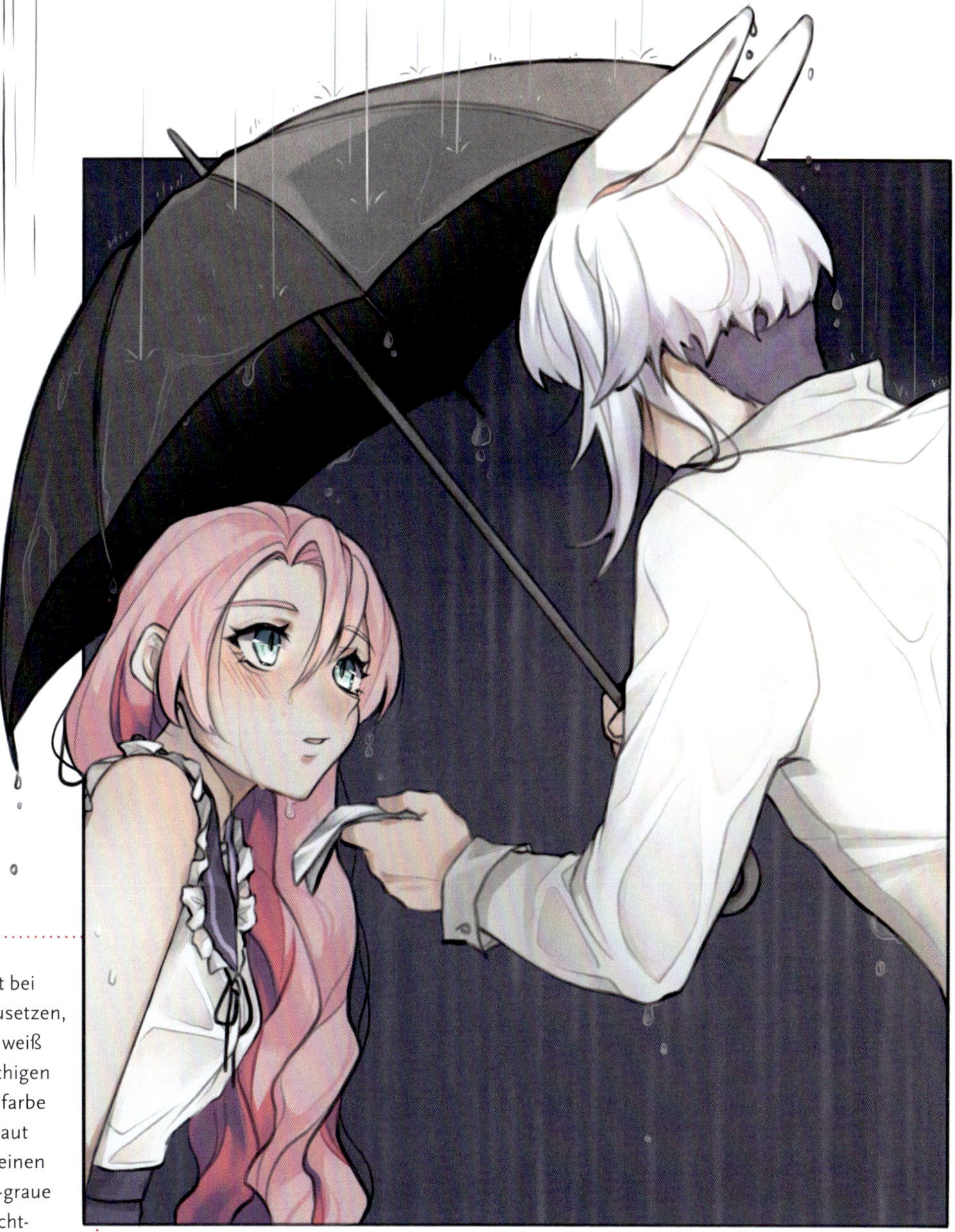

4 Um den Nasseffekt bei der Kolorierung umzusetzen, habe ich die Kleidung weiß gemacht und mit flächigen Schatten in der Hautfarbe der Charaktere die Haut sozusagen durchscheinen lassen. Ein paar weiß-graue Wassertropfen mit Lichtreflexen runden das Bild ab.

9. Wiedersehen

Ein Wiedersehen ist ein besonders gefühlsbetonter Augenblick. Haben sich die Charaktere lange nicht gesehen, hat sich einiges an Emotionen aufgestaut, die in der Zwischenzeit nicht vermittelt werden konnten – diese Emotionen kommen beim Wiedersehen alle auf einmal zum Vorschein. Die Bestätigung darüber, dass man sich gegenseitig vermisst hat, erzeugt eine romantische Atmosphäre.

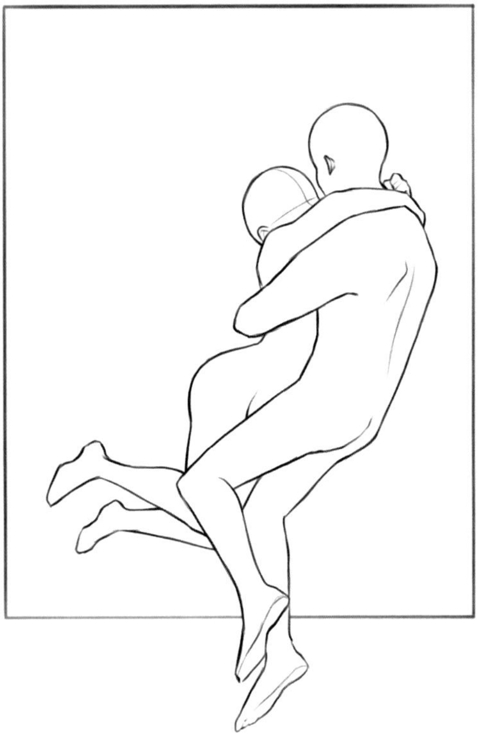

1 Eine Paarpose lässt sich besonders schwungvoll gestalten, wenn der ganze Körper zu sehen ist. So kannst du alle Gliedmaßen im Zusammenspiel in Bewegung setzen. Schwingende Haare passen gut, um dem Bild mehr Dynamik zu verleihen. Die Emotionen werden durch den ganzen Körper ausgedrückt.

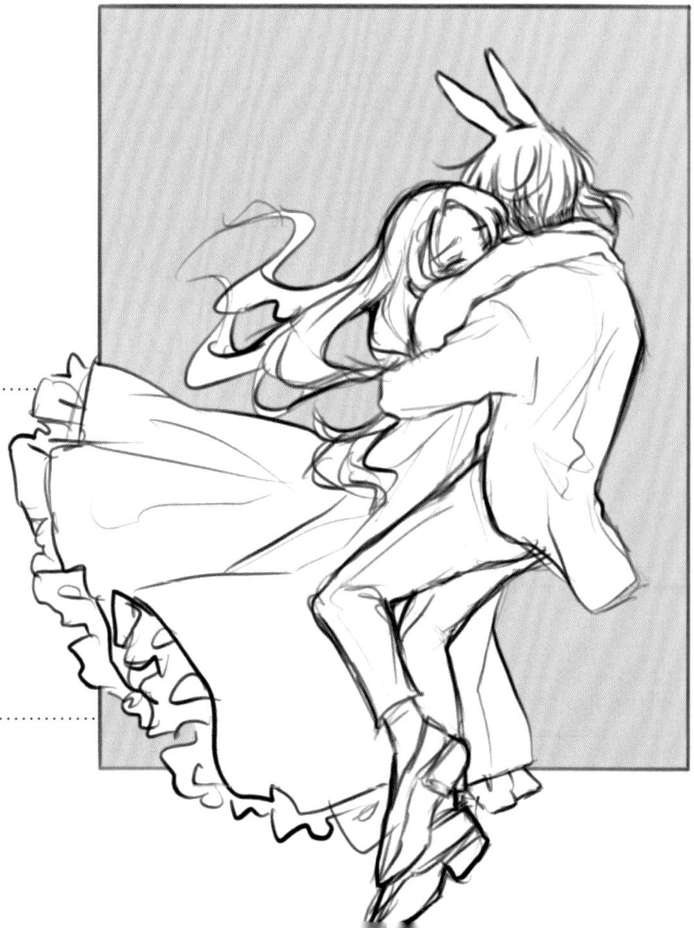

2 Auch wenn man von den Gesichtern nur wenig sieht, kannst du damit viel ausdrücken. Die Augenbrauen der linken Figur ziehen sich zusammen und die Augen sind zugekniffen. Den Rest des Gesichtsausdruckes denkt man sich im Kopf gleich dazu. Beim Betrachten des Motivs entsteht so kreativer Freiraum für eine eigene Interpretation der Emotionen, insbesondere weil man das Gesicht der zweiten Figur nicht sieht.

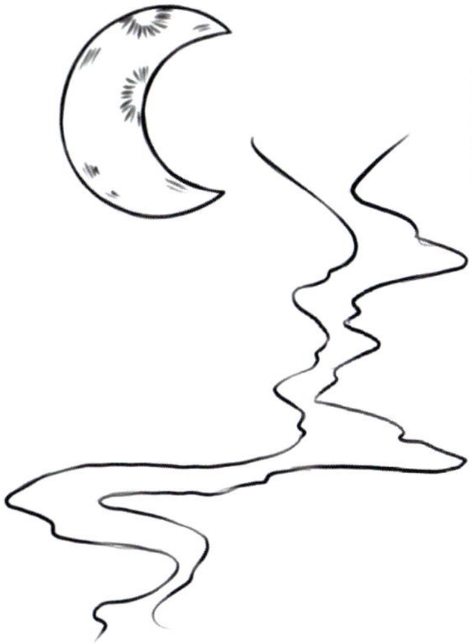

3 Zu diesem schwebenden Motiv passen aus meiner Sicht besonders gut verträumte Elemente wie Mond, Sterne und der Nachthimmel. Die dunkelblauen Wolkenschleier verstärken diese Atmosphäre.

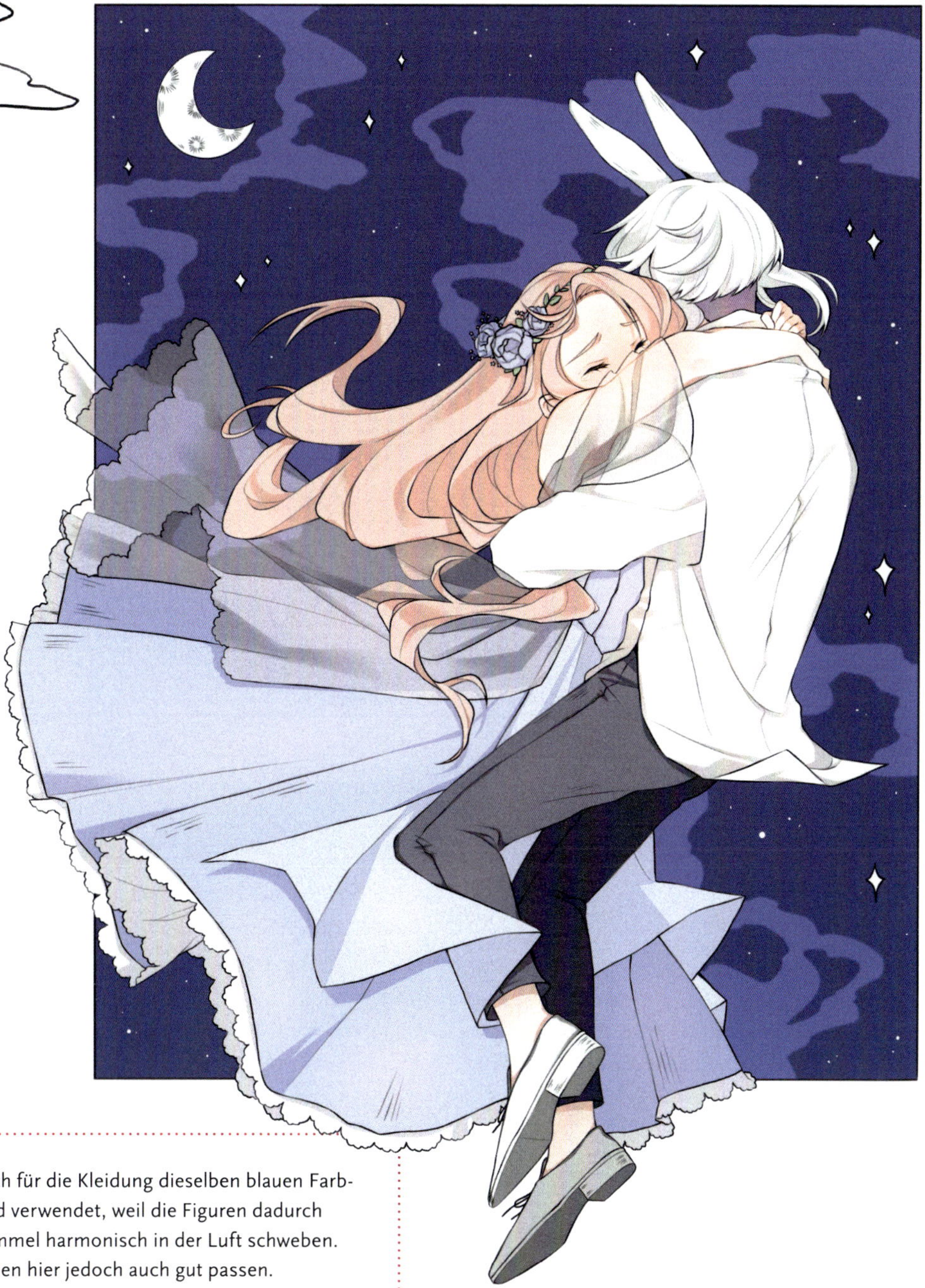

4 Beim Kolorieren habe ich für die Kleidung dieselben blauen Farbtöne wie beim Hintergrund verwendet, weil die Figuren dadurch im Einklang zum Nachthimmel harmonisch in der Luft schweben. Andere Pastellfarben würden hier jedoch auch gut passen.

10. Unerwarteter Kuss

Ein unerwarteter Kuss ist in den verschiedensten Situationen vorstellbar. Die Charaktere überkommt ein starkes Gefühl von Zuneigung, das man ohne viele Worte ausdrücken möchte – das können sie durch einen erhaschten Kuss tun. Dieses Zeichen der Zuneigung von der Person zu erhalten, in die man verliebt ist, bedeutet meistens eine freudige Überraschung.

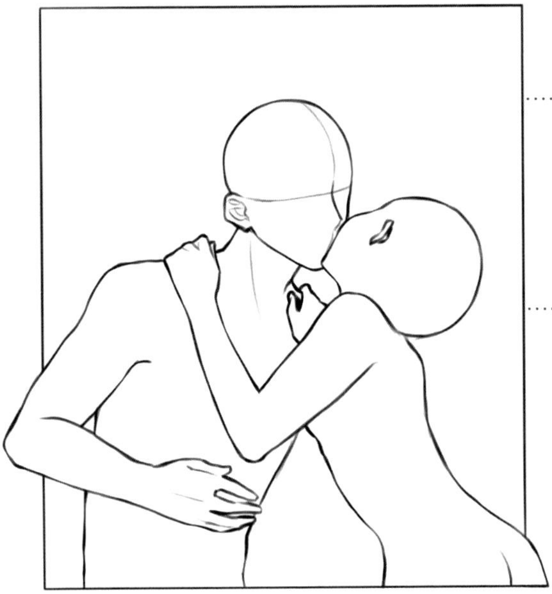

1 Die Perspektive der Figuren habe ich so gewählt, dass sie am besten die Reaktion des Kuss-Empfängers zeigt, weil ich den Fokus auf seine Mimik setzen wollte. Außerdem lässt diese Pose Spielraum für die eigene Interpretation, ob die Lippen sich in dem Moment noch nicht berühren oder ob sie ihn auf die Wange küsst.

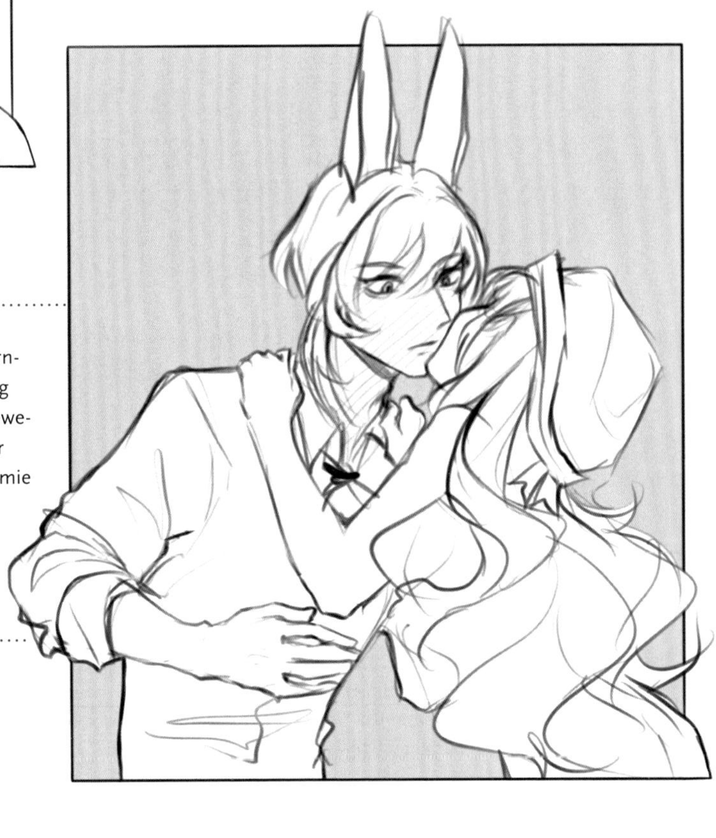

2 Überraschte Augen werden beim Wimpernkranz größer, die Iris wird jedoch gleichzeitig kleiner. Die Gestik soll wie mitten in einer Bewegung erstarrt wirken, deswegen schwebt der Arm in der Luft. Solltest du dir bei der Anatomie der Körper oder bei den Falten der Kleidung nicht sicher sein, wie es am besten aussieht, kannst du es machen wie ich und so viel wie möglich mit langen Haaren verdecken ;)

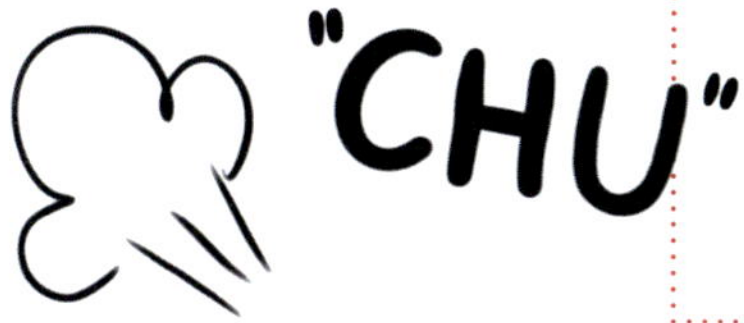

3 Hier sind die Typografie "CHU" (ein Kusslaut) und Formensprache kombiniert: Eine kleine Wolke mit Bewegungslinien ist wie Dampf, der wegen des Rotwerdens aus seinem Kopf pufft. Damit es luftiger wirkt, habe ich diese Form nicht koloriert, sondern durchsichtig gelassen.

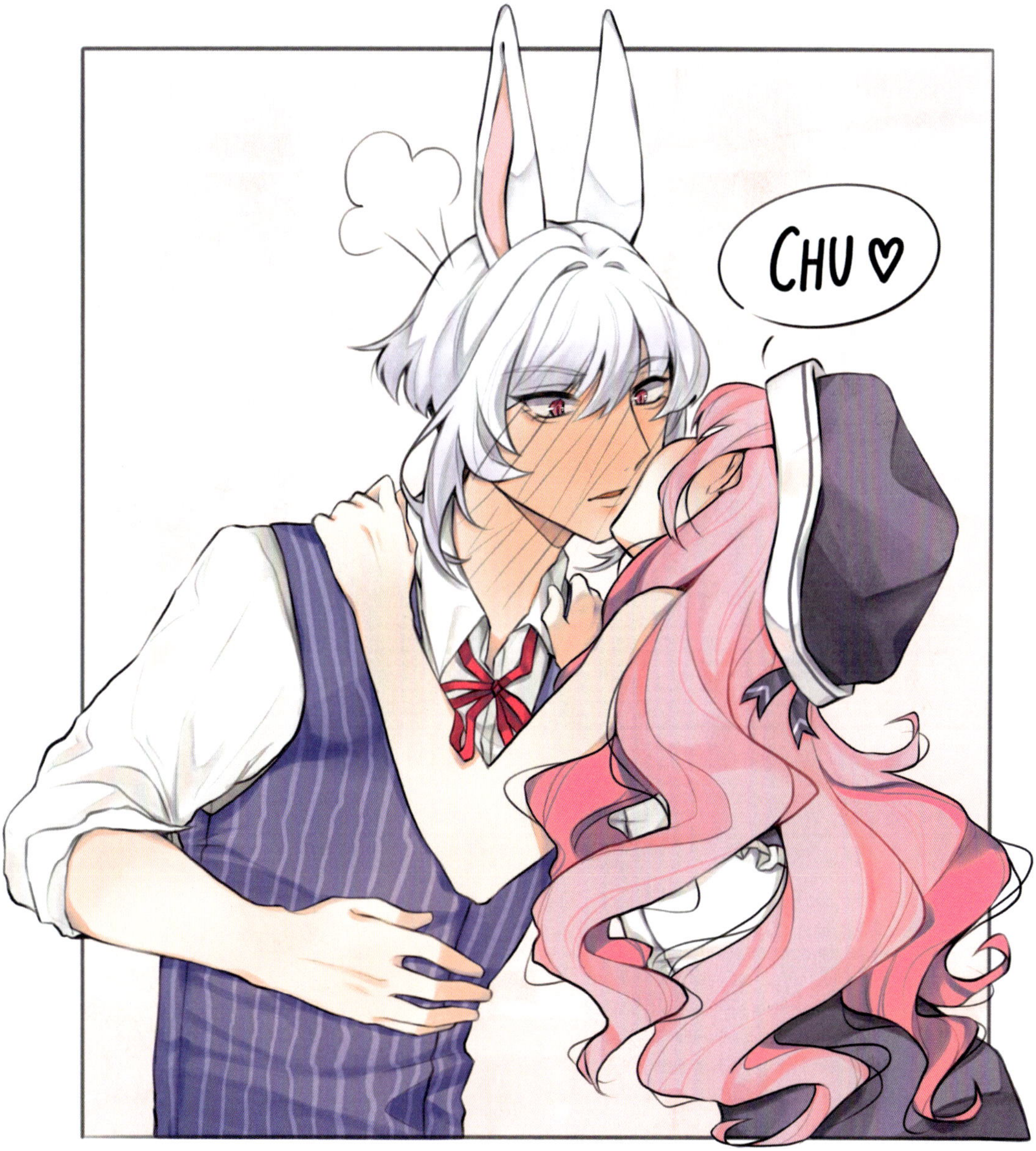

4 Wie du sehen kannst, gehört kolorierter Blush zu vielen meiner Zeichnungen. Das Erröten passt bei Romance fast immer gut. Je mehr Strichschraffur auf dem Gesicht ist, desto stärker wird die Verlegenheit im Manga-Stil dargestellt.

11. Herumalbern

Ähnlich wie beim Necken drückt man romantische Gefühle beim Herumalbern auf eine lockere Weise aus. Dies wirkt natürlich und ist durch die ungezwungene Stimmung auch entspannter. Spaß gehört einfach dazu und sorgt dafür, dass man vertrauter miteinander wird. In Romance Mangas wird das Verwuscheln von Haaren dafür oft in Szene gesetzt.

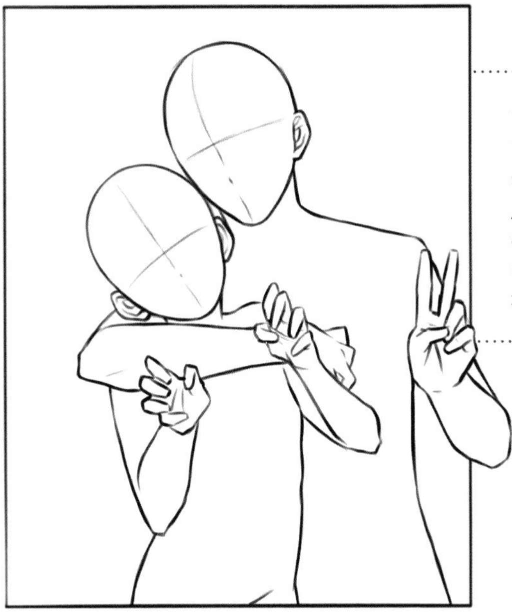

1 Diesmal wollte ich ein Szenario im Fotoautomaten (in Japan "Purikura" genannt) entwerfen, weil man bei diesem Setting süße Interaktionen zwischen den Charakteren zeichnen kann. Jemandem den Arm um die Schulter zu legen ist eine freche, aber gleichzeitig auch vertraute Bewegung. Du kannst aber alle möglichen Posen zeichnen, die dir zu dem Thema einfallen – zum Beispiel ein Herz gemeinsam mit den Händen zu formen.

2 Spielerische Handgesten passen zu dieser Szene am besten. Alles, was verrückt wirkt, ist hierbei erlaubt! Auch bei den Gesichtsausdrücken – die Zunge rausstrecken, breites Grinsen, vielleicht mal ein Zwinkern oder eine witzige Grimasse. Durch Mimik und Gestik kannst du die Persönlichkeit deiner Charaktere zum Ausdruck bringen.

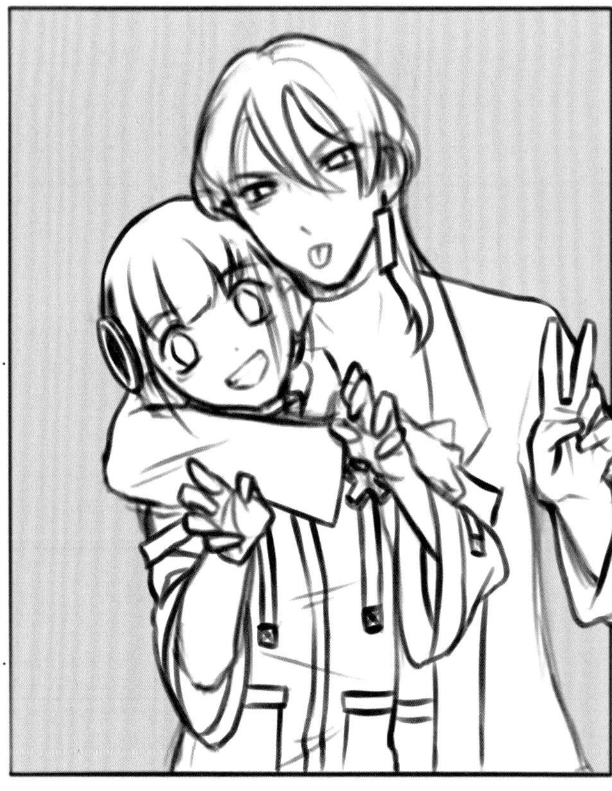

SNAP

3 Der Text "SNAP" im Hintergrund ist das englische Wort für das Klickgeräusch beim Fotografieren. Ich finde, das fängt den Moment schön ein. Zu diesem verspielten Motiv eignen sich gut süße Tierelemente.

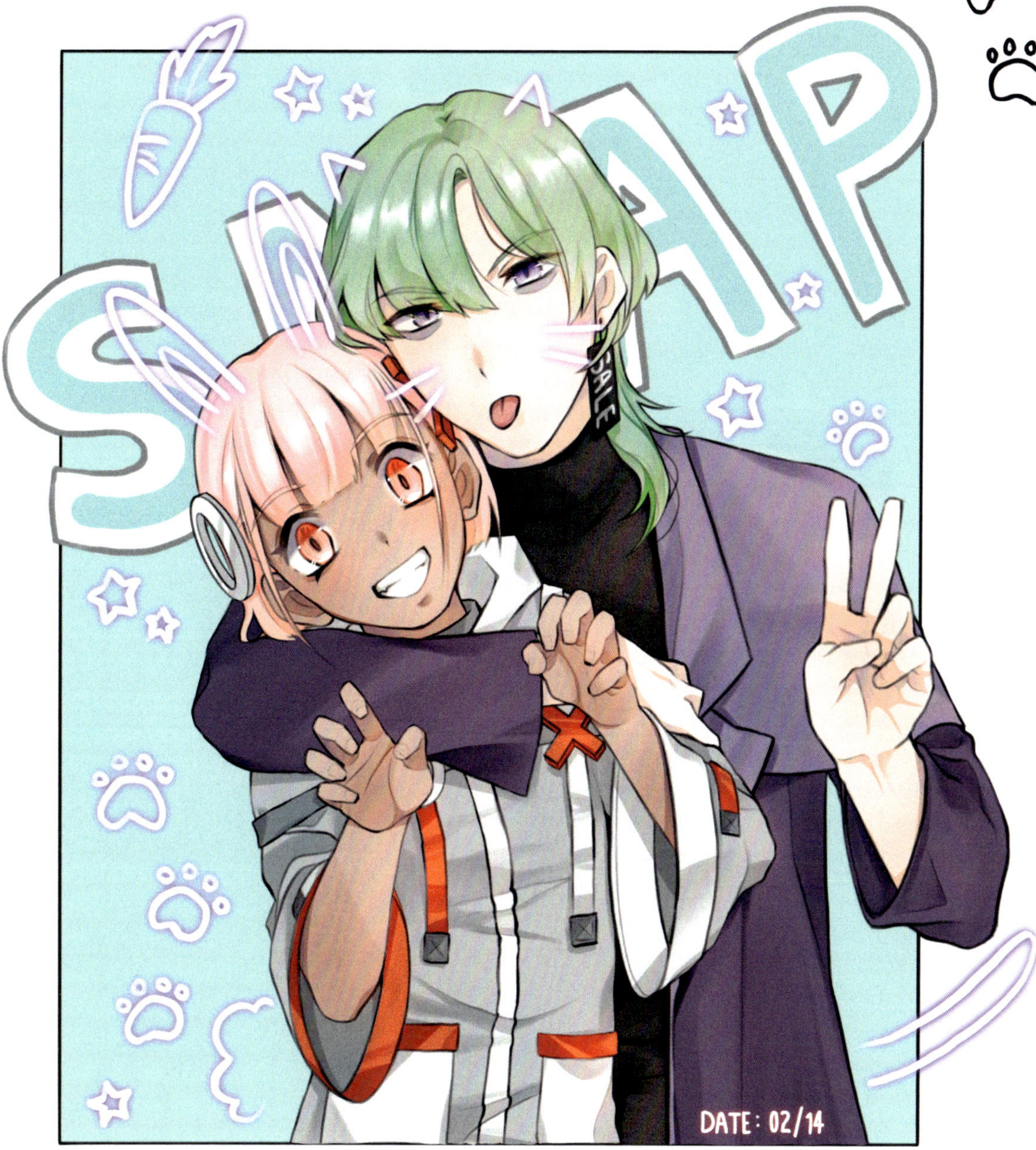

4 Einen coolen Filtereffekt kannst du digital kreieren, wenn du die Ebene der weißen Dekorationselemente kopierst, in einer gewünschten Farbe einfärbst, unter die erste Ebene legst und mit dem Gaußschen Weichzeichner verwischst.

12. Alltag

Wenn man achtsam durch den Tag geht, erlebt man oft kleine Momente des Glücks. Man genießt etwa die Zweisamkeit und die einfachen Dinge im Leben. Man kann sich im Alltag um einander kümmern oder ein offenes Ohr haben. In diesen Situationen kommt man zur Ruhe und kann sich entspannen.

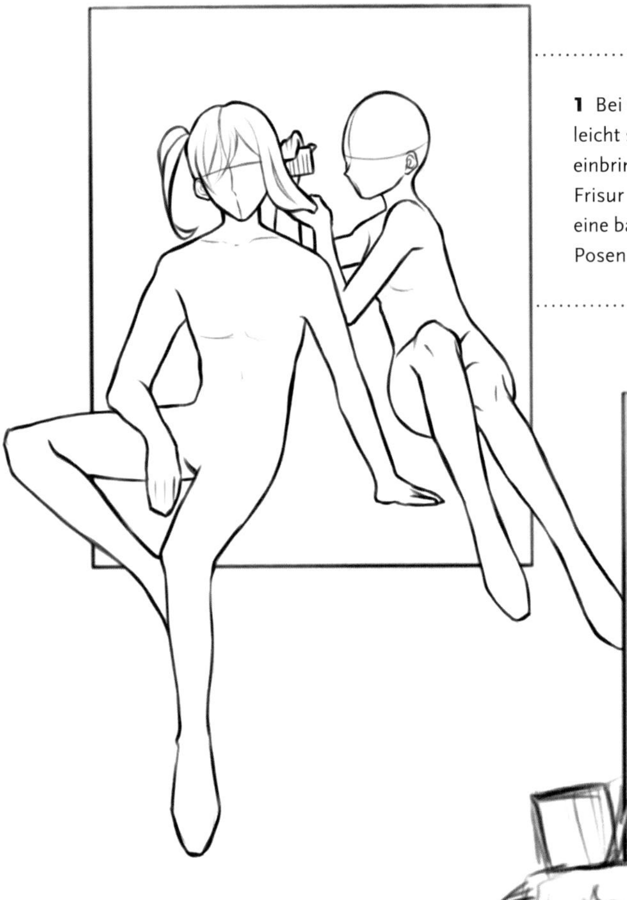

1 Bei einer Alltags-Szene kannst du gut unbeschwerte und vielleicht sogar albernde Interaktionen zwischen den Charakteren einbringen. Bei diesem Beispiel wird meinem Charakter eine süße Frisur verpasst, indem ihm Zöpfe gebunden werden. Es ist eine banale, aber romantische Geste. Weitere Ideen für alltägliche Posen können Zähne putzen oder zusammen kochen sein.

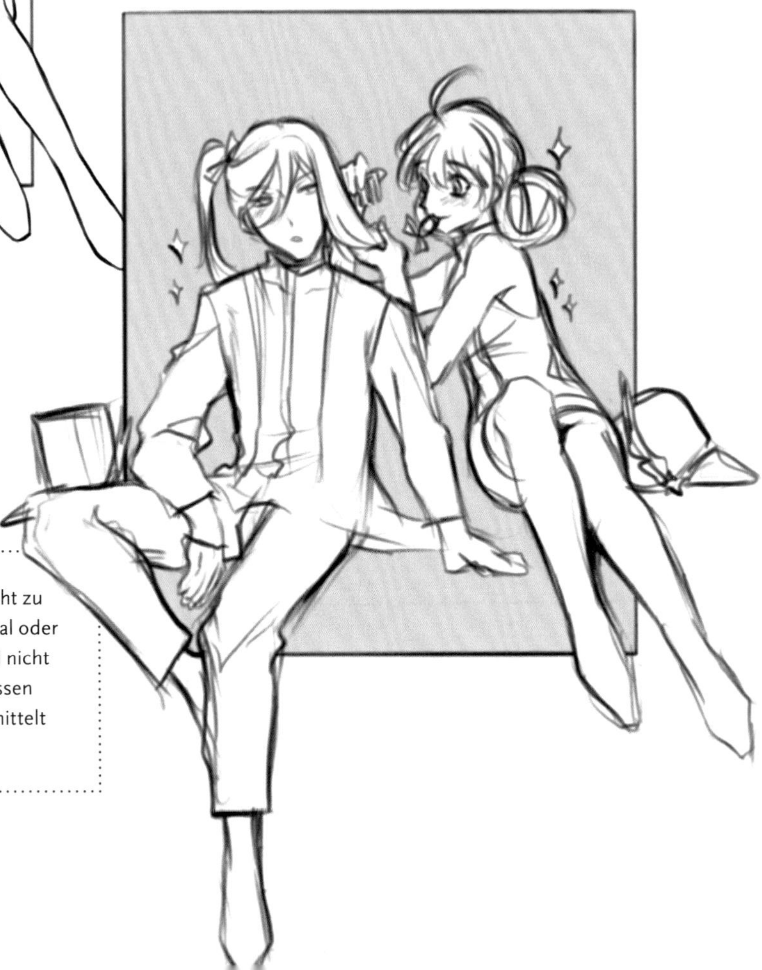

2 Die Emotionen im Gesicht sind nicht zu überschwänglich, sondern eher neutral oder fröhlich heiter: Die Augenbrauen sind nicht verkrümmt, und die Münder geschlossen oder leicht geöffnet. Die Mimik vermittelt insgesamt Ruhe und Gelassenheit.

かわいい

3 Das Wort "kawaii" (auf Japanisch: **かわいい**) bedeutet auf Deutsch "süß". Dieses typografische Hintergrundelement bezieht sich auf die gesamte Situation, aber auch auf die Frisur des Charakters.

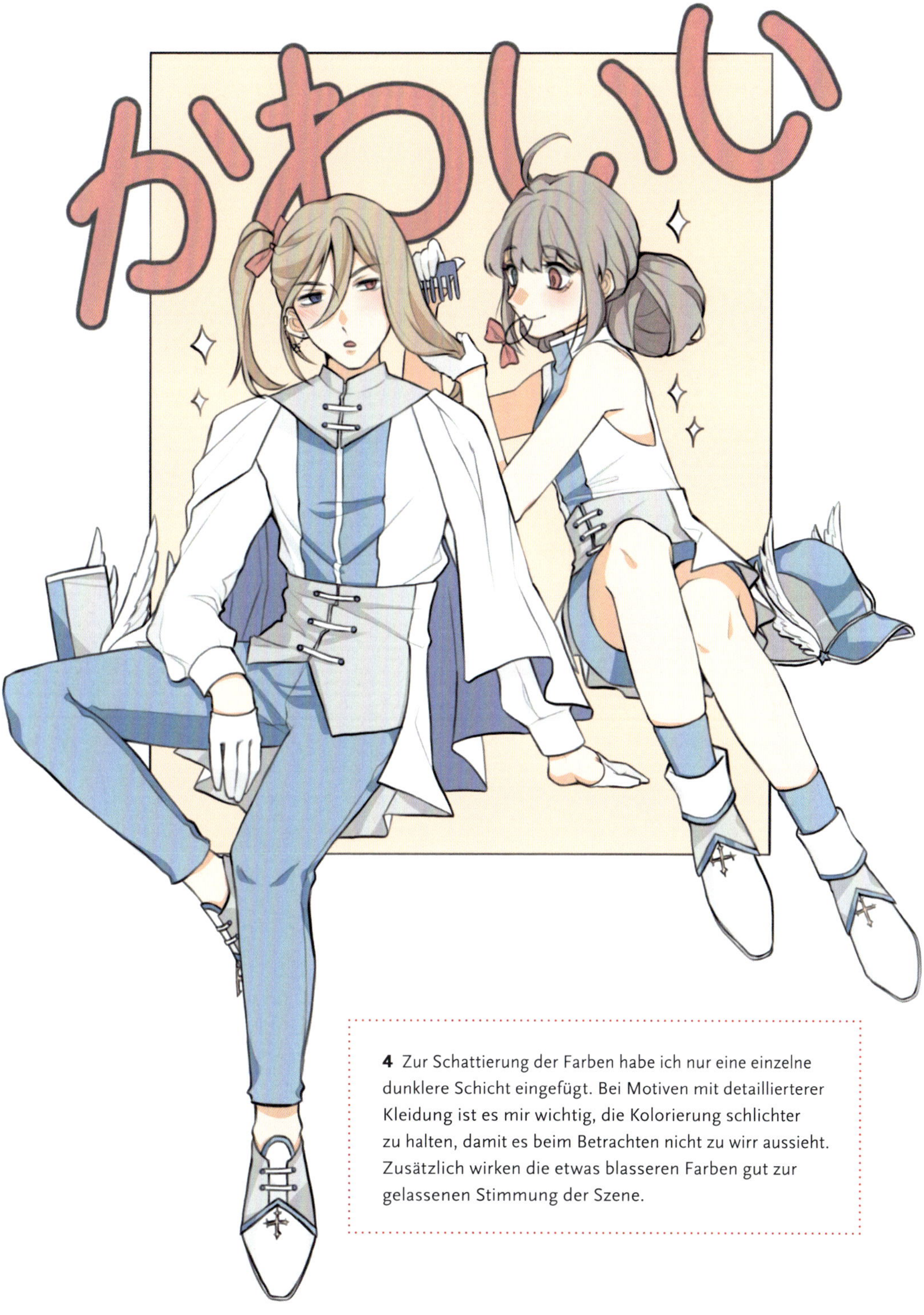

4 Zur Schattierung der Farben habe ich nur eine einzelne dunklere Schicht eingefügt. Bei Motiven mit detaillierterer Kleidung ist es mir wichtig, die Kolorierung schlichter zu halten, damit es beim Betrachten nicht zu wirr aussieht. Zusätzlich wirken die etwas blasseren Farben gut zur gelassenen Stimmung der Szene.

13. Essen teilen

Der Mund ist das Körperteil, mit dem man einander küsst. Wenn man das bedenkt, kann es schon etwas Besonderes sein, das Essen zu teilen bzw. sich beim Essen zu beobachten. In Mangas wird das Trinken aus demselben Glas auch oft mit romantischen Gefühlen verbunden, weil es ein "indirekter Kuss" ist.

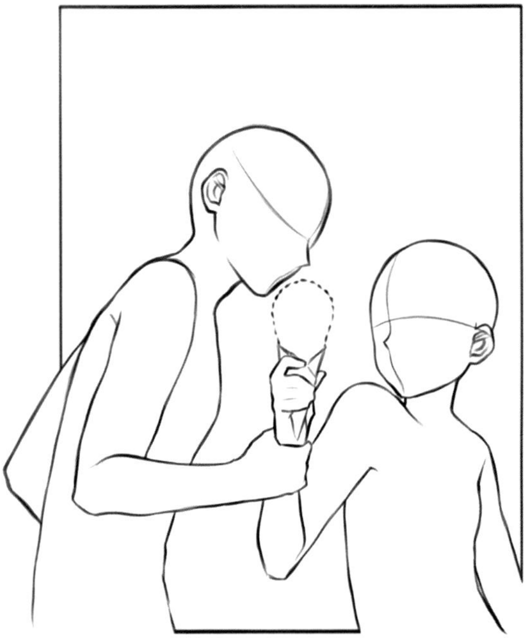

1 Ob das Essen freiwillig geteilt wird, die Charaktere sich also zum Beispiel gegenseitig füttern bzw. abbeißen lassen oder ob das Gericht ohne Zustimmung vom Gegenüber geklaut wird – es gibt viele witzige Szenarien, die du dir hier überlegen kannst. Ich habe mich für die freche "Klau"-Pose entschieden, bei der ein Charakter den anderen am Handgelenk zu sich zieht.

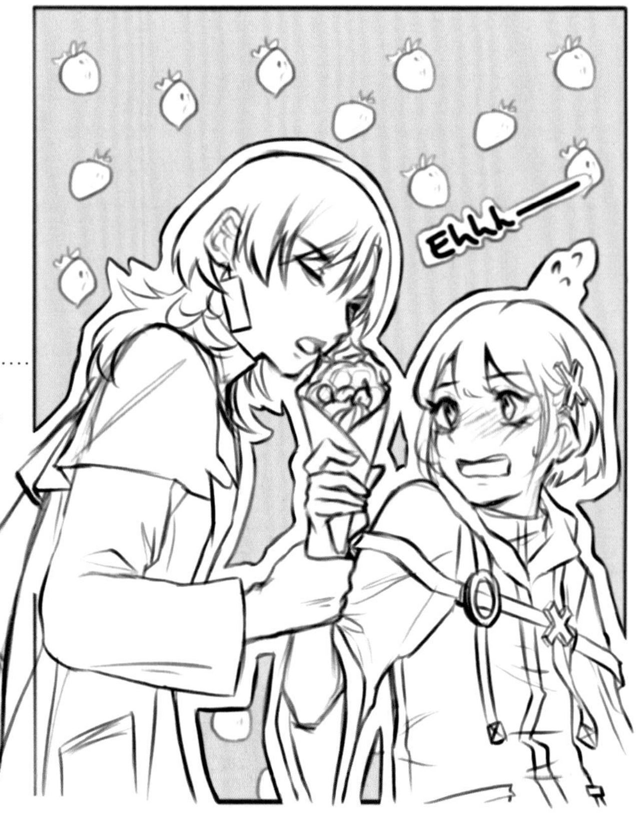

2 Wie gesagt ist in Mangas die häufige Konnotation, dass geteiltes Essen oder Trinken als indirekter Kuss verstanden werden kann. Während der Charakter links sich keine Gedanken darüber macht und durch die Geste eine vertraute Stimmung erschafft, ist die Figur rechts überrumpelt. Die beiden Reaktionen stellen einen schönen Gegensatz dar. Auch wenn sie nicht dasselbe fühlen, kann die Situation dadurch romantisch sein.

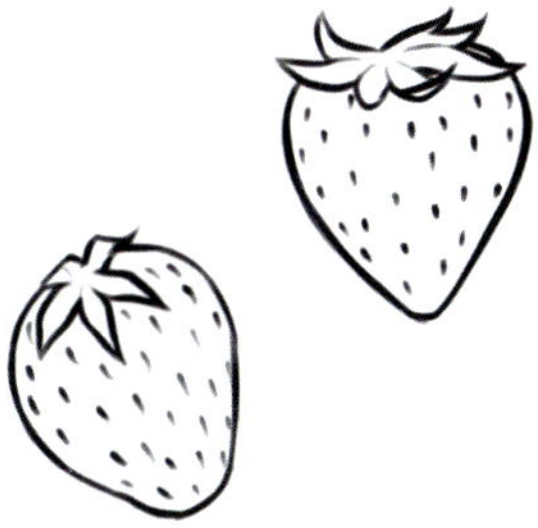

3 Eine einfache Methode für die Erstellung eines Hintergrunds ist es, mehrere Elemente aus dem Hauptmotiv als gleichmäßige Musterfläche zu zeichnen. Dafür habe ich die Erdbeeren aus dem Crêpe gewählt. Um den überrumpelten Ausdruck zu unterstreichen, ist noch eine Typografie mit dem Laut eingefügt, den die Figur in diesem Moment hervorstößt.

4 Damit die Koloration zum Thema passt, kannst du ruhig ganz andere Farben wählen, als du normalerweise verwenden würdest. Ich habe hier zum Beispiel die ursprünglichen Farben der Figuren mit Rot-, Beige-, Rosa- und Brauntönen ersetzt – als Unterstreichung der Erdbeer-Atmosphäre. Das ist eine übersichtliche kleine Farbpalette und wirkt wie ein rosa Filter.

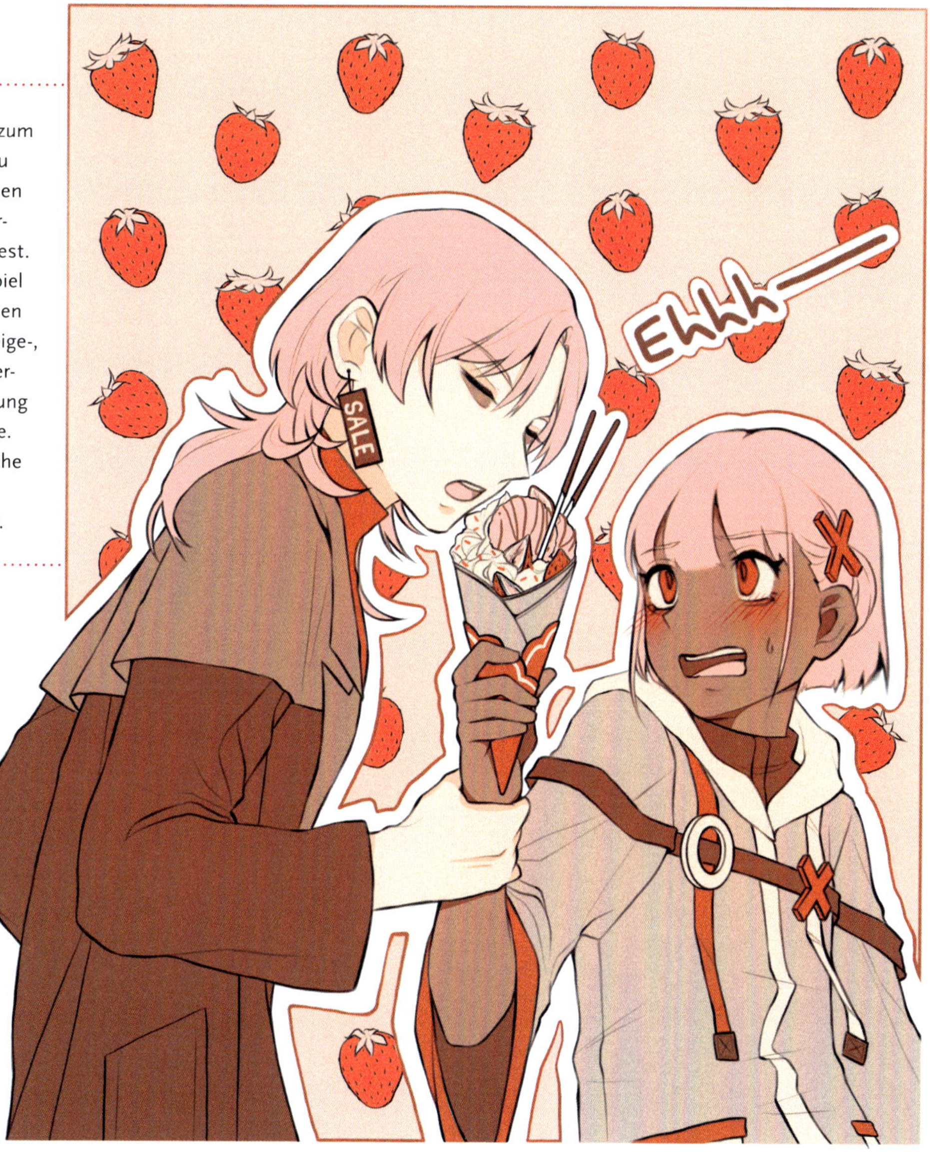

14. Versprechen

Ein Versprechen ist eine persönliche Geste. Sie bedeutet Zuversicht für die Zukunft und das Gefühl, dass man zusammen etwas erreichen kann. Oft geht es in romantischen Beziehungen um das Versprechen, einander immer beizustehen. Meistens gibt man nur Personen ein Versprechen, die einem wichtig sind. Daher ist es etwas Bedeutsames, gleich um welches Versprechen es sich handelt.

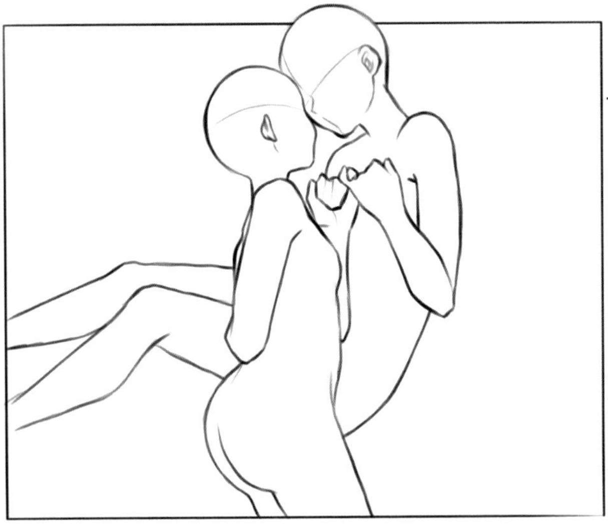

1 Kompositionen kannst du in jedem möglichen Format machen: hochkant oder quer, freistehend oder mit einem Rahmen. Für diese Pose habe ich ein Querformat gewählt, weil die großen Flügel besser hineinpassen. Die romantische Partnerinteraktion ist ein Fingerschwur, bei dem man die zwei kleinen Finger verhakt. So können die Charaktere ohne Worte ein Versprechen ausdrücken.

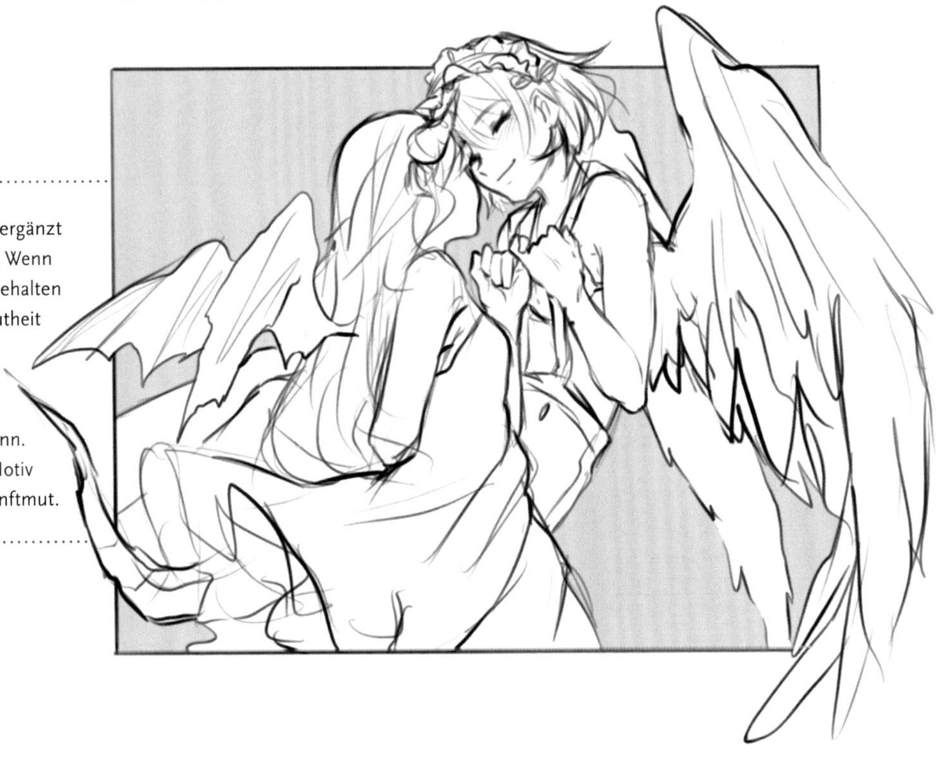

2 Die Mimik ist sanft und ergänzt die süße Geste der Hände. Wenn die Köpfe nah aneinandergehalten werden, drückt das Vertrautheit aus, genauso wie geschlossene Augen – ein Zeichen dafür, dass man sich blind auf jemanden verlassen kann. Insgesamt vermittelt das Motiv dadurch auch Ruhe und Sanftmut.

3 Wenn das Bild etwas mit Flügeln zu tun hat, dürfen im Manga die fliegenden Federn nicht fehlen! Sie sind eine fantastische und träumerische Dekoration für den Hintergrund. Zudem vermitteln Federn ein Gefühl von Leichtigkeit und Schwung, weil du mit ihnen auch gut Luftstöße andeuten kannst.

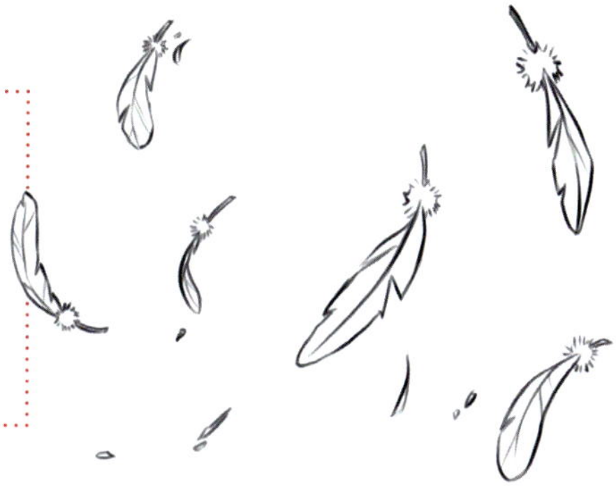

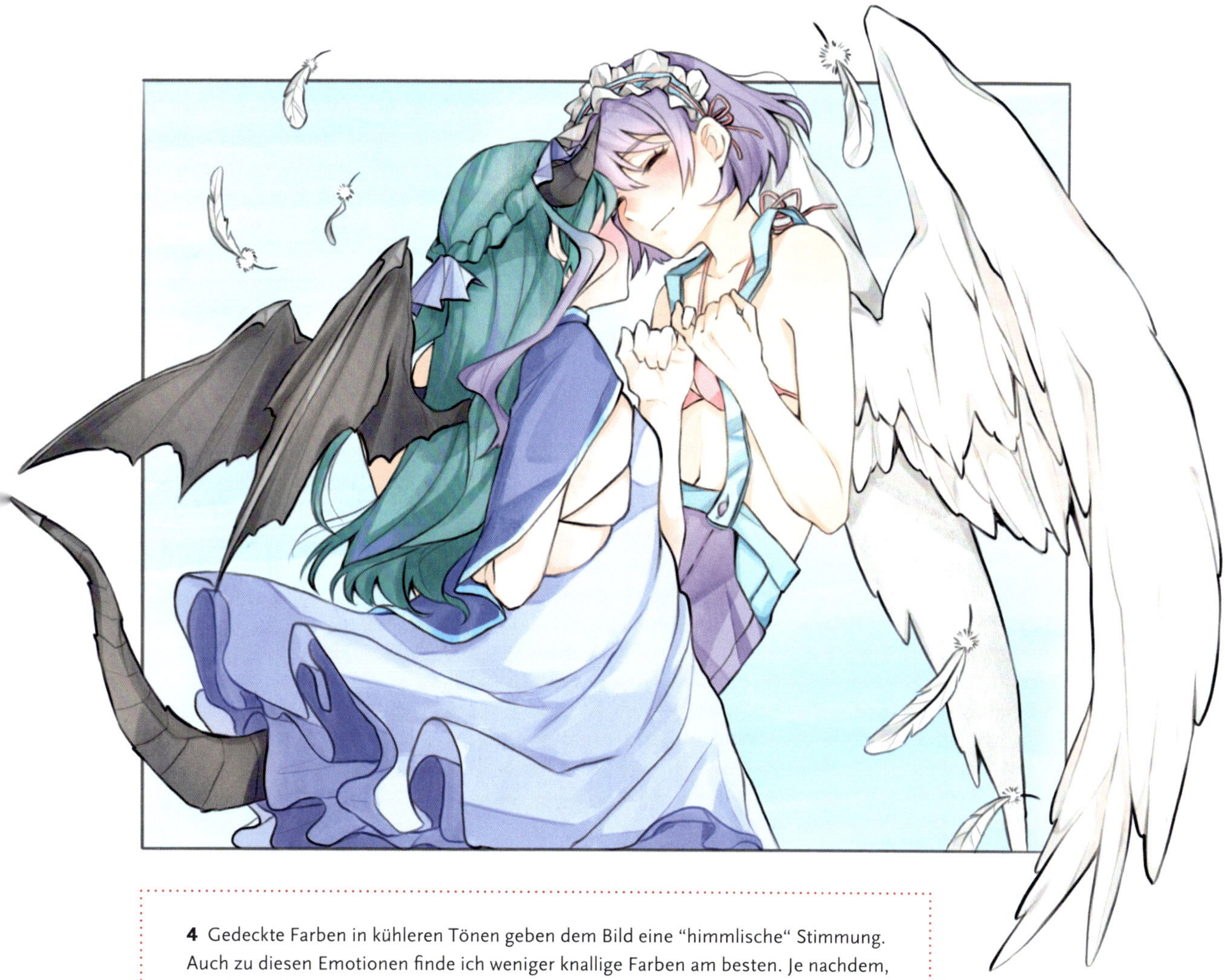

4 Gedeckte Farben in kühleren Tönen geben dem Bild eine "himmlische" Stimmung. Auch zu diesen Emotionen finde ich weniger knallige Farben am besten. Je nachdem, was du ausdrücken möchtest, können jedoch auch andere Farbtöne gut passen.

15. Auffangen

Zum Schluss stelle ich dir eine meiner Lieblingspaarposen vor. Beim Auffangen geht es generell darum, eine Person zu beschützen, weil man sie vor Schaden bewahren möchte. In Romance Mangas sieht man diese Pose deshalb oft. Mit einem Fall oder Sturz werden fast immer negative Gefühle verbunden und umso größer ist natürlich die Dankbarkeit, wenn man aufgefangen wird. Die Charaktere berühren sich unvermeidlich beim Auffangen, was wiederum noch mehr Emotionen hervorrufen kann.

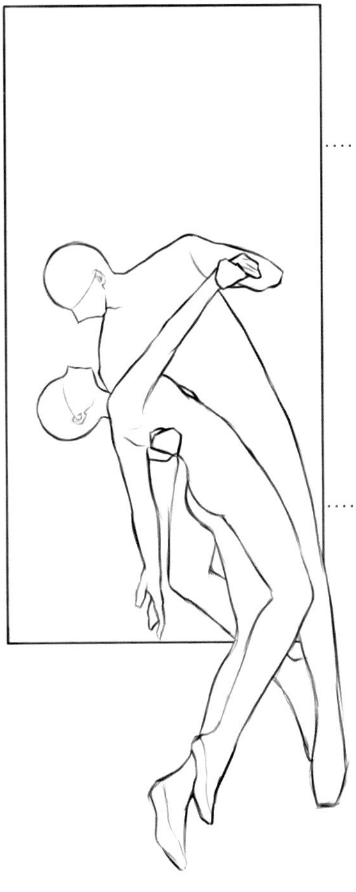

1 Beim Auffangen kann man den Boden problemlos weglassen – es geht überwiegend um die Atmosphäre, die man erzeugen möchte: Die Charaktere sind wie schwerelos und die Zeit scheint stillzustehen. Hier passen Ganzkörperposen gut, weil du die Figuren kreativ interagieren lassen kannst.

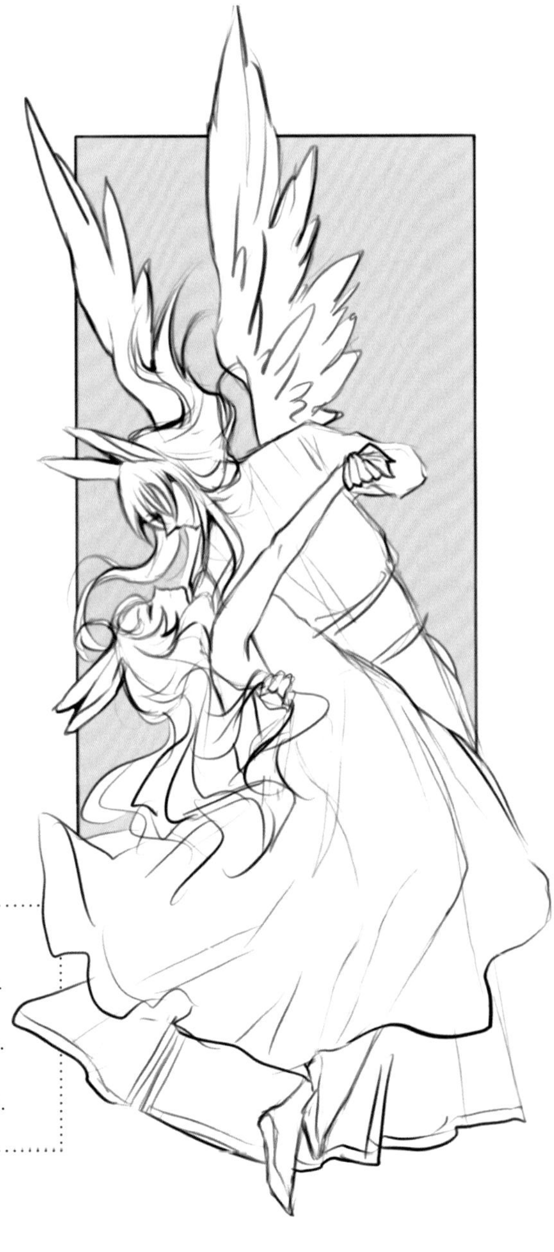

2 Da der Fokus auf der Pose liegt und man die Gesichter vergleichsweise klein sieht, passen neutrale Ausdrücke gut. Wenn die Mimik unvoreingenommen ist, richtet sich die Aufmerksamkeit beim Betrachten automatisch mehr auf die Pose. Der Mund ist im Manga-Stil manchmal nur eine feine Linie. Die Augen sind geschlossen oder hinter den Haaren versteckt.

3 Um das schwebende Gefühl aufzugreifen, habe ich als Hintergrundelement weiße Tauben gezeichnet. Dinge oder Lebewesen mit symbolischer Bedeutung auszusuchen, wirkt unterstützend auf das Motiv im Vordergrund. Diese Vögel haben unter anderem die Bedeutung von Freiheit, Frieden und Verbindung zum Himmlischen.

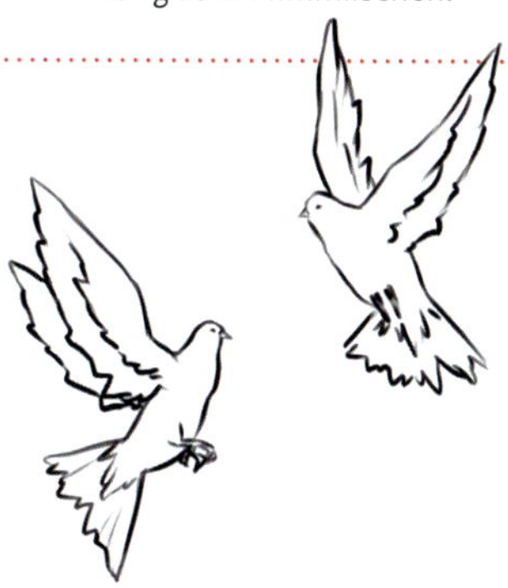

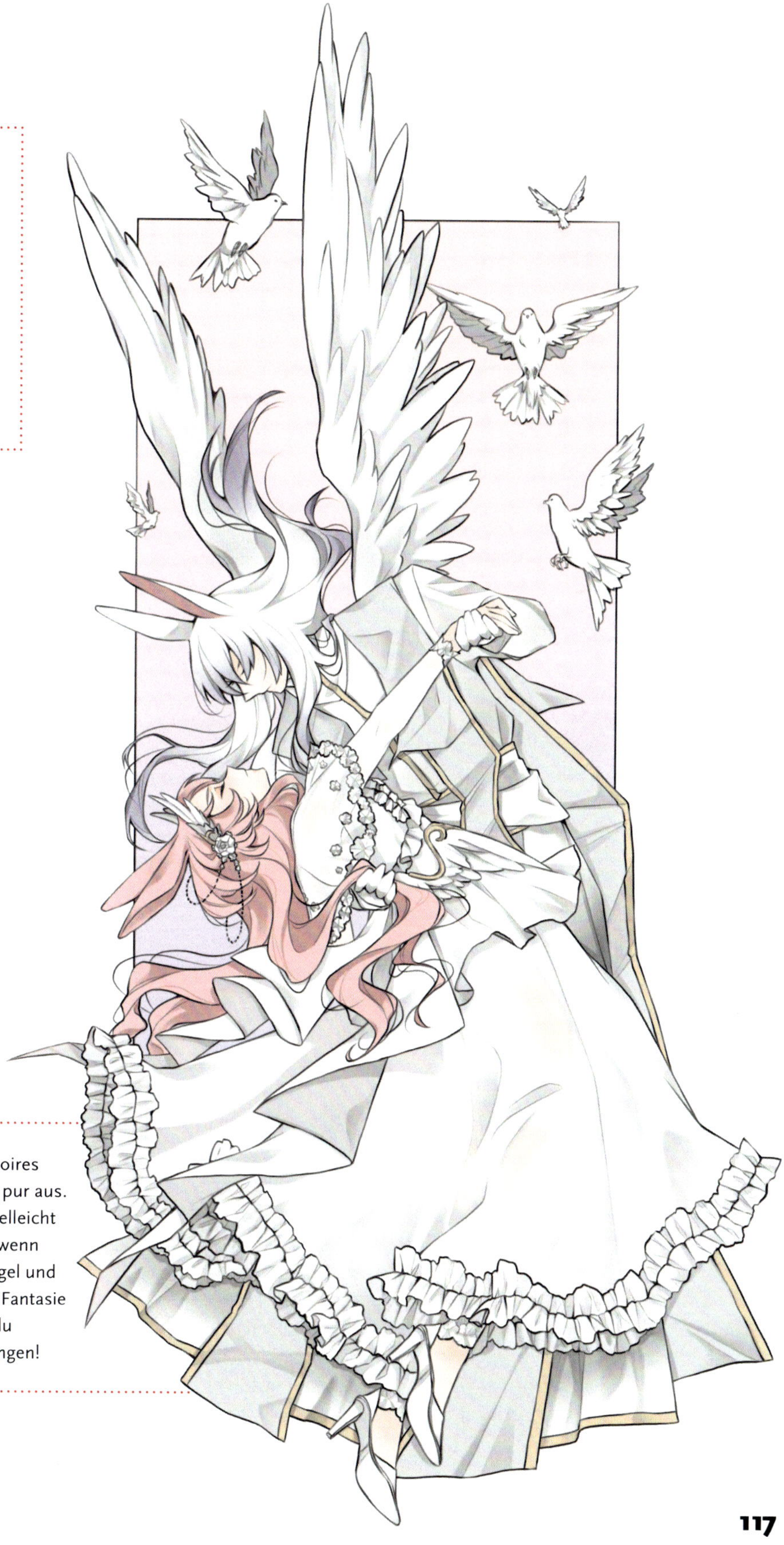

4 Ausgefallene Kleider und Accessoires strahlen für mich Romance Manga pur aus. Die weiße Kleidung erinnert dich vielleicht an Engel oder eine Hochzeit, auch wenn der Schleier nicht dabei ist. Die Flügel und Hasenohren bringen außerdem viel Fantasie in die Szene. Du kannst alles, was du ästhetisch findest, in das Bild einbringen!

Nachwort

Nun sind wir am Ende meines Buches angekommen. Ich muss zugeben, dass die Erschöpfung sehr groß ist, da ich dieses Buch in vergleichsweise kurzer Zeit geschrieben und gezeichnet habe. Jetzt erfüllt es mich mit Stolz, zu wissen, dass meine Kunst und Worte für andere hoffentlich nützlich und inspirierend sein werden. Und deswegen möchte ich allen, die an diesem Projekt beteiligt gewesen sind, meinen Dank ausrichten. Vielen Dank an den frechverlag, dass ich die Chance erhalten habe, diese Herausforderung anzunehmen. Großes Dankeschön an meine Besty Dayana, die mich jeden Tag unterstützt und ermutigt hat. Und natürlich auch an meine Familie und Freunde, die immer Verständnis hatten, wenn ich mich einschließen musste und die immer für mich da sind. Ihr wisst, ich schätze euch sehr! Zu guter Letzt einen besonderen Dank an dich, dass du dieses Buch gekauft und gelesen hast. Das bedeutet mir sehr viel und ich hoffe, dass du viel Freude damit hast und es mit anderen teilen kannst!

Bevor ich begann, an diesem Buch zu arbeiten, war ich erstmal voller Vorfreude, weil ich noch nie an so etwas Aufwendigem gearbeitet habe. Ich wusste, dass viel Arbeit auf mich zukommen würde und war deswegen sehr nervös. Aber mir war nicht klar, wie viele und welche Hürden ich überwinden muss. Das weiß ich erst jetzt, nachdem ich es geschafft habe. Ich war auch unsicher, ob ich überhaupt Autorin für ein Kreativbuch sein kann, weil ich bisher immer "nur" gezeichnet habe. Das Zeichnen habe ich mir selbst beigebracht und deshalb war es mir dann wichtig, meine Leidenschaft für den Manga-Stil durch dieses Buch mit dir zu teilen. Ich hoffe, dass du viel für dich mitnehmen kannst, ob es nun Techniken sind oder schöne Ideen.

Über meine Sozialen Medien lade ich viele Zeichnungen von meinen eigenen Charakteren oder auch Fanarts hoch, besonders mit romantischen Themen. Wenn du Interesse hast, dies zu verfolgen oder mich auf deinen Romance Zeichnungen zu markieren, würde ich mich sehr freuen, dich dort zu treffen. Die Links zu meinen Profilen findest du hier https://pigrabbitmtz.carrd.co/.

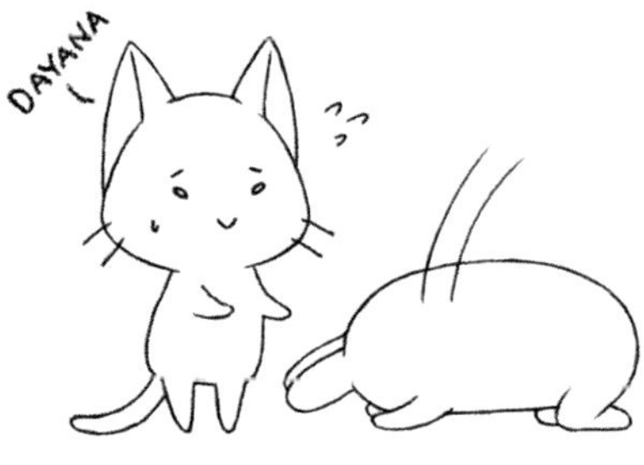

DIE ENTSCHEIDUNG

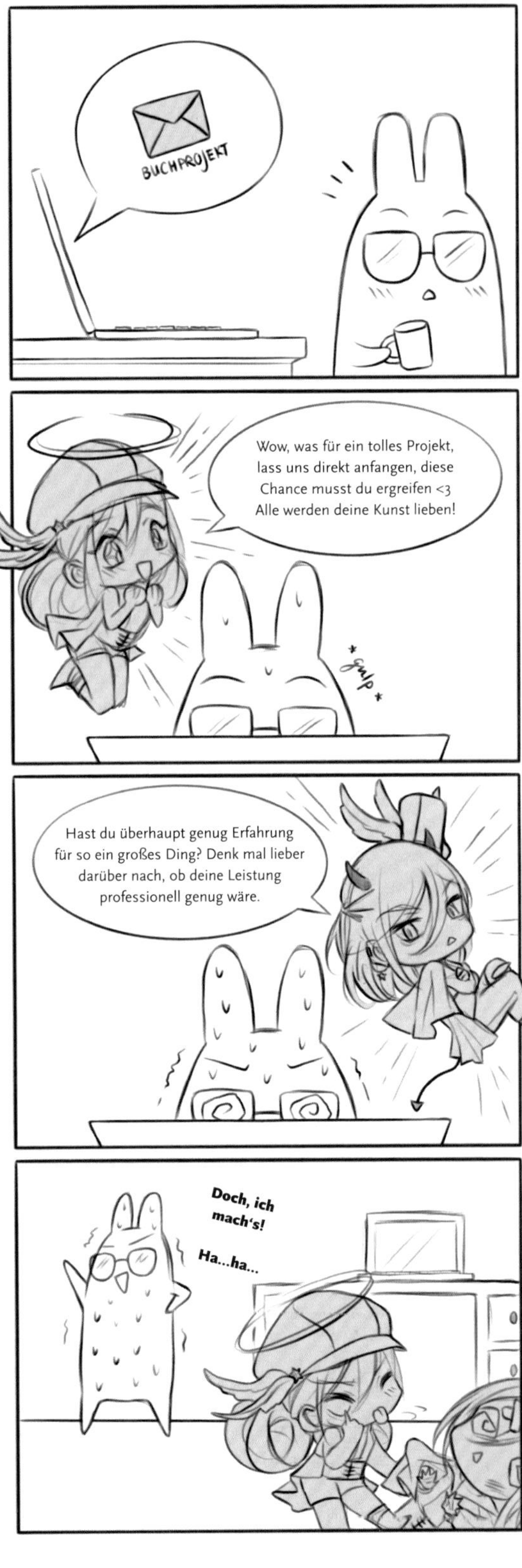

MOTIVATIONSKREISLAUF

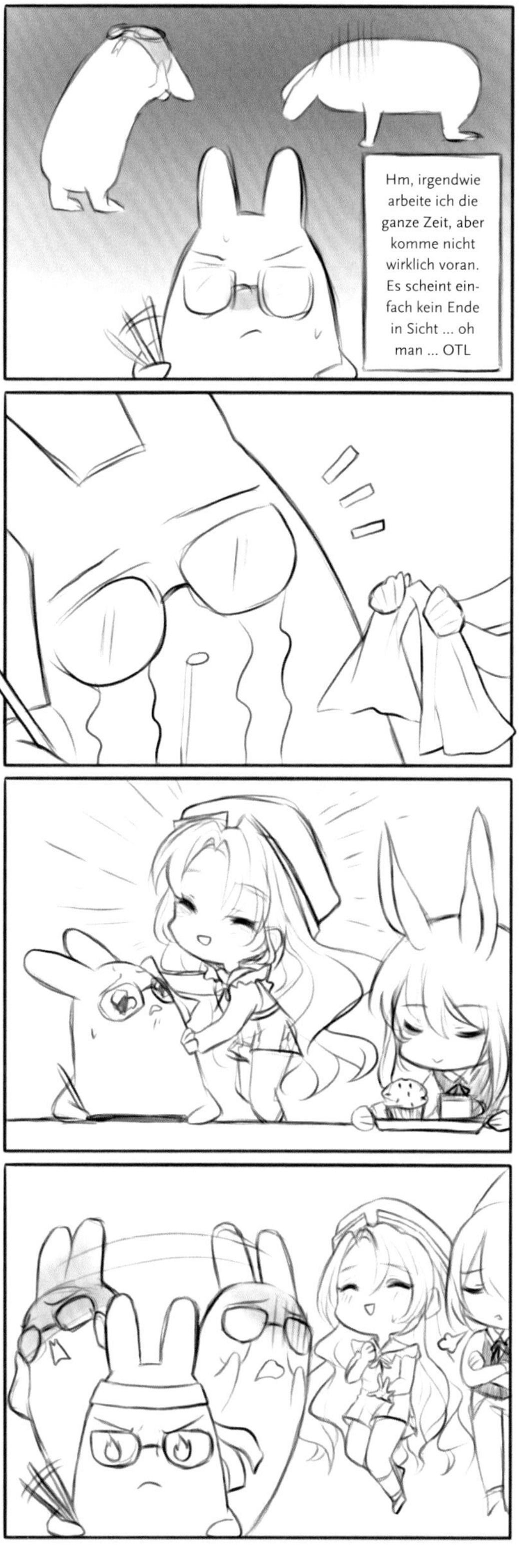

FRISTENZOMBIE

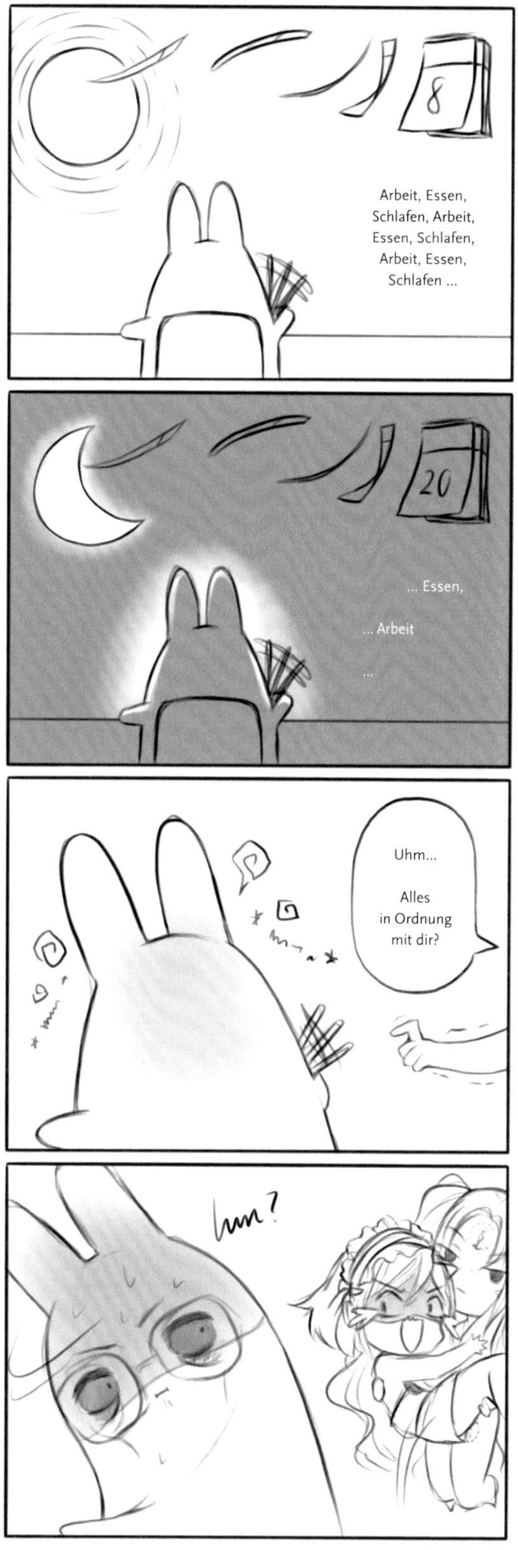

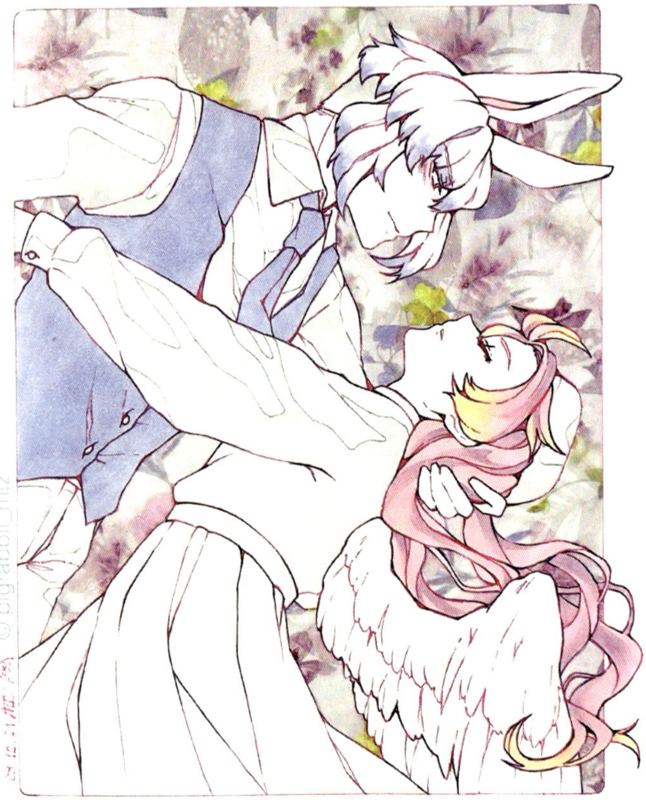

PASTELLFARBEN waren früher immer mein Go-To Farbspektrum, weil ich sanfte Farben einfach schön finde. Ich habe die Grundlinien mit einem pinken Fineliner gezeichnet und dann mit einem lila Fineliner an einigen Stellen nachgezogen, um mehr Kontrast zu schaffen. Mit einem hellgrauen Fineliner habe ich Schattenlinien gesetzt und anschließend mit Copic Markern die Flächen koloriert. Washi Tapes kamen auch öfter zum Einsatz. Mit einem Cutter-Messer habe ich die Ränder vorsichtig zugeschnitten und das überschüssige Tape abgemacht, sodass zum Beispiel ein Hintergrund entsteht.

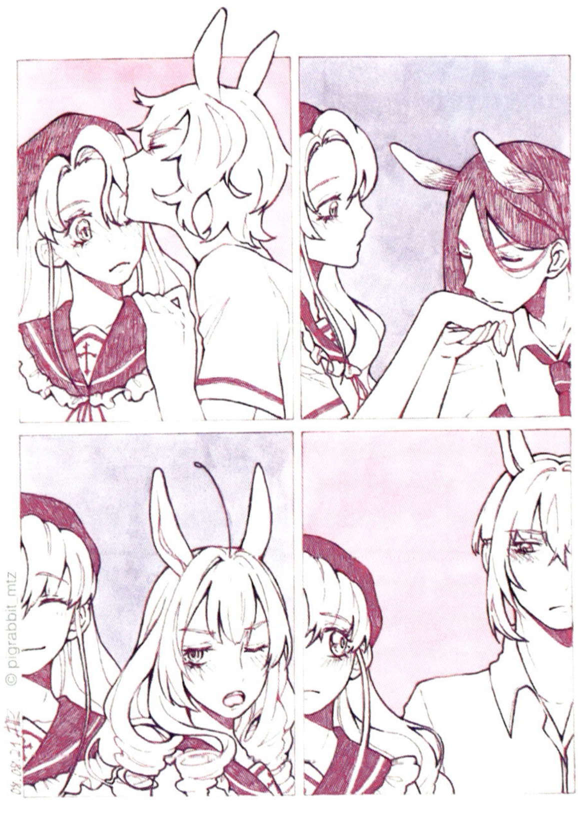

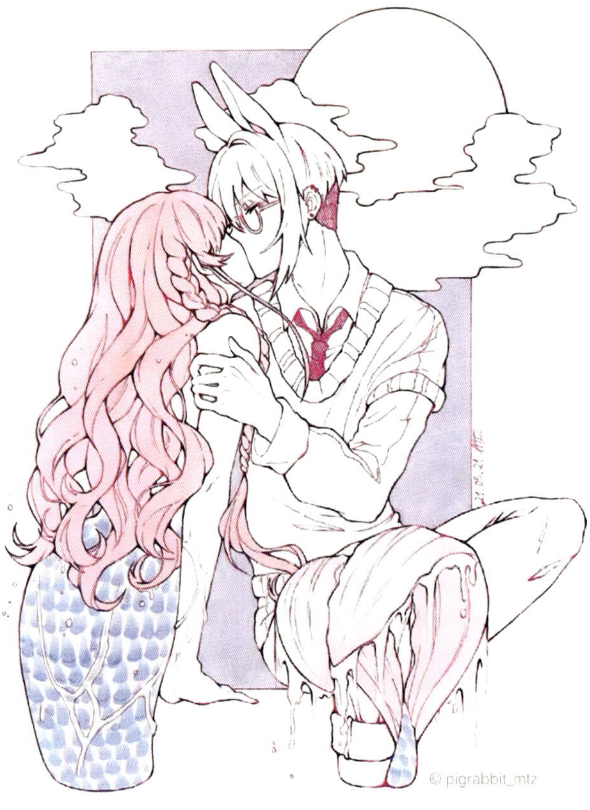

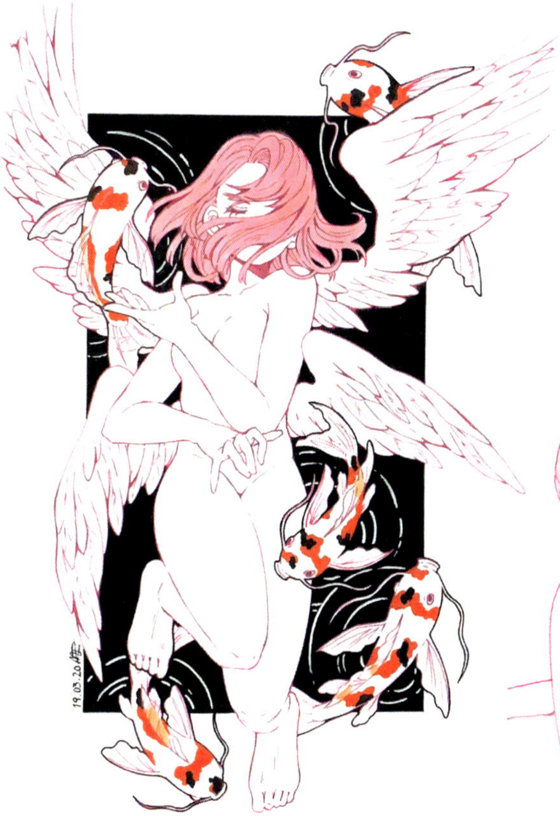
19.03.20

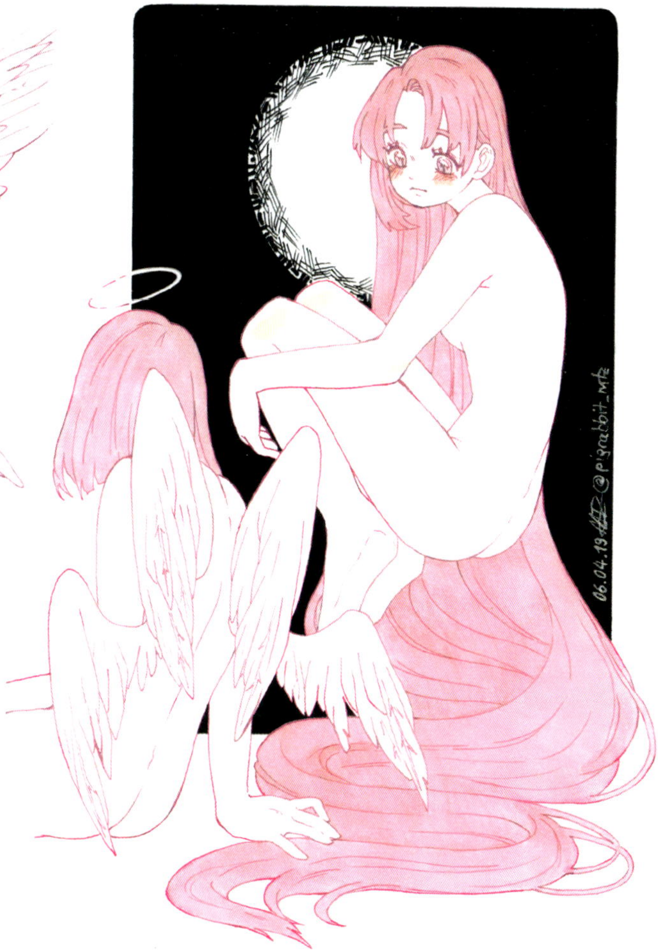
06.04.19 @pigrabbit_mte

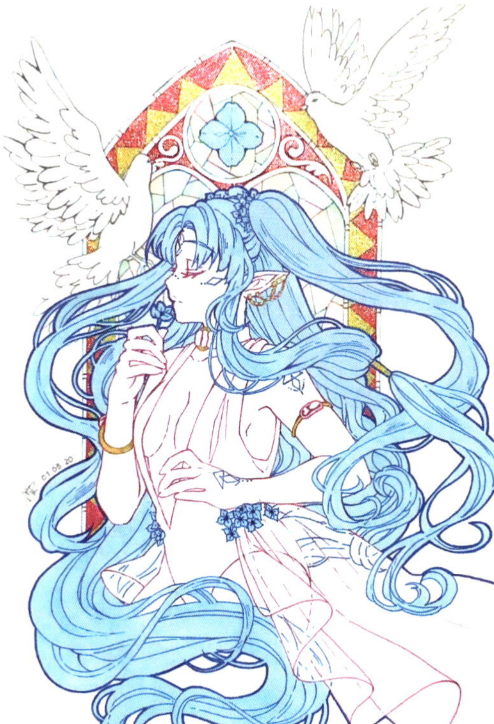

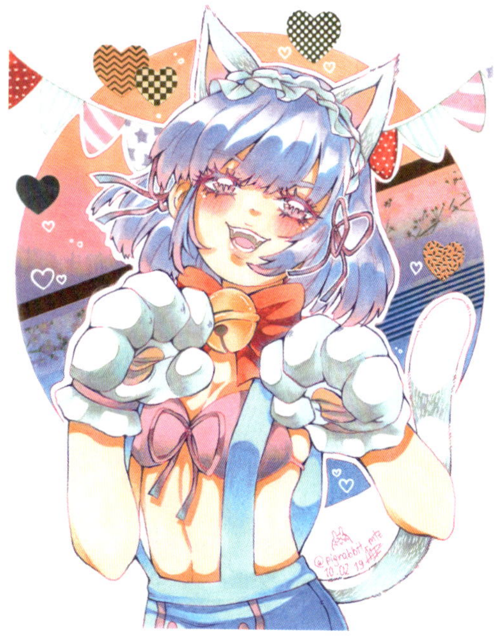

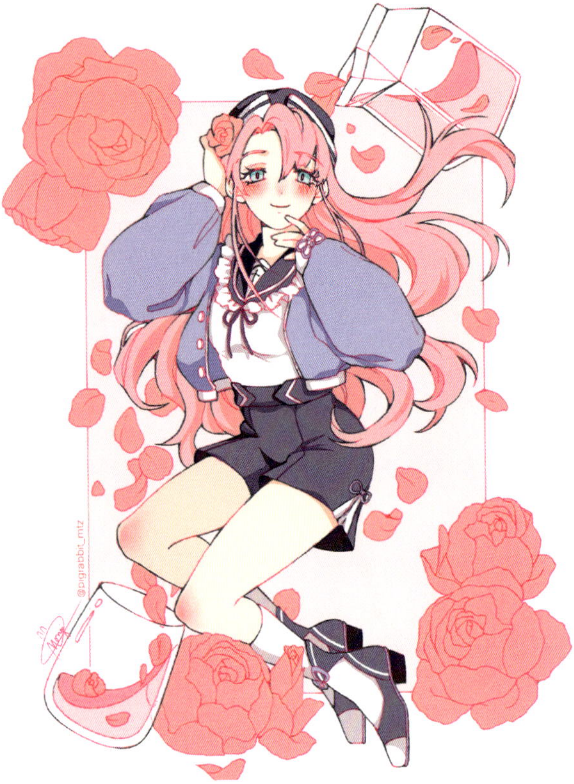
@pigrabbit_mtz

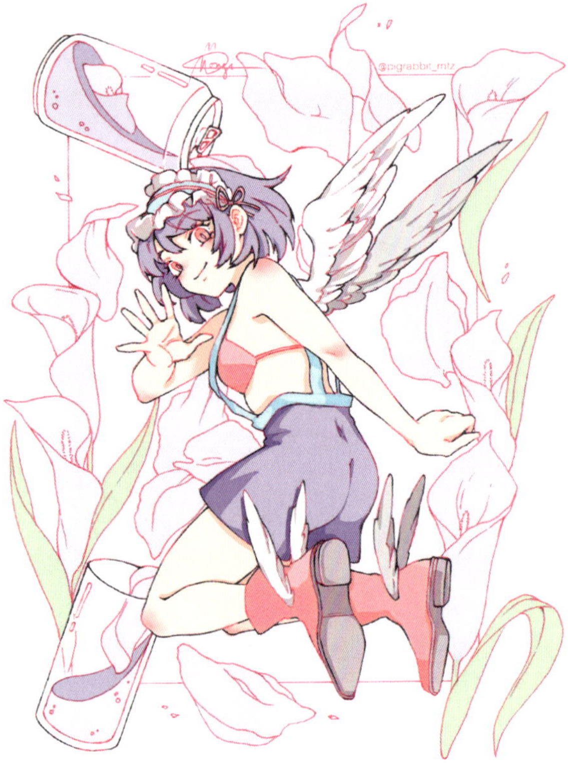
@pigrabbit_mtz

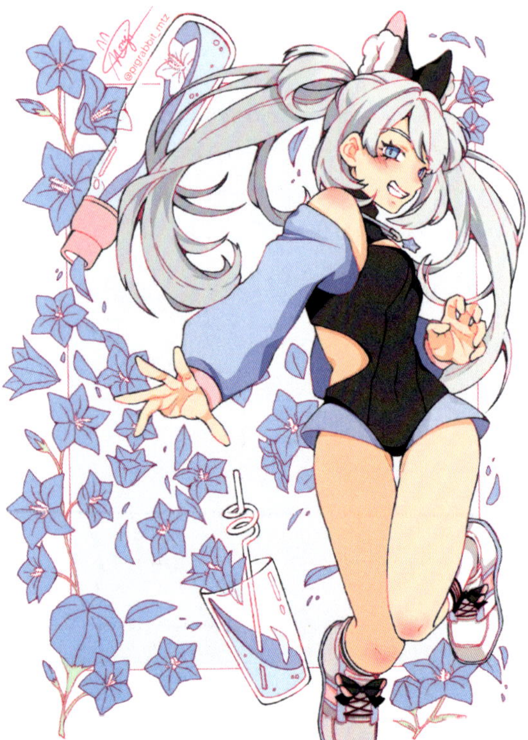
@pigrabbit_mtz

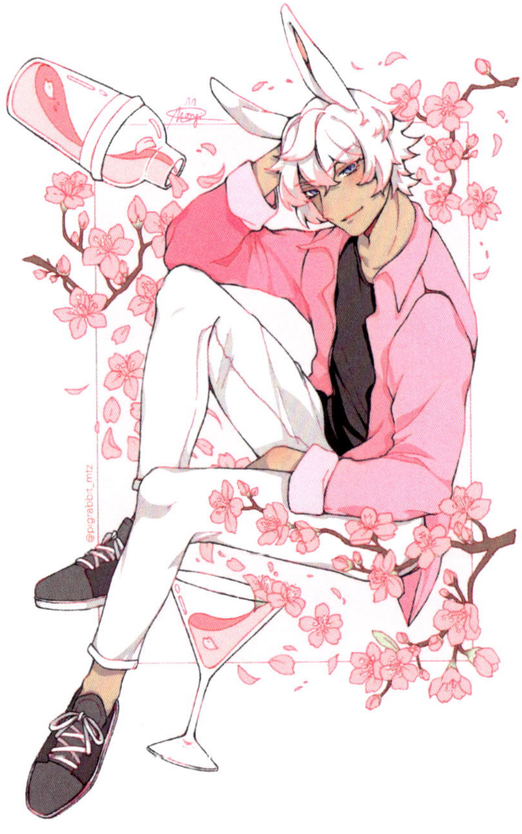
@pigrabbit_mtz

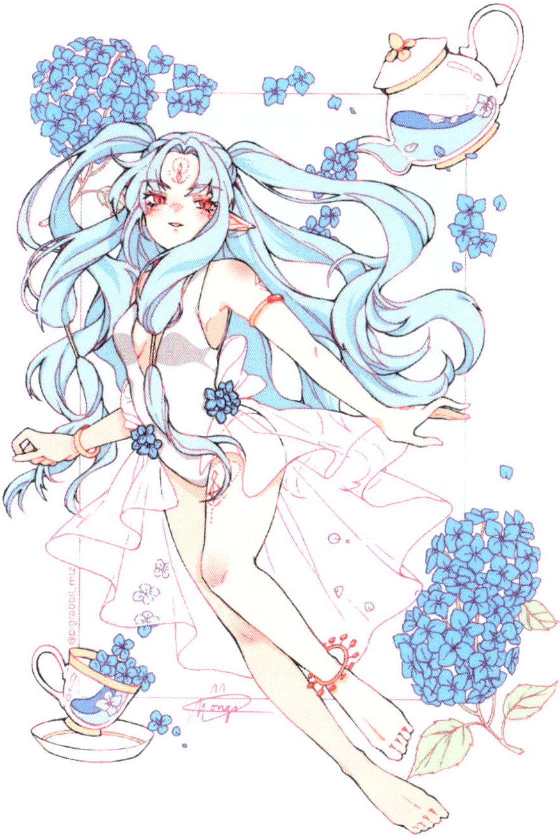

BEAUTIFUL – So hieß das Thema für eine Kunstausstellung, welche im Juli 2022 von @galleryiyn in Osaka, Japan, organisiert wurde. Das war ein Projekt, für das ich eine 6-teilige Bildreihe meiner Charaktere gezeichnet habe. Als Motto habe ich mir überlegt, Getränke und Blumenarten zu mischen und die Charaktere in der Mitte bei interessanten Posen in Szene zu setzen. Solange ich es ansprechend und hübsch finde, habe ich Motivation und Spaß, meine Kreativität auszudrücken und dies zu zeichnen. Von links nach rechts (oben): Rhea/Rosen-Milch; Eve/Callas-Soda; Hydrangea/Hortensien-Tee; (unten) Mongi/Ballonblume-Ramune; Ryo/Sakura-Cocktail; Tokki/Hasenglöckchen-Kaffee.

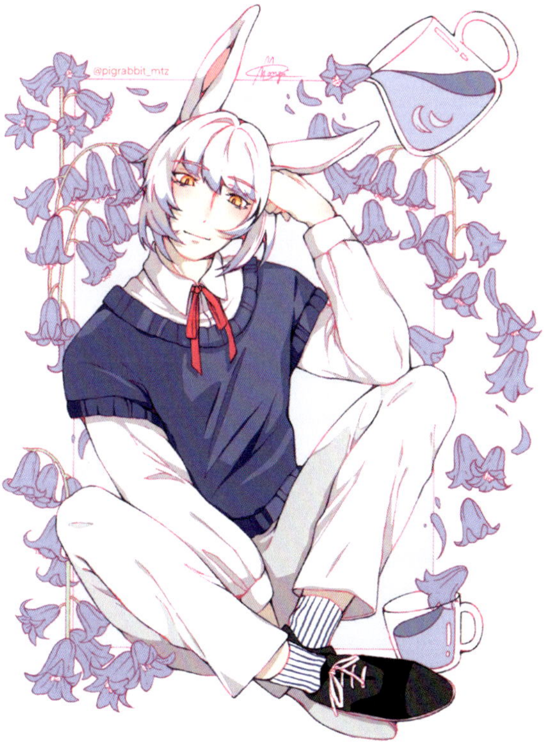

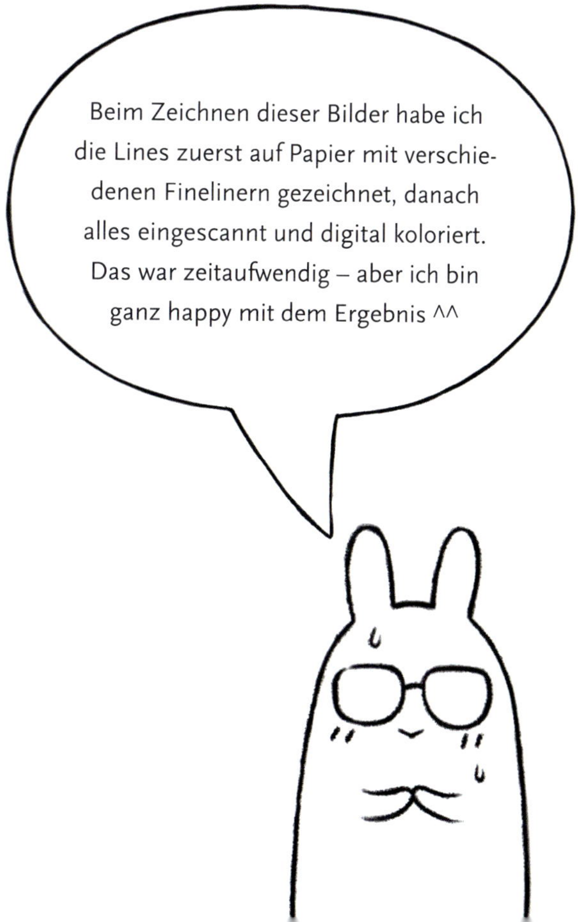

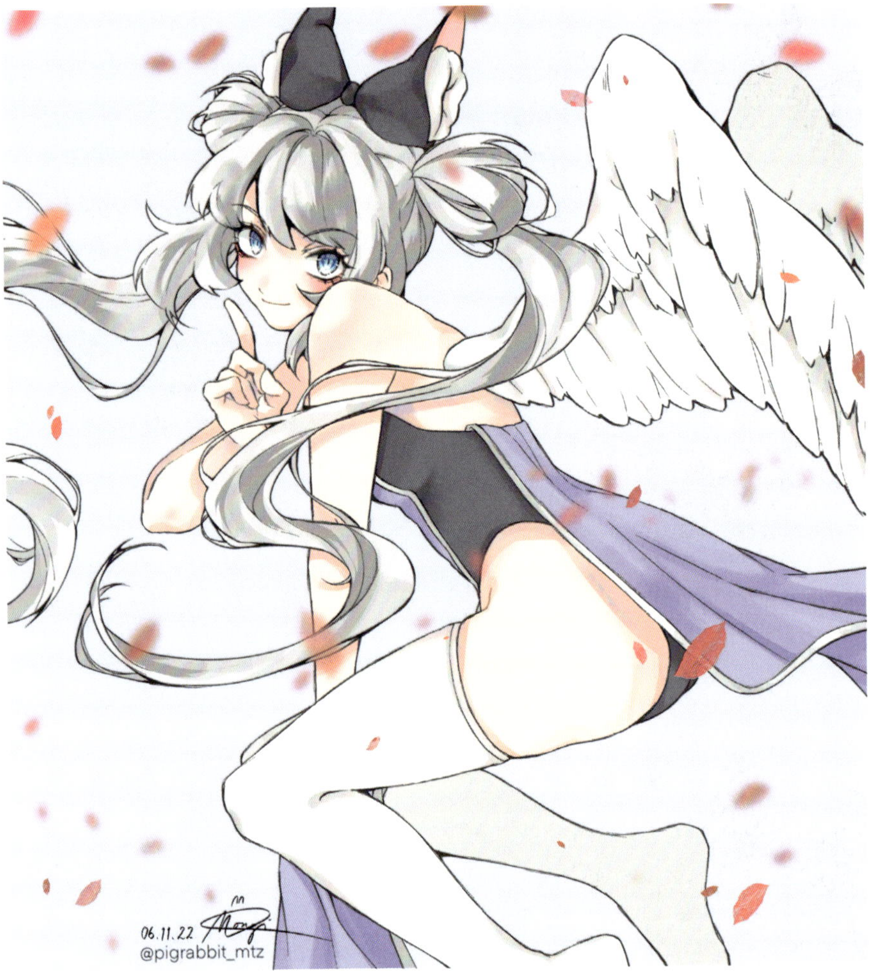

MONGI ist mein Persona-Charakter, d.h. eine Figur, die mich selbst in einer anderen Form repräsentiert. Bekannt ist so eine Darstellung – auch Avatar oder Alter Ego genannt – besonders im Internet, wenn sich Menschen virtuell verkörpern, ohne ihr Gesicht zu zeigen, unter anderem aus Gründen der Privatsphäre. Weil ich mich gerne in einer Hasenform sehe, hat Mongi eine von Hasenohren inspirierte Schleife.

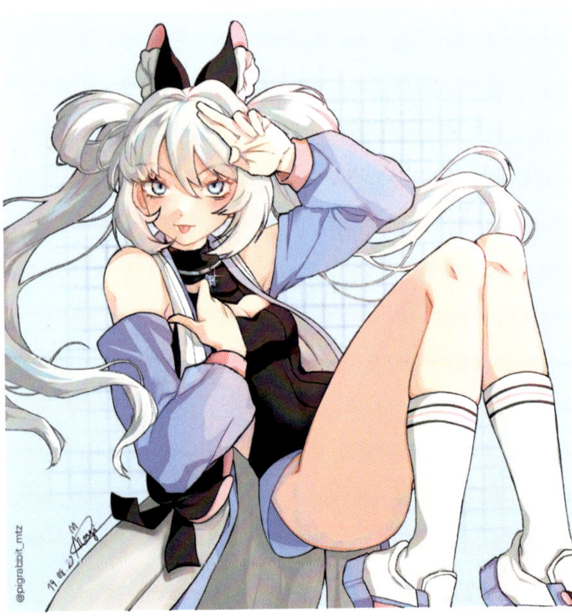

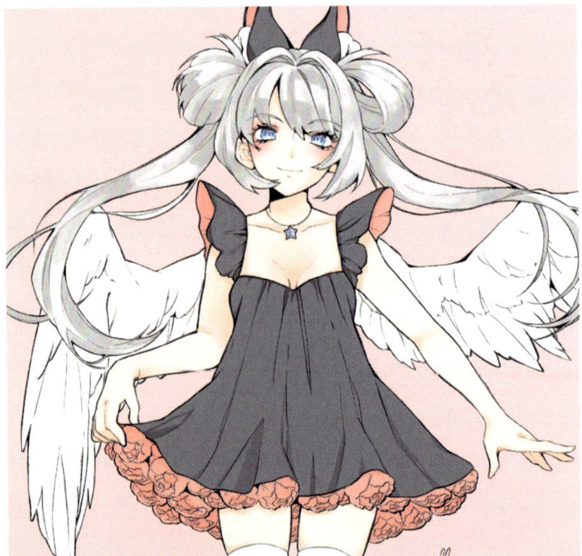

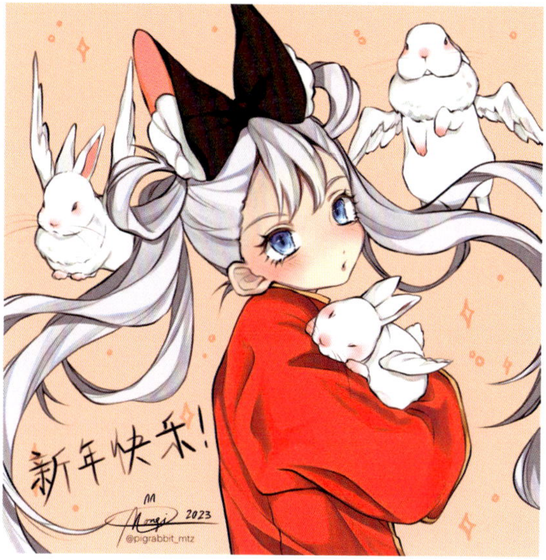

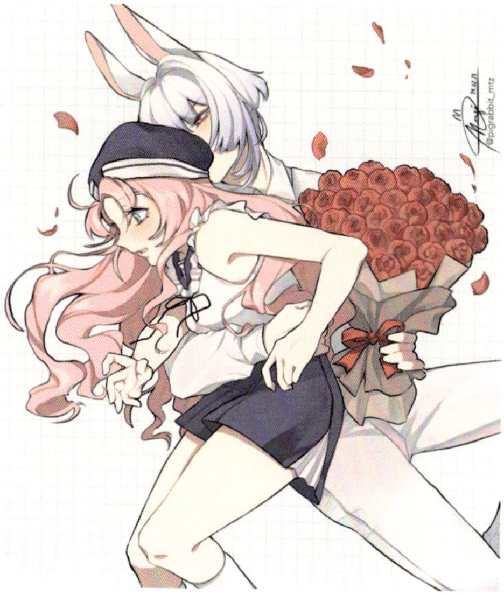

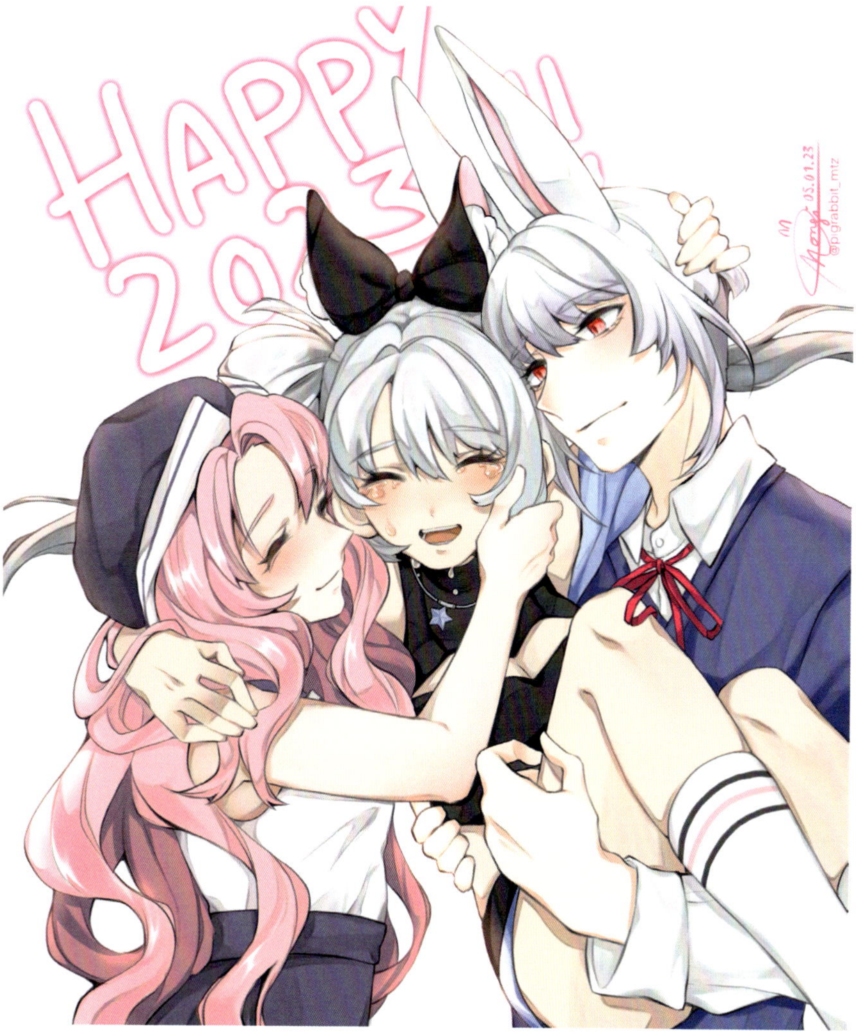

ENTWICKLUNG – mein Weg als Artist ist etwas, worüber ich mir öfter Gedanken mache. Wie weit bin ich schon gekommen? Wo möchte ich hin? Generell macht es mir Spaß, neue Techniken und Kolorationsstile auszuprobieren. Ich möchte mich noch mehr mit Farbenlehre beschäftigen. Später möchte ich vielleicht mal eine richtige Manga-Geschichte zeichnen und anderen damit eine Freude bereiten. Aber fürs Erste bin ich glücklich, wo ich bin.

Buchempfehlungen für Dich

Noch mehr Kreativ-Bücher zum gleichen Thema gesucht?

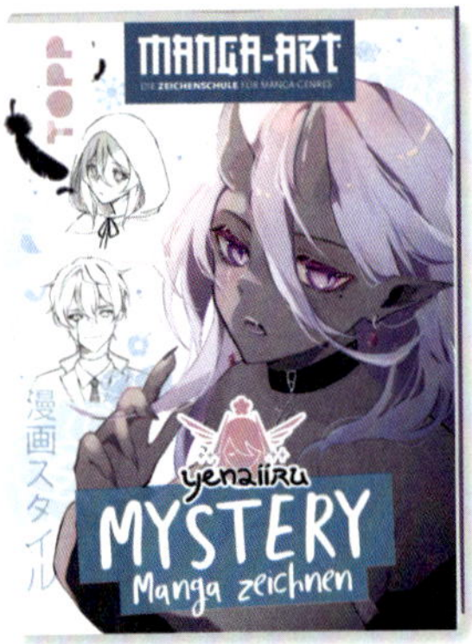

ISBN 978-3-7358-8088-8

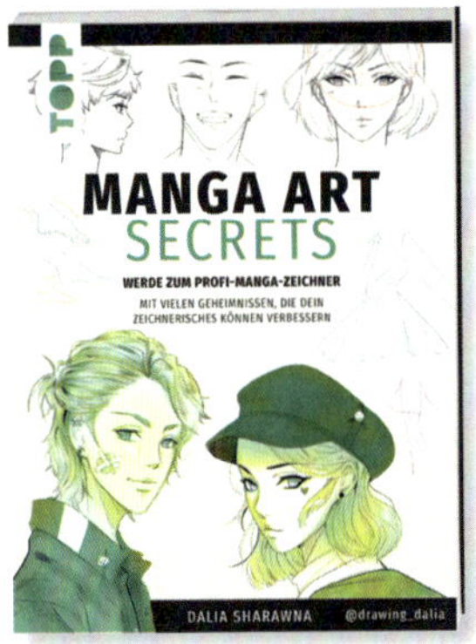

ISBN 978-3-7724-4694-8

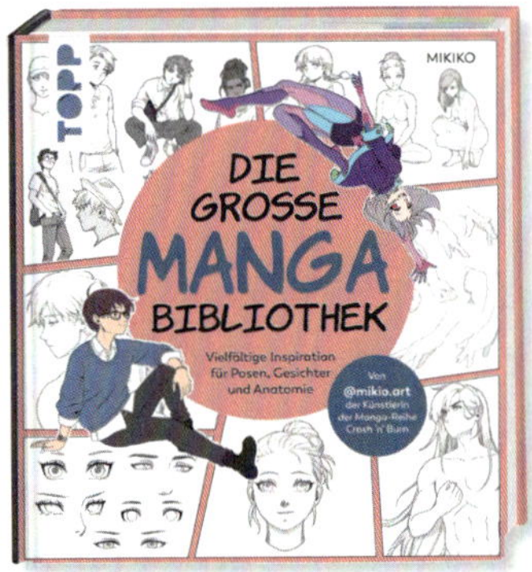

ISBN 978-3-7358-8061-1

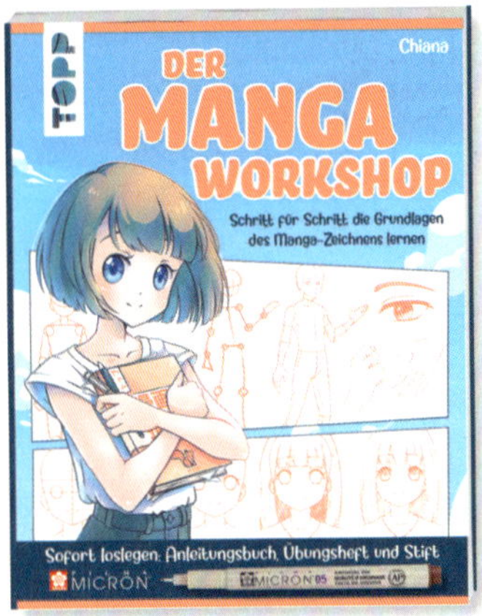

ISBN 978-3-7358-8050-5

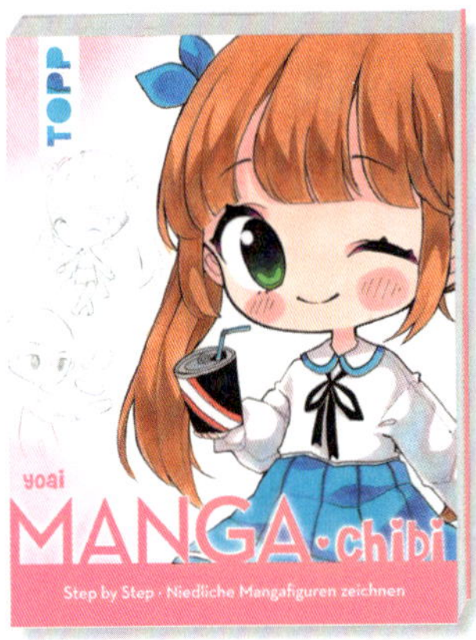

ISBN 978-3-7724-8399-8

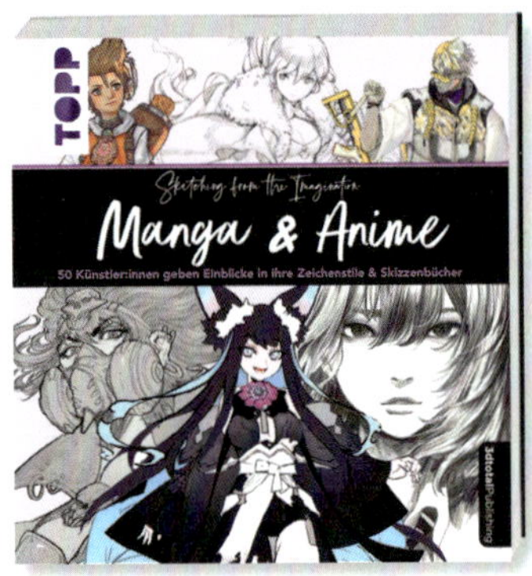

ISBN 978-3-7358-8093-2

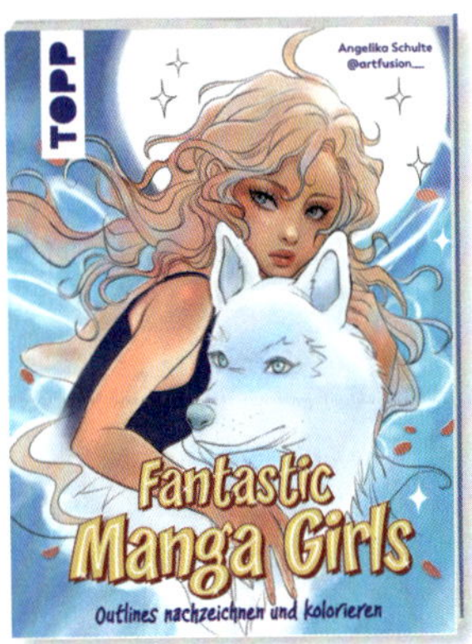

ISBN 978-3-7358-8078-9

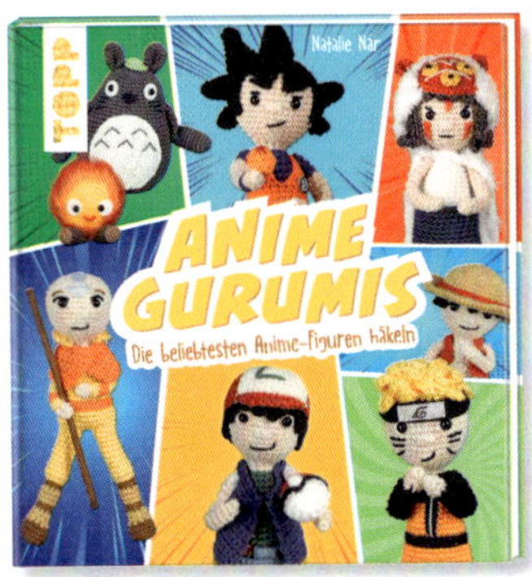

ISBN 978-3-7358-7054-4

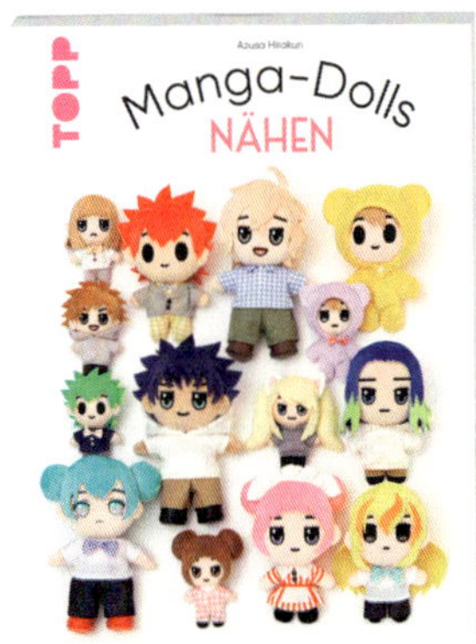

ISBN 978-3-7358-7078-0

Viele weitere Kreativ-Bücher findest du auf www.TOPP-kreativ.de

#TOPPPROJEKT

Die eigene Kreativität zeigen: TOPPprojekt mit anderen Kreativen teilen und Teil der Gemeinschaft werden.

DIY-begeistert und auf Instagram? Dann unbedingt mitmachen! Hier gibt's Tipps und Feedback zu den eigenen Projekten. Außerdem verlosen wir jeden Monat ein Überraschungspaket. Um am Gewinnspiel teilzunehmen, einfach ein Bild vom Kreativ-Projekt aus unseren Büchern mit #TOPPprojekt posten und unserem Account @frechverlag folgen. Mehr Infos auf TOPP-kreativ.de/TOPPprojekt

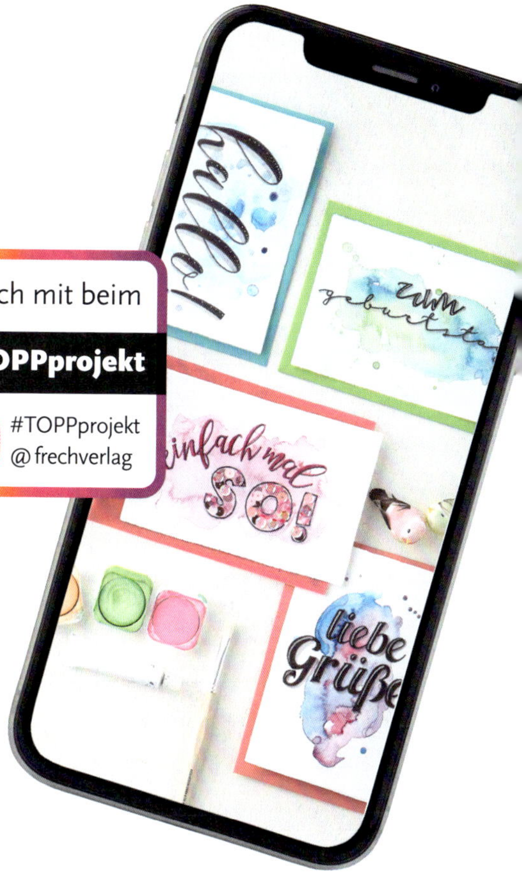

Mach mit beim

#TOPPprojekt

#TOPPprojekt
@frechverlag

Website
Auf TOPP-kreativ.de kannst du ein riesiges Angebot von über 1.000 Kreativbüchern, Sets & mehr entdecken.

Newsletter
Gleich anmelden unter: TOPP-kreativ.de/newsletter und immer als Erstes von unseren Neuheiten und Sonderaktionen erfahren.

Instagram
@frechverlag

Pinterest
pinterest.com/frechverlag

Facebook
facebook.com/frechverlag

DigiBib
Hier findest du zusätzlich zu vielen unserer Bücher digitale Extras, wie Video-Tutorials, Plotter-Dateien, Vorlagen, Übungsblätter & vieles mehr. Einfach im Impressum deines TOPP-Buchs den Freischalte-Code nachschlagen und exklusive Inhalte freischalten. TOPP-kreativ.de/digibib

Youtube
youtube.com/frechverlag

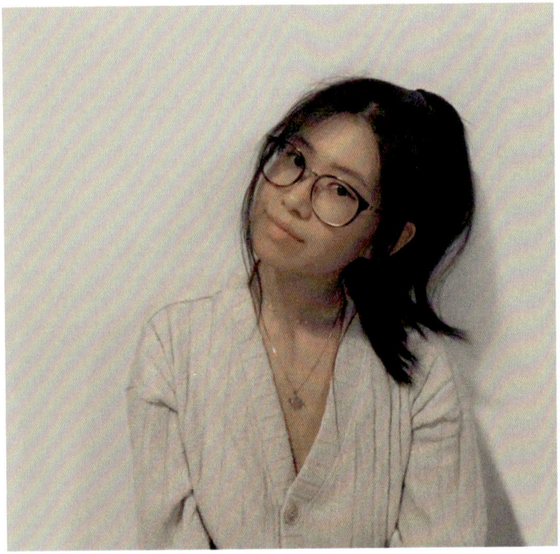

AUTORENVITA Mongi ist im Jahre 1994 in Chemnitz geboren und lebt seit jungen Jahren in der Hafenstadt Hamburg, wo sie nach ihrem Abitur Kommunikationsdesign studiert hat und zurzeit als Junior Art Director im Verlagswesen arbeitet. Durch ihre chinesischen Wurzeln wuchs sie zweisprachig auf und lernte schnell Englisch dazu, was vor allem den Austausch mit internationalen Künstler:innen auf Social Media Plattformen ermöglicht hat. Ihre Kunst hat Mongi bisher vorrangig über Instagram, Tiktok und ein selbst herausgebrachtes Artbook geteilt. Dieses Buchprojekt ist ihr Debüt als Autorin.

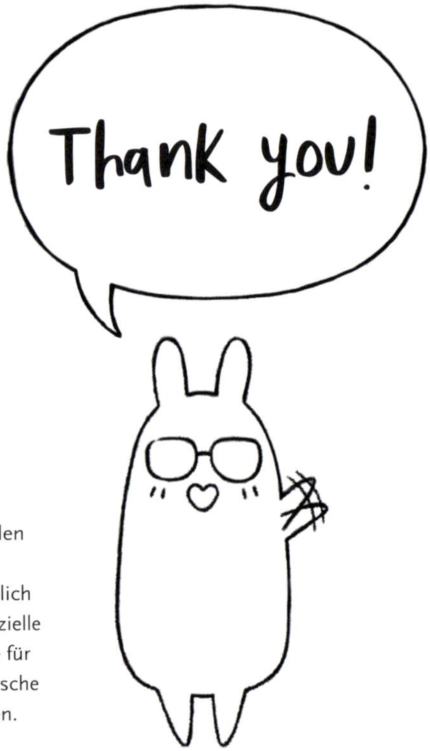

IMPRESSUM

ILLUSTRATIONEN/ TEXTE: Mong Ting Zhu

FOTOS: Mong Ting Zhu

PRODUKTMANAGEMENT/ LEKTORAT: Iris Stegmanns

UMSCHLAGGESTALTUNG: Mong Ting Zhu/ Tatjana Weiß

HERSTELLUNG: Jessica Siebert

LAYOUT: Mong Ting Zhu/ Jessica Siebert

DRUCK: Neografia, Slowakei

1. Auflage 2023

ISBN 978-3-7358-8087-1 · Best.-Nr. 28087

Penguin Random House Verlagsgruppe FSC® N001967